高等职业教育“十三五”规划教材

房地产建设项目管理概论

（第2版）

主　编　庞业涛　郑小曼
副主编　赵顺峰　赖　笑
参　编　张　林　吕　飞
　　　　郑　艳　杨　静
主　审　邢广武

北京理工大学出版社
BEIJING INSTITUTE OF TECHNOLOGY PRESS

内 容 提 要

本书根据《建设工程项目管理规范》（GB/T 50326—2017）等最新规范、标准以及建筑现代化、建筑信息化的发展需要而编写。全书共分为10章，主要内容包括房地产建设项目管理基础知识、房地产建设项目监理、房地产建设项目策划、房地产建设项目合同管理、房地产建设项目投资控制、房地产建设项目质量控制、房地产建设项目进度控制、房地产建设项目安全管理与文明施工、房地产建设项目竣工验收与结算、BIM与装配式建筑等。

本书可作为高职高专院校房地产及其他相关专业的教材，也可供房地产建设从业人员参考使用。

图书在版编目（CIP）数据

房地产建设项目管理概论／庞业涛，郑小曼主编.—2版.—北京：北京理工大学出版社，2019.1（2019.2重印）

ISBN 978-7-5682-3992-9

Ⅰ.①房…　Ⅱ.①庞… ②郑…　Ⅲ.①房地产－项目管理－概论　Ⅳ.①F293.33

中国版本图书馆CIP数据核字(2018)第273378号

出版发行／北京理工大学出版社有限责任公司
社　　址／北京市海淀区中关村南大街5号
邮　　编／100081
电　　话／（010）68914775（总编室）
（010）82562903（教材售后服务热线）
（010）68948351（其他图书服务热线）
网　　址／http://www.bitpress.com.cn
经　　销／全国各地新华书店
印　　刷／北京紫瑞利印刷有限公司
开　　本／787毫米×960毫米　1/16
印　　张／16.5
字　　数／348千字
版　　次／2019年1月第2版　2019年2月第2次印刷
定　　价／45.00元

责任编辑／江　立
文案编辑／江　立
责任校对／周瑞红
责任印制／边心超

第2版前言

我国建筑行业正在朝着工业化、信息化、产业化的方向发展，国家正在推行以BIM为代表的信息技术，大力发展装配式建筑，促进建筑业转型升级；国家也颁布了一批新的规范与标准，如《建设工程项目管理规范》（GB/T 50326—2017）、《建设工程监理规范》（GB/T 50319—2013）、《建设工程施工合同（示范文本）》（GF—2017—0201）、《建设项目工程总承包管理规范》（GB/T 50358—2017）等。本次修订在保留原有特色的基础上，根据建筑行业的发展以及高职高专院校房地产及建筑类相关专业的教学需求，对第1版中不适应的内容进行更正，增加了建筑工业化及装配式建筑、建筑信息化及BIM等内容。

本书由重庆房地产职业学院庞业涛、郑小曼担任主编，由深圳立得屋住宅科技有限公司赵顺峰、成都理工大学工程技术学院赖笑担任副主编，江苏中南建筑产业集团有限责任公司张林、上海毅匹玺建筑科技有限公司吕飞、重庆房地产职业学院郑艳和杨静参与了本书部分章节的编写工作。具体编写分工为：郑艳、杨静共同编写第一章，庞业涛编写第二章～第七章，吕飞编写第八章，郑小曼编写第九章，赵顺峰、张林共同编写第十章。庞业涛、赖笑负责全书的统稿修撰。全书由保利（重庆）投资实业有限公司邢广武主审。

本书在编写过程中得到了深圳立得屋住宅科技有限公司和保利（重庆）投资实业有限公司的大力支持，在此表示衷心的感谢。本书在编写过程中参考和引用了大量文献资料，在此一并致谢！

由于编者水平有限，书中难免存在疏漏和不妥之处，恳请读者批评指正。

编　者

第1版前言

《房地产建设项目管理概论》是由重庆房地产职业学院组织编写的校企合作教材，是高职教育中体现房地产行业特色的行业基础教材之一。本教材紧密结合房地产从业者在建设工程项目实施阶段的管理工作，本着通俗易懂的原则，结合房地产建设项目的实际做法，针对经常遇到的问题，补充了相关的实用资料，以备参考。

本教材主要包括房地产建设项目管理基本概念、房地产建设项目监理、房地产建设项目合同管理、房地产建设项目投资控制、房地产建设项目质量管理、房地产建设项目进度控制、房地产建设项目施工准备、房地产建设项目安全管理与文明施工、房地产建设项目竣工验收与结算内容。此外，补充了房地产企业相关工程施工管理制度、工程项目控制要点、工程施工项目管理核心要点、工程施工管理的具体工作以及三大控制管理的主要工作内容。

本书由重庆房地产职业学院赖笑、重庆三峡涌鸿建设监理有限公司倪志军担任主编，王继才担任主审。具体编写分工如下：赖笑负责第一章和附录一；倪学成负责第二章和附录四；王颖负责第三章；梁莉负责第四章和附录三；倪志军负责第五章、第七章和附录五；陈靖负责第六章和附录二；韩凌负责第八章和附录一；何巧负责第九章。

本教材可作为高职院校房地产建设专业的教材，也可作为房地产建设行业管理人员的参考用书。

本书在编写过程中得到了重庆新鸥鹏集团鑫鸥房地产公司、重庆三峡涌鸿建设监理有限公司的大力支持，并参考和引用了许多专家、学者论著中的有关资料，矫培民教授给予了很多指导和帮助，在此一并表示衷心的感谢。

编者以编写一本通俗易懂、风格新颖的适用于房地产建设行业的高职院校房地产建设项目管理教材为初衷，由于编者的理论水平和实践经验有限，成书付梓过程中，虽经仔细校对修改，仍难免有不当之处，敬请各位专家和读者不吝赐教。

编　者

目 录

第一章　房地产建设项目管理基础知识

第一节　项目的基本概念

一、项目

(一)项目的定义

在项目管理学中，“项目”是一个专业术语，许多管理专家都试图用简单通俗的语言对项目进行抽象性的概括和描述，但目前在国际上还未形成一个统一、权威的定义。

ISO 10006 对项目的定义为：“具有独特的过程，有开始和结束日期，由一系列相互协调和受控的活动组成；过程的实施是为了达到规定的目标，包括满足时间、费用和资源等约束条件。”

德国国家标准 DIN 69901 将项目定义为：“项目是指在总体上符合如下条件的具有唯一性的任务(计划)：具有预定的目标；具有时间、财务、人力和其他限制条件；具有专门的组织。”

美国项目管理学会在《项目管理知识体系》(Project Management Body of Knowledge)中对项目的定义为：“项目是可以按照明确的起点和目标进行监督的任务，现实中多数项目目标的完成都有明确的资源约束。”

虽然上述有关项目定义的表述形式各有不同，但其实质是基本一致的。

通常项目可定义为：在一定约束条件下，为完成某一独特的产品或服务而进行的一次性努力。

(二)项目的特点

1. 一次性

一次性是项目最主要的特点。项目的一次性也可称为项目的单件性。一次性是指就任务本身和最终成果而言，没有与这项任务完全相同的另一项任务。当项目目标已经实现，或因项目目标不能实现而使项目被终止时，就意味着项目的结束。一次性并不意味着项目历时短，而许多大型项目都历时数年。只有认识到项目的一次性，才能做到有针对性地根据项目的特殊情况和要求进行有效的管理。

2. 目标的确定性

项目是一次性的任务，任何任务都有其明确的目标，所以项目必须有明确的目标。项目目标一般由成果性目标与约束性目标组成。其中成果性目标是项目的最终目标，即项目的管理主体在完成项目的一次性任务时所要实现的目的，也是项目的最终目标(项目的功能性要求)；约束性目标通常又称限制条件(约束条件)，是实现成果性目标的客观条件和人为约束，在一般情况下，项目的约束条件为限定时间、限定投资、限定质量，通常称之为项目的三大目标，是项目实施过程中管理的主要目标。可见，项目如果没有明确的目标，行动就没有方向，也就不能称其为一项任务，也就不会有项目的存在。

3. 整体性

项目不是一项项孤立的活动，而是一系列活动的有机组合，从而形成了一系列不能分割的完整过程。强调项目的整体性，也就是强调项目的过程性和系统性，强调局部服从整体，阶段必须服从全过程。

4. 生命周期性

项目任务的一次性决定了项目有一个确定的起始、实施和终结的过程，这就是项目的生命周期。对于一般项目，其生命周期可分为三个阶段，第一阶段是项目的前期阶段，指项目的规划部署；第二阶段是项目实施阶段，即根据前期阶段的规划，具体组织项目投入要素以实现项目的目标；第三阶段是项目终结阶段，包括项目的总结、收尾和清理。在项目生命周期的不同阶段，项目任务的性质和工作内容以及所投入的要素都会有所不同，了解掌握项目的生命周期性，就可以有效地对项目实施全过程的管理和控制。

二、工程项目

项目按其最终成果或专业特征可分为科学研究项目、航天项目、咨询项目、工程项目等。工程项目是最为常见，也是最为典型的项目类型。凡最终成果是“工程”的项目，均可称为工程项目。工程项目通常可划分为建设项目、设计项目、施工项目和咨询项目。

第二节　项目管理的基本概念

一、项目管理

项目管理是伴随着社会的进步和项目的复杂化而逐渐形成的一门管理学科，“项目管理”给人的一个直观概念就是“对项目进行的管理”。

项目管理是指特定的管理主体，在一定的约束条件下，为实现项目目标，运用系统工程理论和方法对项目进行的计划、组织、控制和协调的行为过程。

（一）项目管理的特点

（1）项目管理与传统的部门管理相比，最大的特点是项目管理注重综合性管理。项目管理是一项复杂的工作，项目一般由多个部分组成，其过程跨越多个组织、多个学科、多个行业，特别是大型项目通常没有或很少有可供参考的经验，未知因素多，需要将不同经历、不同组织、不同特长的人有机地组织在一个临时性的组织中，在限定费用、限定工期、保证质量等约束条件下实现项目目标，这些因素和条件就决定了项目管理的复杂性。

（2）项目管理是一种管理方法体系，具有创造性。项目的一次性特点，决定了项目管理既要承担风险又要创造性地进行管理。创造性必须依赖于科学的方法和科学技术的支持，通过对前人经验的继承和积累，综合多种学科的成熟知识和最新研究成果，将多种技术综合起来，创造性地实现项目的预期目标。

（3）项目管理的体制是一种基于团队管理的个人负责制。项目的复杂性随其范围不同而有很大的变化，项目越大越复杂，所包含或涉及的学科、技术种类也越多，项目过程可能出现的各种问题贯穿于各组织部门，这就要求不同部门作出迅速有效而且相互关联、相互依存的反应，需要建立围绕项目进行决策、实施的专门组织。项目管理中起着非常重要作用的人是项目负责人，即项目经理。项目经理在一定的约束条件下负责完成项目目标，有权进行计划、资源调配、协调和控制，必须使其组织成员成为工作配合默契、具有积极性和责任心的高效群体。

（二）项目管理的基本职能

1. 计划职能

计划职能是指全面计划管理的职能，即用一个动态的计划系统来协调控制整个项目实施的全过程，通过计划体系提前发现和揭露矛盾，从而有效地协调、解决矛盾，使项目实现预期目标。

2. 组织职能

组织职能就是通过职责划分、授权、合同的签订、执行以及制订和运用各种规章制度等方式，建立一个高效的组织保证体系，以确保项目目标的实现。

3. 协调职能

项目不同阶段、不同环节、不同部门、不同层次之间存在着大量的界面，界面的协调和沟通是项目管理的重要职能。在各种界面协调中，人员与人员界面即人际关系的协调最为重要，它是项目经理协调工作的核心。

4. 控制职能

项目管理要通过计划、实施、反馈、调整等环节实现对项目的有效控制，控制的目的是实现项目目标。项目控制是通过制订和分解目标，实施、检查对照和采取纠偏措施来实现的。工程建设项目控制通常以质量控制、投资控制、工期控制为中心内容。

(三)现代项目管理的特点

1. 项目管理理论、方法和手段的科学化

现代项目管理吸收并使用了现代科学技术的最新成果，这是现代项目管理最显著的特点，具体表现在以下几个方面：

(1)现代管理理论，例如，系统论、信息论、控制论、行为科学等在项目管理中的应用，奠定了现代项目管理理论体系的基石，项目管理实质上就是这些理论在项目实施过程中的综合运用。

(2)现代管理方法，例如，预测技术、决策技术、数学分析方法、数理统计方法、模糊数学、线性规划、网络技术、图论、排队论等的应用，可以解决各种复杂的项目问题。

(3)管理手段的现代化，最显著的是计算机的应用，以及现代图文处理技术、精密仪器的使用，多媒体和互联网的使用等。目前，以网络技术为主的项目管理软件已在工期、成本、资源等计划、优化和控制方面十分完善，可供用户使用。这大大提高了项目管理的效率。

2. 项目管理的社会化和专业化

现代社会对项目的要求越来越高，项目的数量越来越多，规模越来越大，越来越复杂，越来越需要职业化的项目管理者进行高水平的项目管理。项目管理发展到今天已不仅是一门学科，而且成为一个职业。

以往人们进行工程建设时要组织管理班子，如组建基建部门、成立“指挥部”，一旦工程结束，这套班子便解散或闲着。因此，管理人员的经验得不到积累，只有一次教训，没有二次经验，这实质上仍是一种“小生产”的项目管理方式。

在现代社会中，由专业化的项目管理公司专门承接项目管理业务，提供全过程的专业化咨询和管理服务是世界性的潮流。项目管理(包括咨询、工程监理、工程造价等)已成为一个新兴产业，并已探索出许多比较成熟的项目管理模式。这样就能取得高效益的工程，达到投资省、进度快、质量好的目标。

3. 项目管理的标准化和规范化

项目管理是一项技术性非常强的、十分复杂的工作。要符合社会化大生产的需要，项目管理必须标准化、规范化，这样项目管理工作才会具有通用性，才能专业化、社会化，才能提高管理水平和经济效益。

标准化和规范化体现在许多方面，如规范化的定义和名词解释、规范化的项目管理工作流程、统一的工程费用(成本)项目的划分、统一的工程计量方法和结算方法、信息系统的标准化(如信息流程、数据格式、文档系统、信息的表达形式)、网络表达形式和各种工程文件的标准化(使用标准的合同条件、标准的招投标文件)等。这使得项目管理成为人们通用的管

理技术，逐渐摆脱经验型管理以及管理工作"软"的特征，而逐渐硬化。

4. 项目管理国际化

项目管理的国际化趋势不仅在中国，而且在全世界也越来越明显。项目管理的国际化即按国际惯例进行项目管理，这主要是由于国际合作项目越来越多，例如，国际工程、国际咨询和管理业务、国际投资、国际采购等。现在不仅一些大型项目，一些中、小型项目其项目要素(如参加单位、设备、材料、管理服务、资金等)也都呈现了国际化趋势，这就要求国际化的项目管理。

项目国际化带来项目管理的困难，这主要体现在不同文化和经济制度背景的人，由于风俗习惯、法律背景等的差异，在项目中协调起来很困难。而国际惯例就能将不同文化背景的人包罗进来，提供一套通用的程序、通行的准则和方法、统一的文件，使得项目中的协调有一个统一的基础。

工程项目管理国际惯例通常有世界银行推行的工业项目可行性研究指南、世界银行的采购条件，国际咨询工程师联合会颁布的 FIDIC① 合同条件和相应的招标投标程序、国际上处理一些工程问题的惯例和通行准则等。

(四)成功项目的条件

通常一个成功的项目从总体上至少必须满足如下条件：

(1)满足预定的使用功能要求(包括功能、质量、工程规模等)，达到预定的生产能力或使用效果，能经济、安全、高效率地运行，并提供较好的运行条件(如运行软件系统、操作文件、操作人员、运行准备工作等)。

(2)在预算费用(成本或投资)范围内完成，尽可能地降低费用消耗，减少资金占用，保证项目的经济性要求。

(3)在预定的时间内完成项目的建设，不拖延，及时地实现投资目的，达到预定的项目总目标和要求。

(4)能为使用者(顾客或用户)接受、认可，同时又照顾到社会各方面及各参加者的利益，使得各方面都感到满意。例如，对承包商来说，业主对工程、对承包商、对双方的合作感到满意，使承包企业获得了信誉和良好的形象。

(5)与环境协调，即项目能为它的上层系统所接受，主要包括以下几个方面：

1)与自然环境协调，没有破坏生态或恶化自然环境，具有好的审美效果；

2)与人文环境协调，没有破坏或恶化优良的文化氛围和风俗习惯；

3)项目的建设和运行与社会环境有良好的接口，为法律允许，或至少不能招致法律问

---

① "FIDIC"一词是国际咨询工程师联合会(法文 éération Internationale Des Ingénieurs Conseils)的缩写。该联合会制定和颁布了在国际工程中广泛使用的《施工合同条件》《生产设备和设计施工合同条件》《设计采购施工/交钥匙工程合同条件》等合同条件。人们便将这些合同条件称为"FIDIC 合同条件"或"FIDIC 条件"。

题，有助于社会就业、社会经济发展。

(6)项目能合理、充分、有效地利用各种资源，具有可持续发展的能力和前景。

(7)项目实施按计划、有秩序地进行，变更较少，没有发生事故或其他损失，较好地解决了项目过程中出现的风险、困难和干扰。

要取得完全符合上述每一个条件的项目几乎是不可能的，因为这些指标之间有许多矛盾。在一个具体的项目中常常需要确定它们的重要性(优先级)，有的必须保证，有的尽可能照顾，有的又不能保证。这属于项目目标优化的工作。

二、工程项目管理

(一)工程项目管理的概念和划分

1. 工程项目管理的概念

工程项目管理是指工程建设管理主体运用系统工程的观点、理论和方法，对工程进行全过程和全方位的计划、组织、协调和控制的行为过程。

根据《建设工程项目管理规范》(GB/T 50326—2017)，建筑工程项目管理是一种专业化的活动，简称项目管理。企业应遵循策划、实施、检查、处置的动态管理原理，确定项目管理流程，建立项目管理制度，实施项目系统管理，持续改进管理绩效，提高相关方满意水平，确保实现项目管理目标。

2. 工程项目管理的划分

工程项目管理是项目管理的一大类，其管理对象是工程项目。工程项目管理是一个系统的概念，从整个项目的系统发展过程来看，参与项目建设活动的主体来自各个方面。由于建设活动的各参与者处于不同的地位，从不同的角度对项目进行管理，因此，依据不同的行为主体，工程项目管理可分为建设项目管理、设计项目管理、施工项目管理、咨询项目管理。

(1)建设项目管理。建设项目管理是建设单位对工程建设进行的综合性的管理工作。建设项目管理是指建设项目的管理主体为实现项目目标，运用系统工程的方法和手段，对工程建设项目的全过程所进行的计划、组织、控制和协调的行为过程。

建设单位(业主)是工程建设项目的管理主体，对整个建设项目的全过程负责，因此，它的项目管理贯穿于建设项目的各个组成部分和各个阶段，即建设项目管理是全面的、全过程的项目管理。就一个工程项目而言，建设项目管理处于核心地位。

(2)设计项目管理。设计项目管理是指设计单位受建设单位委托承担工程建设项目的设计任务后，依据工程建设设计合同，对建设项目设计阶段的工作所进行的计划、组织、控制和协调的行为过程。设计单位通过设计项目管理，从技术上和经济上对建设项目作出全面合理的策划与安排，最后形成设计成果(设计图纸和说明书)交付建设单位实施，并在实施过程中对设计成果进行监督和验收。

设计单位是设计项目管理的主体。设计项目管理的主要内容包括设计竞赛或设计投标、签订设计合同、设计条件的准备、设计计划的编制、设计阶段的目标控制、设计文件的验收与归档、设计工作总结、建设项目实施过程中的设计控制与监督、竣工验收。由此可见，设计项目管理没有局限于工程设计阶段，而是延伸到了施工阶段和竣工验收阶段。

(3)施工项目管理。施工项目管理是指施工企业运用系统的观点、理论和科学技术对施工项目进行的计划、组织、监督、控制和协调等全过程管理。

施工企业是施工项目的管理主体，施工单位通过竞争性投标获取承包项目，其管理范围一般局限于中标工程施工阶段的管理，具有局限性和阶段性。其内容包括：编制"施工项目管理规划大纲"和"施工项目管理实施大纲"，施工项目的进度控制、质量控制、成本控制、安全控制、技术管理、材料管理、机械设备管理、人力资源管理、资金管理、合同管理、信息管理、现场管理、组织协调、竣工验收、考核评价、回访保修。

施工项目管理与建设项目管理在管理主体、管理任务、管理内容和管理范围方面具有以下几个不同点：

1)建设项目管理的主体是建设单位；施工项目管理的主体是施工企业。

2)建设项目管理的任务是取得符合使用功能要求的固定资产；施工项目管理的任务是按要求建好工程项目并获取利润。

3)建设项目管理的内容涉及建设的全过程的管理，施工项目管理的内容只涉及从投标开始到竣工验收的管理及工程保修。

4)建设项目管理的范围是一个建设项目，是由任务书所确定的所有工程；施工项目管理的范围是由工程承包合同所规定的承包范围。

(4)咨询项目管理。咨询项目管理是指咨询单位受建设单位委托依据法律、法规、建设工程文件和合同文件，在委托范围内对建设项目进行的监督管理。

建设监理单位是一种特殊的工程咨询机构，是依法成立的服务于工程建设的专业化、高智能组织。它具有服务性、科学性与公正性，按照监理法规进行项目管理。

对于一个特定的工程项目，其工程项目管理系统由建设单位(业主)、设计单位、施工单位、咨询单位的项目管理子系统组成，建设单位(业主)的项目管理子系统处于主导地位，各项目管理子系统统一于整个项目管理系统，围绕着实现项目目标运行。

(二)工程项目管理的特点

1. 具有特定的对象

任何项目都应有具体的对象，项目对象确定了项目的最基本特性，是项目分类的依据；同时，它又确定了项目的工作范围、规模及界限。整个项目的实施和管理都是围绕着这个对象进行的。

工程项目的对象通常是有着预定要求的工程技术系统。而"预定要求"通常可以用一定的功能要求、实物工程量、质量等指标表达。例如，工程项目的对象可能是一定生产能力(产量)的流水线，一定生产能力的车间或工厂，一定长度和等级的公路，一定发电量的水力发电站或核电站，一定规模的医院、住宅小区等。

工程项目的对象在项目的生命期中经历了由构思到实施、由抽象到具体的过程。通常它在项目前期策划和决策阶段得到确定，在项目的设计和计划阶段被逐渐分解、细化和具体化，并通过项目的施工过程一步步得到实现，在运行(使用)中实现价值。

工程项目的对象通常由可行性研究报告、项目任务书、设计图纸、规范、实物模型等定义和说明。

在实际工程中必须将工程项目对象与工程项目本身相区别。工程项目的对象是具有一定功能的技术系统；而工程项目是指完成(如建造)这个对象(技术系统)的任务和工作的总和，是行为系统。混淆两者不仅会产生概念的错误，而且会造成计划和实施控制上的困难。

2. 有时间限制

人们对工程项目的需求有一定的时间限制，希望尽快地实现项目的目标，发挥项目的效用，没有时间限制的工程项目是不存在的。项目的时间限制有两个方面的意义，第一，一个工程项目的持续时间是一定的，即任何项目不可能无限期延长，否则这个项目无意义。工程项目的时间限制不仅确定了项目的生命期限，而且构成了工程项目管理的一个重要目标。第二，市场经济条件下工程项目的作用、功能、价值只能在一定历史阶段中体现出来，因此项目的实施必须在一定的时间范围内进行。例如，企业投资开发一个新产品，只有尽快地将该工程建成投产，产品及时占领市场，该项目才有价值。否则因拖延时间，让其他企业捷足先登，那么同样的项目就失去了它的价值。工程项目的时间限制通常由项目开始日期、持续时间、结束日期等构成。

3. 有资金限制和经济性要求

任何工程项目都不可能没有财力上的限制，必然存在着与任务(目标)相关的(或者说相匹配的)投资、费用或成本预算。如果没有财力的限制，人们就能够实现当代科学技术允许的任何目标，完成任何工程项目。

工程项目的资金限制和经济性要求主要表现在以下几个方面：

(1)必须按投资者(企业、国家、地方等)所具有的或能够提供的财力策划相应工程范围和规模的项目；

(2)必须按项目实施计划安排资金计划，并保障资金供应；

(3)以尽可能少的费用消耗(投资、成本)完成预定的工程目标，达到预定的功能要求，提高工程项目的整体经济效益。

现代工程项目资金来源渠道较多，投资呈多元化，人们对项目的资金限制越来越严格，经济性要求也会越来越高。这就要求尽可能作全面的经济分析、精确的预算、严格的投资控制。在现代社会中，财务和经济性问题已成为工程项目能否立项进而取得成功的最关键的问题。

4. 一次性

任何工程项目从总体来说都是一次性的、不重复的。它经历前期策划、批准、设计和计划、施工、运行的全过程，直到最后结束。即使在形式上极为相似的项目，如两个相同产品、相同产量、相同工艺的生产流水线，两栋建筑造型和结构形式完全相同的房屋也必然存在着差异和区别，如实施时间不同、环境不同、项目组织不同、风险不同，所以，它们之间无法等同，无法替代。

项目的一次性是项目管理区别于企业管理最显著的标志之一。通常的企业管理工作，特别是企业职能管理工作，虽然有阶段性，但它是循环的、无终了的，具有继承性。而项目是一次性的，这就决定了项目管理也是一次性的。任何项目都有一个独立的管理过程，它的计划、控制、组织都是一次性的。工程项目的一次性特点对项目的组织和组织行为的影响尤为显著。

5. 特殊的组织和法律条件

由于社会化大生产和专业化分工，现代工程项目都有几十个、几百个，甚至几千、几万个单位和部门参加。要保证项目有秩序、按计划实施，必须建立严密的项目组织。与企业组织相比，项目组织有它的特殊性：企业组织按企业法和企业章程建立，组织单元之间主要为行政的隶属关系，组织单元之间的协调和行为规范按企业规章制度执行，企业组织结构是相对稳定的；而工程项目组织是一次性的，随项目的确立而产生，随项目的结束而消亡，项目参加单位之间主要靠合同作为纽带，建立起组织，同时以经济合同作为分配工作、划分责权利关系的依据，项目单位之间在项目过程中的协调主要通过合同和项目管理规范实现，项目组织是多变的、不稳定的。

工程项目适用与其建设和运行相关的法律条件，如合同法、环境保护法、税法、招标投标法等。

6. 复杂性和系统性

现代工程项目越来越具有如下特征：项目规模大、范围广、投资大；有新知识、新工艺的要求，技术复杂、新颖；由许多专业组成，有几十个、上百个甚至几千个单位共同协作，由成千上万个在时间和空间上相互影响、互相制约的活动构成；工程项目经历由构思、决策、设计、计划、采购供应、施工、验收到运行的全过程，项目使用期长、对全局影响大；受多目标限制，如资金限制、时间限制、资源限制、环境限制等。

(三)工程项目的分类

工程项目的种类繁多，为了适应科学管理的需要，可以从不同的角度进行分类。

1. 按工程项目的性质划分

工程项目按其性质的不同可分为新建项目、扩建项目、改建项目、迁建项目和恢复项目。

(1)新建项目是指根据国民经济和社会发展的近远期规划，按照规定的程序立项，从无到有、“平地起家”建设的工程项目。

(2)扩建项目是指现有企业、事业单位在原有场地内或其他地点，为扩大产品的生产能力或增加经济效益而增建的生产车间、独立的生产线或分厂的项目；事业和行政单位在原有业务系统的基础上扩充规模而进行的新增固定资产投资项目。

(3)改建项目包括挖潜、节能、安全、环境保护等工程项目。

(4)迁建项目是指原有企业、事业单位，根据自身生产经营和事业发展的要求，按照国家调整生产力布局的经济发展战略的需要或出于环境保护等其他特殊要求，搬迁到异地而建设的项目。

(5)恢复项目是指原有企业、事业和行政单位，因在自然灾害或战争中使原有固定资产遭受全部或部分报废，需要进行投资重建来恢复生产能力和业务工作条件、生活福利设施等的工程项目。这类项目，无论是按原有规模恢复建设，还是在恢复过程中同时进行扩建，都属于恢复项目。但对尚未建成投产或交付使用的项目，受到破坏后，若仍按原设计重建的，原建设性质不变；如果按新设计重建，则根据新设计内容来确定其性质。

工程项目按其性质分为上述五类，一个工程项目只能有一种性质，在项目按总体设计全部建成以前，其建设性质是始终不变的。

2. 按工程项目投资作用划分

工程项目按其投资作用可分为生产性工程项目和非生产性工程项目。

(1)生产性工程项目是指直接用于物质资料生产或直接为物质资料生产服务的工程项目。此类项目主要包括：工业建设项目，如工业、国防和能源建设项目；农业建设项目，如农、林、牧、渔、水利建设项目；基础设施建设项目，如交通、邮电、通信建设项目，地质普查、勘探建设项目等；商业建设项目，如商业、饮食、仓储、综合技术服务事业的建设项目。

(2)非生产性工程项目是指用于满足人民物质文化、和福利需要的建设和非物质资料生产部门的建设项目。此类项目主要包括：办公用房，如国家各级党政机关、社会团体、企业管理机关的办公用房；居住建筑，如住宅、公寓、别墅等；公共建筑，如科学、教育、文化艺术、广播电视、卫生、博览、体育、社会福利事业、咨询服务、宗教、金融、保险等建设项目；其他非生产性工程项目。

3. 按工程项目的规模划分

为适应对工程项目分级管理的需要，国家规定基本建设项目可分为大型、中型、小型三类；更新改造项目可分为限额以上和限额以下两类。不同等级标准的工程项目，国家规定的审批机关和报建程序也不尽相同。划分项目等级的原则如下：

(1)按批准的可行性研究报告(初步设计)所确定的总设计能力或投资总额的大小，依据国家颁布的《基本建设项目大中小型划分标准》进行分类。

(2)凡生产单一产品的项目，一般以产品的设计生产能力划分；生产多种产品的项目，一般按其主要产品的设计生产能力划分；产品分类较多，不易分清主次、难以按产品的设计能力划分时，可按投资总额划分。

(3)对国民经济和社会发展具有特殊意义的某些项目，虽然设计能力或全部投资不够大、中型项目标准，经国家批准已列入大、中型计划或国家重点建设工程的项目，也按大、中型项目管理。

(4)更新改造项目一般只按投资额分为限额以上和限额以下项目，不再按生产能力或其他标准划分。

(5)基本建设项目的大、中、小型和更新改造项目限额的具体划分标准，根据各个时期经济发展和实际工作中的需要而有所变化。现行国家的有关规定如下：

1)按投资额划分的基本建设项目，属于生产性工程项目中的能源、交通、原材料部门的工程项目，投资额达到5 000万元以上为大、中型项目；其他部门和非工业项目，投资额达到3 000万元以上为大、中型项目；

2)按生产能力或使用效益划分的工程项目，以国家对各行各业的具体规定作为标准；

3)更新改造项目只按投资额标准划分，能源、交通、原材料部门投资额达到5 000万元及其以上的工程项目和其他部门投资额达到3 000万元及其以上的项目为限额以上项目，否则为限额以下项目。

(6)一部分工业、非工业项目，在国家统一下达的计划中，不作为大、中型项目安排，包括以下项目：

1)分散零星的江河治理、国有农场、植树造林、草原建设等；原有水库加固，并结合加高大坝、扩大溢洪道和增修灌区配套工程的项目，除国家指定者外，不作为大、中型项目；

2)分段整治、施工期长、年度安排有较大伸缩性的航道整治疏浚工程；

3)科研、文教、卫生、广播、体育、出版、计量、标准、设计等事业的建设(包括工业、交通和其他部门所属的同类事业单位)，新建工程按大中型标准划分，改、扩建工程除国家指定者外，一律不作为大、中型项目；

4)城市的排水管网、污水处理、道路、立交桥梁、防洪、环保等工程；城市的一般民用建筑包括集资统一建设的住宅群、办公和生活用房等；

5)名胜古迹、风景点、旅游区的恢复、修建工程；

6)施工队伍以及地质勘探单位等独立的后方基地建设(包括工矿业的农副业基地建设)；

7)采取各种形式利用外资或国内资金兴建的旅游饭店、旅馆、贸易大楼、展览馆、科教馆等。

4. 按工程项目的经济效益、社会效益和市场需求划分

工程项目按其经济效益、社会效益和市场需求可划分为竞争性项目、基础性项目和公益性项目三种。

(1)竞争性项目主要是指投资效益比较高、竞争性比较强的工程项目。其投资主体一般为企业，由企业自主决策、自担投资风险。

(2)基础性项目主要是指具有自然垄断性、建设周期长、投资额大而收益低的基础设施和需要政府重点扶持的一部分基础工业项目，以及直接增强国力的符合经济规模的支柱产业项目，政府应集中必要的财力、物力通过经济实体进行投资，同时，还应广泛吸收企业参与投资，有时还可吸收外商直接投资。

(3)公益性项目主要包括科技、文教、卫生、体育和环保等设施，公、检、法等机关以及政府机关、社会团体办公设施，国防建设等。公益性项目的投资主要由政府用财政资金安排。

5. 按工程项目的投资来源划分

工程项目按其投资来源可划分为政府投资项目和非政府投资项目。

(1)政府投资项目。政府投资项目在国外也称为公共工程，是指为了适应和推动国民经济或区域经济的发展，满足社会的文化、生活需要，以及出于政治、国防等因素的考虑，由政府通过财政投资、发行国债或地方财政债券、利用外国政府赠款以及国家财政担保的国内外金融组织的贷款等方式独资或合资兴建的工程项目。

按照其营利性不同，政府投资项目又可分为经营性政府投资项目和非经营性政府投资项目。经营性政府投资项目是指具有营利性质的政府投资项目，政府投资的水利、电力、铁路等项目基本都属于经营性项目。经营性政府投资项目应实行项目法人责任制，由项目法人对项目的策划、资金筹措、建设实施、生产经营、债务偿还和资产的保值增值，实行全过程负责，使项目的建设与建成后的运营实现一条龙管理。非经营性政府投资项目一般是指非营利性的、主要追求社会效益最大化的公益性项目。如学校、医院以及各行政、司法机关的办公楼等项目都属于非经营性政府投资项目。非经营性政府投资项目应推行“代建制”，即通过招标等方式，选择专业化的项目管理单位负责建设实施，严格控制项目投资、质量和工期，待工程竣工验收后再移交给使用单位，从而使项目的投资、建设、监管、使用实现分离。

(2)非政府投资项目。非政府投资项目是指企业、集体单位、外商和私人投资兴建的工程项目。这类项目一般均实行项目法人责任制，使项目的建设与建成后的运营实现一条龙管理。

(四)建设工程项目的组成

建设工程项目可分为单项工程、单位工程、分部工程和分项工程。

1. 单项工程

单项工程是指在一个工程项目中，具有独立的设计文件，竣工后可以独立发挥生产能力或效益的一组配套齐全的工程项目。单项工程是工程项目的组成部分，一个工程项目有时可以仅包括一个单项工程，也可以包括许多单项工程。生产性工程项目的单项工程，一般是指能独立生产的车间，包括厂房建筑、设备的安装及设备、工具、器具、仪器的购置等。非生产性工程项目的单项工程如一所学校的办公楼、教学楼、图书馆、食堂、宿舍等。

2. 单位(子单位)工程

单位工程是指具备独立施工条件并能形成独立使用功能的建筑物及构筑物。对于建筑规模较大的单位工程，可将其能形成独立使用功能的部分作为一个子单位工程。具有独立施工条件和能形成独立使用功能是单位(子单位)工程划分的基本要求。

单位工程是单项工程的组成部分。按照构成，可将单项工程分解为建筑工程和设备安装工程。如工业厂房工程中的土建工程、设备安装工程、工业管道工程等分别是单项工程中所包含的不同性质的单位工程。

3. 分部工程

分部工程是单位工程的组成部分，通常按专业性质、建筑部位进行划分。如一般工业与民用建筑工程的分部工程包括地基与基础工程、主体结构工程、装饰装修工程、屋面工程、给水排水及采暖工程、电气工程、智能建筑工程、通风与空调工程、电梯工程等。

当分部工程较大或较复杂时，可按材料种类、施工特点、施工程序、专业系统及类别等将其划分为若干子分部工程。例如，地基与基础分部工程又可细分为无支护土方、有支护土方、地基与基础处理、桩基、地下防水、混凝土基础、砌体基础、钢筋(管)混凝土、钢结构等子分部工程；主体结构分部工程又可细分为混凝土结构、钢筋(管)混凝土结构、砌体结构、钢结构、木结构、网架和索膜结构等子分部工程；建筑装饰装修分部工程又可细分为地面、抹灰、门窗、吊顶、轻质隔墙、饰面板(砖)、幕墙、涂饰、裱糊与软包、细部等子分部工程；智能建筑分部工程又可细分为通信网络系统、办公自动化系统、建筑设备监控系统、火灾报警及消防联动系统、安全防范系统、综合布线系统、智能化集成系统、电源与接地、环境、住宅(小区)智能化系统等子分部工程。

4. 分项工程

分项工程是分部工程的组成部分，一般按主要工程、材料、施工工艺、设备类别等进行划分。例如，土方开挖工程、土方回填工程、钢筋工程、模板工程、混凝土工程、砖砌体工程、木门窗制作与安装工程、玻璃幕墙工程等。分项工程是工程项目施工生产活动的基础，也是计量工程用工用料和机械台班消耗的基本单元；同时，又是工程质量形成的直接过程。分项工程既有其作业活动的独立性，又有相互联系、相互制约的整体性。

(五)工程项目建设程序和内容

工程项目建设程序是指工程项目从策划、决策、设计、施工到竣工验收、投入生产或交付使用的整个建设过程中，各项工作必须遵循的先后工作次序。工程项目建设程序是工程建设过程客观规律的反映，是工程项目科学决策和顺利进行的重要保证。

世界上各个国家和国际组织在工程项目建设程序上可能存在着某些差异，但是按照工程项目发展的内在规律，投资建设一个工程项目都要经过投资决策和建设实施两个发展时期。

这两个发展时期又可分为若干个阶段，它们之间存在着严格的先后次序，可以进行合理的交叉，但不能任意颠倒次序。

以世界银行贷款项目为例，其建设周期包括项目选定、项目准备、项目评估、项目谈判、项目实施和项目总结评价六个阶段。每一阶段的工作深度决定着项目在下一阶段的发展，彼此相互联系、相互制约。在项目选定阶段，要根据借款申请国所提出的项目清单，进行鉴别选择，一般根据项目性质选择符合世界银行贷款原则，有助于当地经济和社会发展的急需项目。被选定的项目经过1～2年的项目准备，提出详细的可行性研究报告，由世界银行组织专家进行项目评估之后，与申请国进行贷款谈判、签订协议，然后进入项目的勘察设计、采购、施工、生产准备和试运转等实施阶段，在项目贷款发放完成后一年左右进行项目的总结评价。正是其科学、严密的项目周期保证了世界银行在各国的投资拥有较高的成功率。

按照我国现行的规定，政府投资项目的建设程序可以分为以下几个阶段：

(1)根据国民经济和社会发展长远规划，结合行业和地区发展规划的要求，提出项目建议书。

(2)在勘察、试验、调查研究及详细技术经济论证的基础上编制可行性研究报告。

(3)根据咨询评估情况，对工程项目进行决策。

(4)根据可行性研究报告，编制设计文件。

(5)进行建设准备工作。

(6)组织施工，并根据施工进度，做好生产或动用前的准备工作。

(7)项目按批准的设计内容完成，经验收合格后正式投产交付使用。

(8)生产运营一段时间(一般为两年)后进行项目后评价。

工程项目建设的各个阶段的工作内容如下：

1)项目建议书阶段。项目建议书是向国家提出建设某一项目的建议性文件，是建设过程中最初阶段的工作，是投资决策前对拟建项目的轮廓设想。其主要作用是通过论述拟建项目的建设必要性、可行性以及获利、获益的可能性，向国家推荐建设项目、供国家选择并确定是否进行下一步工作。

项目建议书由建设单位根据拟建项目规模报送有关部门审批。项目建议书批准后，项目即可列入项目建设前期工作计划，可以进行下一步的可行性研究工作。

2)可行性研究阶段。可行性研究是指在项目决策之前，通过调查、研究、分析与项目有关的工程、技术、经济等方面的条件和情况，对可能的多种方案进行比较论证，同时对项目建成后的经济效益进行预测和评价的一种投资决策分析方法和科学分析活动。其主要作用是为建设项目投资决策提供依据，同时，也为建设项目设计、银行贷款、申请开工建设、建设项目实施、项目评估、科学实验、设备制造等提供依据。可行性研究主要解决项目建设是否必要，技术方案是否可行，生产建设条件是否具备，项目建设是否经济合理等问题。

3)设计工作阶段。设计是对拟建工程的实施在技术上和经济上所进行的全面而详细的安排，是项目建设计划的具体化，是组织施工的依据。设计质量直接关系到建设工程的质量，是建设工程的决定性环节。一般项目进行两阶段设计，即初步设计和施工图设计。技术上复杂而又缺乏设计经验的项目，在初步设计后加技术设计。

4)建设准备阶段。在工程开工建设之前，应当切实做好各项准备工作。其中包括：组建项目法人；征地、拆迁和场地平整；做到水通、电通、路通；组织设备、材料订货；准备必要的施工图纸；建设工程报建；委托工程监理；组织施工招标投标，择优选定施工单位；办理施工许可证。

5)施工安装阶段。工程项目经批准开工建设，项目即进入了施工安装阶段。施工安装活动应按照工程设计要求、施工合同条款及施工组织设计，在保证工程质量、工期、成本及安全、环保等目标的前提下进行，达到竣工验收标准后，由施工单位移交给建设单位。

6)生产准备阶段。对于生产性工程建设项目而言，生产准备是项目投产前由建设单位进行的一项重要工作。它是衔接建设和生产的桥梁，是项目建设转入生产经营的必要条件。生产准备的内容很多，不同类型的项目对生产准备的要求也各不同，但从总的方面看，生产准备的主要内容有招收和培训人员、生产组织准备、生产技术准备、生产物资准备。

7)竣工验收阶段。建设工程按设计文件规定的内容和标准全部完成，并按规定将工程内外全部清理完毕后，达到竣工验收条件，建设单位即可组织勘察、设计、施工、监理等有关单位进行竣工验收。竣工验收是考核建设成果、检验设计和施工质量的关键步骤，是由投资成果转入生产或使用的标志。竣工验收合格后，建设工程方可交付使用。竣工验收合格后，建设工程方可交付使用，竣工验收后，建设单位应及时向建设行政主管部门或其他有关部门备案并移交建设项目档案。

8)后评价阶段。项目后评价是工程项目竣工投产、生产运营一段时间后，再对项目的立项决策、设计施工、竣工投产、生产运营等全过程进行系统评价的一种技术经济活动，是固定资产投资管理的一项重要内容，也是固定资产投资管理的最后一个环节。通过建设项目后评价，可以达到肯定成绩、总结经验、研究问题、吸取教训、提出建议、改进工作、不断提高项目决策水平和投资效果的目的。

(六)工程项目管理的基本目标

争取成功地完成工程项目是工程项目管理的总体目标。工程项目管理的具体目标是在限定的时间内，在限定的资源(如资金、劳动力、设备材料等)条件下，以尽可能快的进度、尽可能低的费用(成本或投资)圆满完成项目任务。

英国建造学会的《项目管理实施规则》是这样定义项目管理的："为一个建设项目进行从概念到完成的全方位的计划、控制与协调，以满足委托人的要求，使项目得以在所要求的质量标准的基础上，在规定的时间内，在批准的费用预算内完成。"所以，项目管理的目标有三个最主要的方面，即专业目标(功能、质量、生产能力等)、工期目标和费用(成本、投资)目标，它们共同构成项目管理的目标体系(图 1-1)。

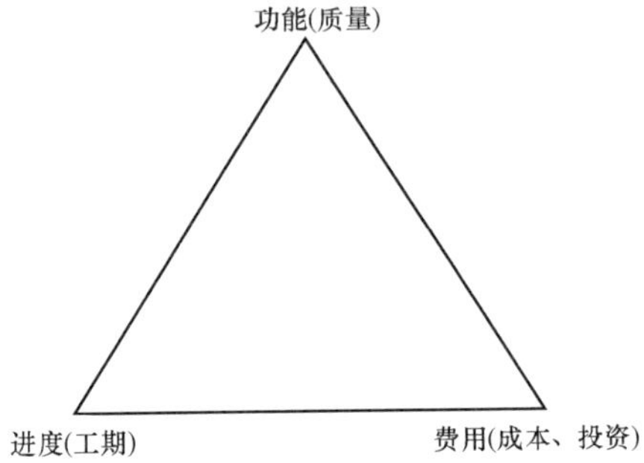

图 1-1　项目管理目标体系

工程项目管理的三大目标通常由项目任务书、技术设计和计划文件、合同文件(承包合同和咨询合同等)具体地定义。这三者在项目生命期中有如下特征：

(1)三者共同构成项目管理的目标系统，互相联系、互相影响，某一方面的变化必然引起另两个方面的变化，如过于追求缩短工期，必然会损害项目的功能(质量)，引起成本增加。所以，项目管理应追求它们三者之间的优化和平衡。

(2)这三个目标在项目的策划、设计和计划过程中经历由总体到具体、由概念到实施、由简单到详细的过程。工程项目管理的三大目标必须按项目组成应用 WBS 分解结构落实到具体的各个项目单元(子项目、活动)上，这样才能保证总目标的实现，形成一个控制体系，所以项目管理又是目标管理。

(3)工程项目管理必须保证三者结构关系的均衡性和合理性，任何强调最短工期、最高质量、最低成本都是片面的。三者的均衡性和合理性不仅体现在工程项目总体上，而且体现在工程项目的各个单元上，构成项目管理目标的基本逻辑关系。

(七)工程项目管理的任务

工程项目管理的主要任务是在工程项目可行性研究、投资决策的基础上，对勘察设计、建设准备、施工及竣工验收等全过程的一系列活动进行规划、协调、监督、控制和总结评价，通过合同管理、组织协调、目标控制、风险管理和信息管理等措施，保证工程项目质量、进度、造价目标得到有效控制。

(1)合同管理。工程总承包合同、勘察设计合同、施工合同、材料设备采购合同、委托项目管理合同、委托监理合同等均是业主和参与项目实施各主体之间明确权利义务关系的具有法律效力的协议文件，也是市场经济体制下组织工程项目实施的基本手段。从某种意义上讲，工程项目的实施过程就是合同订立和履行的过程。合同管理主要是指对各类合同的订立过程和履行过程的管理，包括合同文本的选择，合同条件的协商、谈判，合同书的签署，合同履行的检查、变更和违约、纠纷的处理，总结评价等。

(2)组织协调。组织协调是实现工程项目目标必不可少的方法和手段。在项目实施过程中，各个项目参与单位需要处理和调整众多复杂的业务组织关系，主要包括外部环境协调、如与政府管理部门之间的协调、资源供应及社区环境方面的协调等；项目参与单位之间的协调；项目参与单位内部各部门、各层次及个人之间的协调。

(3)目标控制。目标控制是指工程项目管理人员在不断变化的动态环境中为保证既定计划目标的实现而进行的一系列检查和调整活动的过程。目标控制的主要任务是采用规划、组织、协调等手段，采取组织、技术、经济、合同等措施，确保项目总目标的实现。项目目标控制的任务贯穿项目前期策划与决策、勘察设计、施工、竣工验收及交付使用等各个阶段。

(4)风险管理。随着工程项目规模的大型化和技术的复杂化，业主及项目参与各方所面临的风险越来越大。为确保工程项目的投资效益，必须对项目风险进行识别，并在定量分析和系统评价的基础上提出风险对策组合。

(5)信息管理。信息管理是工程项目目标控制的基础，其主要任务就是及时、准确地向各层级领导和各参加单位及各类人员提供所需的综合程度不同的信息，以便在项目进展的全过程中，动态地进行项目规划，迅速正确地进行各种决策，并及时检查决策执行结果。为了做好信息管理工作，需要建立完善的信息采集制度以收集信息；做好信息编目分类和流程设计工作，实现信息的科学检索和传递；充分利用现有信息资源。

(6)环境保护。工程建设可以改造环境、为人类造福，优秀的设计作品还可以增添社会景观，给人们带来观赏价值。但一个工程项目的实施过程和结果，同时也存在着影响甚至恶化环境的种种因素。因此，应在工程建设中强化环保意识，切实有效地把环境保护和损害自然环境、破坏生态平衡、污染空气和水质、扰动周围建筑物和地下管网等现象的发生作为项目管理的重要任务之一。项目管理者必须充分研究和掌握国家及地区的有关环保法规、规定，对于环保方面有要求的工程项目在项目可行性研究和决策阶段，必须提出环境影响评价报告，严格按工程建设程序向环保行政主管部门报批。在项目实施阶段，要做到“三同时”，即主体工程与环保措施工程同时设计、同时施工、同时投入运行。

第二章　房地产建设项目监理

第一节　工程建设监理概述

工程建设监理是我国工程建设领域对工程建设项目实施专业化、社会化、科学化管理的一种方法，它对确保工程质量，提高工程建设管理水平，提高工程投资效益，促进建筑社会化生产起着巨大的作用。

一、工程建设监理的概念

工程建设监理是指具有相应资质的工程监理企业，接受建设单位的委托，承担其项目管理工作，并代表建设单位对承建单位的建设行为进行监控的专业化服务活动。

建设单位(业主)是委托监理的一方，在工程建设中拥有确定建设工程规模、标准、功能以及选择勘察、设计、施工、监理单位等工程建设中重大问题的决定权。

工程监理企业是指取得企业法人营业执照，具有监理资质证书的依法从事建设工程监理业务活动的经济组织。

工程建设监理只能由具有相应资质的工程监理企业来开展，工程建设监理的行为主体是工程监理企业。

工程建设监理不同于住房城乡建设主管部门的监督管理，后者的行为主体是政府部门，具有明显的强制性，是行政性的监督管理，其任务、职责、内容不同于工程建设监理。同样，总承包单位对分包单位的监督管理，也不能视为工程建设监理。

二、工程建设监理的范围

《建设工程监理范围和规模标准规定》确定了下列建设工程必须实行监理：

(1)国家重点建设工程；

(2)大、中型公用事业工程；

(3)成片开发建设的住宅小区工程；

(4)利用外国政府或者国际组织贷款、援助资金的工程；

(5)国家规定必须实行监理的其他工程。

其中，国家重点建设工程是指依据《国家重点建设项目管理办法》所确定的对国民经济和社会发展有重大影响的骨干项目。

在此还应指出，工程监理范围除了特指工程范围以外，还有阶段范围。工程监理的阶段范围由委托监理合同确定，可以是全过程的监理，也可以是某个阶段的监理。如委托监理合同中约定的是全过程监理，那么监理范围就包括决策、设计、招投标的所有阶段；如果委托监理合同中约定为施工监理，那么监理的范围仅限于房地产项目施工阶段。

三、工程建设监理的工作性质

工程建设监理单位是建筑市场的主体之一。工程建设监理的工作性质有以下几个特点。

1. 服务性

工程监理机构提供的不是工程任务的承包，而是服务。在工程建设中，监理单位是利用自己的知识、技能和经验、信息以及必要的试验、检验手段为建设单位提供高智能的技术及管理服务，最终实现建设目标。但与此同时，工程监理机构将尽一切努力进行项目的目标控制，但它不可能保证项目的目标一定实现，它也不可能承担由于不是它的原因而导致的项目目标失控。

2. 科学性

这是由工程建设监理要完成的任务和实现的目标决定的。其科学性主要表现在工程监理单位要有组织管理能力强、工程建设经验丰富的领导者；要有由足够数量的、有丰富的管理经验和应变能力的监理工程师组成的骨干队伍；要有健全的、科学的管理制度；掌握先进的管理理论、方法；要有现代化的管理手段；要积累足够的技术、经济资料和数据；要有科学的工作态度和严谨的工作作风，实事求是、创造性地完成工程监理工作。

3. 独立性

《建设工程监理规范》(GB/T 50319—2013)要求监理单位公正、独立、自主地开展监理工作，维护建设单位和承包单位的合法权益。其独立性体现在：工程监理应当严格地按照相关法律、法规、规章、工程建设文件等的规定实施监理；在委托监理工程中，在工程监理单位和被监理工程的承包单位以及建筑材料、建筑构配件和设备供应单位不得有隶属管理或其他利害关系；在开展监理过程中必须建立独立的监理组织机构，按照自己的工作计划、程序、流程、方法、手段，根据自己的判断独立开展工作。

4. 公正性

公正性是全社会公认的道德行为准则，也是监理行业能够长期生存和发展的基本职业道德。在建设工程监理过程中，工程监理单位应排除各种干扰，客观、公正地对待监理的委托单位和承建单位。

四、工程建设监理实施的前提

工程建设监理的实施需要建设单位的委托和授权，工程监理企业应根据委托监理合同和有关建设工程合同的规定实施监理。

工程监理只有在建设单位委托的情况下才能进行。只有与建设单位订立书面委托监理合同，明确了监理的范围、内容、权利、义务、责任等，工程监理企业才能在规定的范围内行使管理权，合法地开展工程建设监理。工程监理企业在委托监理的工程中拥有一定的管理权限，能够开展管理活动，是建设单位授权的结果。

承建单位根据法律、法规的规定和它与建设单位签订的有关建设工程合同的规定接受工程监理企业对其建设行为进行的监督管理，接受并配合监理是其履行合同的一种行为。工程监理企业对哪些单位的哪些建设行为实施监理要根据有关建设工程合同的规定。例如，仅委托施工阶段监理的工程，工程监理企业只能根据委托监理合同和施工合同对施工行为实行监理。而在委托全过程监理的工程中，工程监理企业则可以根据委托监理合同以及勘察合同、设计合同、施工合同对勘察单位、设计单位和施工单位的建设行为实行监理。

五、工程建设监理的内容

监理委托合同的标的是监理单位为发包人提供的监理服务。监理委托合同的主要内容是控制工程建设的投资、工期和工程质量，进行工程建设合同管理，协调有关单位的工作关系。从工程建设过程来说，工程建设监理委托工作范围包括：项目前期的立项咨询、设计阶段监理、施工阶段监理、保修阶段的监理。在每一个阶段内，又可以进行投资、质量、工期的三大控制及合同管理和信息管理。

1. 建设前期阶段的工作

(1)对项目的投资机会研究，包括确定投资的优先性和部门方针。

(2)建设项目的可行性研究，确定项目的基本特征及其可行性。

(3)为了顺利实施开发计划和投资项目，并充分发挥其作用，提出经营管理和机构方面所需的变更和改进意见。

(4)参与设计任务书的编制。

2. 设计阶段的工作

(1)提出设计要求，参与评选设计方案。

(2)参与选择勘察、设计单位，协助发包人签订勘察、设计合同。

(3)监督初步设计和施工图设计工作的执行，控制设计质量，并对设计成果进行审核。

(4)控制设计进度以满足建设进度要求，并监督设计单位实施。

(5)审核设计概(预)算，实施或协助实施投资控制。

(6)参与工程主要设备选型。

(7)协调设计单位与有关各方的关系。

3. 施工招标阶段的工作

(1)编制招标文件和评标文件。

(2)协助评审投标书，提出决标评估意见。

(3)协助发包人与承建单位签订承包合同。

4. 施工阶段的工作

(1)协助发包人编写开工报告。

(2)审查承建单位各项施工准备工作，发布开工通知。

(3)督促承建单位建立、健全施工管理制度和质量保证体系，并监督其实施。

(4)审查承建单位提交的施工组织设计、施工技术方案和施工进度计划，并督促其实施。

(5)组织设计交底及图纸会审，审查设计变更。

(6)审核和确认承建单位提出的分包工程项目及选择的分包单位。

(7)复核已完工程量，签署工程付款证书，审核竣工结算报告。

(8)检查工程使用的原材料、半成品、成品、构配件和设备的质量，并进行必要的测试和监控。

(9)监督承建单位严格按技术标准和设计文件施工，控制工程质量。重要工程要督促承建单位实施预控措施。

(10)监督工程施工质量，对隐蔽工程进行检验签证，参与工程质量事故的分析及处理。

(11)分阶段进行进度控制，及时提出调整意见。

(12)调解合同纠纷和处理索赔事宜。

(13)督促检查安全生产、文明施工。

(14)组织工程阶段验收及竣工验收，并对工程施工质量提出评估意见。

5. 保修期阶段的工作

(1)协助组织和参与检查项目正式运行前的各项准备工作。

(2)对保修期间发现的工程质量问题，参与调查研究，弄清楚情况，鉴定工程质量问题的责任，并监督保修工作。

六、工程建设监理单位的资质等级和业务范围

(一)工程建设监理单位的资质等级

工程监理企业资质是企业技术能力、管理水平、业务经验、经营规模、社会信誉等综合性实力指标。对工程监理企业进行资质管理制度是我国政府实行市场准入控制的有效手段。工程监理企业应当按照所拥有的注册资本、专业技术人员数量和工程监理业绩等资质条件申

请资质，经审查合格，取得相应等级的资质证书后，才能在其资质等级许可的范围内从事工程监理活动。

工程监理企业资质分为综合资质、专业资质和事务所三个序列。综合资质只设甲级；专业资质原则上分为甲、乙、丙三个级别，并按照工程性质和技术特点划分为14个专业工程类别；除房屋建筑、水利水电、公路和市政公用四个专业工程类别设丙级资质外，其他专业工程类别不设丙级资质；事务所不分等级。

1. 综合资质标准

(1)具有独立法人资格且注册资本不少于600万元。

(2)企业技术负责人应为注册监理工程师，并具有15年以上从事工程建设工作的经历或者具有工程类高级职称。

(3)具有5个以上工程类别的专业甲级工程监理资质。

(4)注册监理工程师不少于60人，注册造价工程师不少于5人，一级注册建造师、一级注册建筑师、一级注册结构工程师或者其他勘察设计注册工程师合计不少于15人次。

(5)企业具有完善的组织结构和质量管理体系，有健全的技术、档案等管理制度。

(6)企业具有必要的工程试验检测设备。

(7)申请工程监理资质之日前两年内，企业没有违反法律、法规及规章的行为。

(8)申请工程监理资质之日前两年内没有因本企业监理责任造成重大质量事故。

(9)申请工程监理资质之日前两年内没有因本企业监理责任发生三级以上工程建设重大安全事故或者发生两起以上四级工程建设安全事故。

2. 专业资质标准

(1)甲级。

1)具有独立法人资格且注册资本不少于300万元。

2)企业技术负责人应为注册监理工程师，并具有15年以上从事工程建设工作的经历或者具有工程类高级职称。

3)注册监理工程师、注册造价工程师、一级注册建造师、一级注册建筑师、一级注册结构工程师或者其他勘察设计注册工程师合计不少于25人次；其中，相应专业注册监理工程师不少于《专业资质注册监理工程师人数配备表》(附表1)中要求配备的人数，注册造价工程师不少于2人。

4)企业近2年内独立监理过3个以上相应专业的二级工程项目，但是，具有甲级设计资质或一级及以上施工总承包资质的企业申请本专业工程类别甲级资质的除外。

5)企业具有完善的组织结构和质量管理体系，有健全的技术、档案等管理制度。

6)企业具有必要的工程试验检测设备。

7)申请工程监理资质之日前两年内，企业没有违反法律、法规及规章的行为。

8)申请工程监理资质之日前两年内没有因本企业监理责任造成重大质量事故。

9)申请工程监理资质之日前两年内没有因本企业监理责任发生三级以上工程建设重大安全事故或者发生两起以上四级工程建设安全事故。

(2)乙级。

1)具有独立法人资格且注册资本不少于100万元。

2)企业技术负责人应为注册监理工程师，并具有10年以上从事工程建设工作的经历。

3)注册监理工程师、注册造价工程师、一级注册建造师、一级注册建筑师、一级注册结构工程师或者其他勘察设计注册工程师合计不少于15人次。其中，相应专业注册监理工程师不少于《专业资质注册监理工程师人数配备表》(附表1)中要求配备的人数，注册造价工程师不少于1人。

4)有较完善的组织结构和质量管理体系，有技术、档案等管理制度。

5)有必要的工程试验检测设备。

6)申请工程监理资质之日前两年内，企业没有违反法律、法规及规章的行为。

7)申请工程监理资质之日前两年内没有因本企业监理责任造成重大质量事故。

8)申请工程监理资质之日前两年内没有因本企业监理责任发生三级以上工程建设重大安全事故或者发生两起以上四级工程建设安全事故。

(3)丙级。

1)具有独立法人资格且注册资本不少于50万元。

2)企业技术负责人应为注册监理工程师，并具有8年以上从事工程建设工作的经历。

3)相应专业的注册监理工程师不少于《专业资质注册监理工程师人数配备表》(附表1)中要求配备的人数。

4)有必要的质量管理体系、档案管理和规章制度。

5)有必要的工程试验检测设备。

3. 事务所资质标准

(1)取得合伙企业营业执照，具有书面合作协议书。

(2)合伙人中有不少于3名注册监理工程师，合伙人均有5年以上从事建设工程监理的工作经历。

(3)有固定的工作场所。

(4)有必要的质量管理体系、档案管理和规章制度。

(5)有必要的工程试验检测设备。

(二)业务范围

1. 综合资质

可以承担所有专业工程类别建设工程项目的工程监理业务。

2. 专业资质

(1)专业甲级资质：可承担相应专业工程类别建设工程项目的工程监理业务。

(2)专业乙级资质：可承担相应专业工程类别二级以下(含二级)建设工程项目的工程监理业务。

(3)专业丙级资质：可承担相应专业工程类别三级建设工程项目的工程监理业务。

3. 事务所资质

可承担三级建设工程项目的工程监理业务，但是，国家规定必须实行监理的工程除外。另外，各级工程监理企业都可以开展相应类别建设工程的项目管理、技术咨询等业务。

表 2-1 房屋建筑工程等级

工程类别	一级	二级	三级
一般公共建筑	28层以上；36米跨度以上(轻钢结构除外)；单项工程建筑面积3万平方米以上	14～28层；24～36米跨度(轻钢结构除外)；单项工程建筑面积1万～3万平方米	14层以下；24米跨度以下(轻钢结构除外)；单项工程建筑面积1万平方米以下
高耸构筑工程	高度120米以上	高度70～120米	高度70米以下
住宅工程	小区建筑面积12万平方米以上；单项工程28层以上	建筑面积6万～12万平方米；单项工程14～28层	建筑面积6万平方米以下；单项工程14层以下

第二节 工程建设监理招标与投标

一、建设监理招标主体与监理招标范围

(一)建设监理招标主体

建设监理招标主体是承建招标项目的建设单位，又称业主招标人。招标人可以自行组织监理招标，也可以委托具有相应资质的招标代理机构组织招标。

(二)建设监理招标范围确定

由于工程建设监理的工作内容遍布项目建设的全过程，因此，在选择监理单位前，应首先确定委托监理的工作内容和范围，既可以将整个建设过程委托一个单位来完成，也可以按不同阶段的工作内容或不同合同的内容分别交予几个监理单位来完成。在划分监理委托工作范围时，一般应考虑以下几个方面的条件：

(1)工程规模。中、小型工程项目，有条件时可将全部监理工作委托一个单位；大型复

杂工程，则应按阶段和工作内容分别委托监理单位，如设计和施工两个阶段分开。

(2)项目的专业特点。不同的施工内容对监理人员的素质、专业技能和管理水平的要求也不同，所以，在大型复杂工程的建设阶段，划分监理工作范围时应充分考虑不同工作内容的要求，如将土建工程与安装工程分开。

(3)合同履行的难易程度。由于建设期间，业主与有关承包商所签订的经济合同较多，对于较易履行的合同，监理工作可以并入某项监理工作的委托内容之中，或者不必委托监理，如一般建筑材料供销合同的履行监督、管理等。

(4)业主的管理能力。当业主的技术能力和管理能力较强时，项目实施阶段的某些工作内容也可以由自己来承担，如施工前期的现场准备工作等。

(三)参加投标的监理单位条件

参加投标的监理单位应当是取得监理资质证书，具有法人资格的监理公司、监理事务所或兼承监理业务的工程设计、科学研究及工程建设咨询的单位，同时，必须具有与招标工程规模相适应的资质等级。

二、建设工程监理招标方式与程序

(一)建设工程监理招标方式

建设工程监理招标可分为公开招标和邀请招标两种方式。建设单位应根据法律法规、工程项目特点、工程监理单位的选择空间及工程实施的急迫程度等因素合理、合规选择招标方式，并按规定程序向招投标监督管理部门办理相关招投标手续，接受相应的监督管理。

1. 公开招标

公开招标是指建设单位以招标公告的方式邀请不特定工程监理单位参加投标，向其发售监理招标文件，按照招标文件规定的评标方法、标准，从符合投标资格要求的投标人中优选中标人，并与中标人签订建设工程监理合同的过程。

国有资金占控股或者主导地位等依法必须进行监理招标的项目，应当采用公开招标方式委托监理任务。公开招标属于非限制性竞争招标，其优点是能够充分体现招标信息公开性、招标程序规范性、投标竞争公平性，有助于打破垄断，实现公平竞争。公开招标可使建设单位有较大的选择范围，可在众多投标人中选择经验丰富、信誉良好、价格合理的工程监理单位，能够大大降低串标、围标、抬标和其他不正当交易的可能性。公开招标的缺点是准备招标、资格预审和评标的工作量大，因此，招标时间长，招标费用较高。

2. 邀请招标

邀请招标是指建设单位以投标邀请书方式邀请特定工程监理单位参加投标，向其发售招标文件，按照招标文件规定的评标方法、标准，从符合投标资格要求的投标人中优选中标人，并与中标人签订建设工程监理合同的过程。

邀请招标属于有限竞争性招标，也称为选择性招标。采用邀请招标方式，建设单位不需要发布招标公告，也不进行资格预审(但可组织必要的资格审查)，使招标程序得到简化。这样，既可节约招标费用，又可缩短招标时间。邀请招标虽然能够邀请到有经验和资信可靠的工程监理单位投标，但由于限制了竞争范围，选择投标人的范围和投标人竞争的空间有限，可能会失去技术和报价方面有竞争力的投标者，失去理想中标人，达不到预期竞争效果。

(二)建设工程监理招标程序

建设工程监理招标一般包括：招标准备；发出招标公告或投标邀请书；组织资格审查；编制和发售招标文件；组织现场踏勘；召开投标预备会；编制和递交投标文件；开标、评标和定标；签订建设工程监理合同等程序。

1. 招标准备

建设工程监理招标准备工作包括确定招标组织、明确招标范围和内容、编制招标方案等内容。

(1)确定招标组织。建设单位自身具有组织招标的能力时，可自行组织监理招标，否则，应委托招标代理机构组织招标。若自行办理招标事宜的，则应在规定时间内到招投标管理机构办理备案手续。建设单位委托招标代理进行监理招标时，应与招标代理机构签订招标代理书面合同，明确委托招标代理的内容、范围及双方义务和责任。

(2)明确招标范围和内容。综合考虑工程特点、建设规模、复杂程度、建设单位自身管理水平等因素，明确建设工程监理招标范围和内容。

(3)编制招标方案。包括划分监理标段、选择招标方式、选定合同类型及计价方式、确定投标人资格条件、安排招标工作进度等。

2. 编制招标文件

招标文件既是投标人编制投标文件的依据，也是招标人与中标人签订建设工程监理合同的基础。招标文件一般应由以下内容组成：

(1)招标公告/投标邀请书；

(2)投标人须知；

(3)评标办法；

(4)拟签订监理合同主要条款及格式，以及履约担保格式等；

(5)投标报价；

(6)设计资料；

(7)技术标准和要求；

(8)投标文件格式；

(9)要求投标人提交的其他材料。

3. 发出招标公告或投标邀请书

建设单位采用公开招标方式的，应当发布招标公告。招标公告必须通过一定的媒介进行发布。投标邀请书是指采用邀请招标方式的建设单位，向三个以上具备承担招标项目能力、资信良好的特定工程监理单位发出的参加投标的邀请。

招标公告与投标邀请书应当载明：建设单位的名称和地址；招标项目的性质；招标项目的数量；招标项目的实施地点；招标项目的实施时间；获取招标文件的办法等内容。

【例 2-1】 招标公告的格式

招标公告(适用于公开招标)

(项目名称)监理招标公告

1. 招标条件

本招标项目____________(项目名称)已由____________(项目审批、核准或备案机关名称)以____________(批文名称及编号)批准建设，项目业主为____________，建设资金来自____________(资金来源)，出资比例为____________，招标人为____________。项目已具备招标条件，现对该项目的监理进行公开招标。

2. 项目概况与招标范围

________________________(说明本次招标项目的建设地点、规模、监理服务期限、招标范围等)。

3. 投标人资格要求

3.1 本次招标要求投标人须具备____________资质，业绩____________，并在人员、试验检测仪器设备方面具有相应的监理能力。

3.2 本次招标____________(接受或不接受)联合体投标。联合体投标的，应满足下列要求：__________________________。

4. 招标文件的获取

4.1 (A)凡有意参加投标者，请于______年______月______日至______年______月______日，每日上午______时至______时，下午______时至______时(北京时间，下同)，在________________(详细地址)持单位介绍信购买招标文件。邮购招标文件的，需另加手续费(含邮费)______元。招标人在收到单位介绍信和邮购款和技术资料押金(含手续费)后______日内寄送。

4.1 (B)凡有意参加投标者，请于______年______月______日______时至______年______月______日______时(北京时间，下同)，登录____________(电子招标投标交易平台名称)下载电子招标文件。

4.2 招标文件每套售价______元，售后不退。技术资料押金______元，在退还技术资料时退还(不计利息)。

5. 投标文件的递交

5.1 （A）投标文件递交的截止时间（投标截止时间，下同）为______年____月____日____时____分，地点为__________。

5.1 （B）投标文件递交的截止时间（投标截止时间，下同）为____年____月____日____时____分，投标人应在截止时间前通过________________（电子招标投标交易平台）递交电子投标文件。

5.2 （A）逾期送达的、未送达指定地点的或者不按照招标文件要求密封的投标文件，招标人将予以拒收。

5.2 （B）逾期送达的投标文件，电子招标投标交易平台将予以拒收。

6. 发布公告的媒介

本次招标公告同时在（发布公告的媒介名称）上发布。

7. 联系方式

招标人：______________________	招标代理机构：____________________
地址：________________________	地址：__________________________
邮编：________________________	邮编：__________________________
联系人：______________________	联系人：________________________
电话：________________________	电话：__________________________
传真：________________________	传真：__________________________
电子邮件：____________________	电子邮件：______________________
网址：________________________	网址：__________________________
开户银行：____________________	开户银行：______________________
账号：________________________	账号：__________________________

______年______月______日

【例 2-2】 招标邀请函的格式

投标邀请书（适用于邀请招标）

（项目名称）监理投标邀请书

________________（被邀请单位名称）：

1. 招标条件

本招标项目____________（项目名称）已由____________（项目审批、核准或备案机关名称）以___________（批文名称及编号）批准建设，项目业主为____________，建设资金来自____________（资金来源），出资比例为____________，招标人为____________。项目已具备招标条件，现对该项目的监理进行公开招标。

2. 项目概况与招标范围

__________________________（说明本次招标项目的建设地点、规模、监理服务期限、招标范围等）。

3. 投标人资格要求

3. 1 本次招标要求投标人须具备__________资质，业绩__________，并在人员、试验检测仪器设备方面具有相应的监理能力。

3. 2 本次招标__________（接受或不接受）联合体投标。联合体投标的，应满足下列要求：____________________。

4. 招标文件的获取

4.1 （A）凡有意参加投标者，请于_____年_____月_____日至_____年_____月_____日，每日上午_____时至_____时，下午_____时至_____时（北京时间，下同），在______________________（详细地址）持单位介绍信购买招标文件。邮购招标文件的，需另加手续费（含邮费）_____元。招标人在收到单位介绍信和邮购款和技术资料押金（含手续费）后_____日内寄送。

4.1 （B）凡有意参加投标者，请于_____年_____月_____日_____时至_____年_____月_____日_____时（北京时间，下同），登录__________（电子招标投标交易平台名称）下载电子招标文件。

4.2 招标文件每套售价_____元，售后不退。技术资料押金元，在退还技术资料时退还（不计利息）。

5. 投标文件的递交

5.1 （A）投标文件递交的截止时间（投标截止时间，下同）为_____年____月____日____时____分，地点为__________。

5.1 （B）投标文件递交的截止时间（投标截止时间，下同）为____年____月____日____时____分，投标人应在截止时间前通过______________（电子招标投标交易平台）递交电子投标文件。

5.2 （A）逾期送达的、未送达指定地点的或者不按照招标文件要求密封时的投标文件，招标人将予以拒收。

5.2 （B）逾期送达的投标文件，电子招标投标交易平台将予以拒收。

6. 确认

你单位收到本邀请书后，请于_____年____月____日____时前，以书面形式确认是否参加投标。在本邀请书规定的时间内未表示是否参加投标或明确表示不参加投标的，不得再参加投标。

7. 联系方式

招标人：__________________	招标代理机构：____________________
地址：__________________	地址：____________________
邮编：__________________	邮编：____________________

联系人：________________　　联系人：________________
电话：________________　　电话：________________
传真：________________　　传真：________________
电子邮件：________________　　电子邮件：________________
网址：________________　　网址：________________
开户银行：________________　　开户银行：________________
账号：________________　　账号：________________

______年______月______日

附件：确认通知

确认通知

______________（招标人名称）：

我方已于______年______月______日收到你方______年______月______日发出的______________（项目名称）的监理招标的投标邀请书，并确认____（参加/不参加）投标。

特此确认。

被邀请单位名称：__________（盖章单位）

法定代表人：__________（签字）

______年______月______日

4. 资格审查

为了保证潜在投标人能够公平地获取投标竞争的机会，确保投标人满足招标项目的资格条件，同时避免招标人和投标人不必要的资源浪费，招标人应组织审查监理投标人资格。资格审查分为资格预审和资格后审两种。

(1)资格预审。资格预审是指在投标前，对申请参加投标的潜在投标人进行资质条件、业绩、信誉、技术、资金等多方面情况的审查。只有资格预审中被认定为合格的潜在投标人(或投标人)才可以参加投标。资格预审的目的是为了排除不合格的投标人，进而降低招标人的招标成本，提高招标工作效率。

(2)资格后审。资格后审是指在开标后，由评标委员会根据招标文件中规定的资格审查因素、方法和标准，对投标人资格进行的审查。

建设工程监理资格审查大多采用资格预审的方式进行。

5. 发售招标文件

按照招标公告或投标邀请书规定的时间、地点发售招标文件。投标人对招标文件内容有异议，可在规定时间内要求招标人澄清、说明或纠正。

6. 现场踏勘

组织投标人进行现场踏勘的目的是了解工程场地和周围环境情况，以获取认为有必要的信息。招标人可根据工程特点和招标文件规定，组织潜在投标人对工程实施现场的地形地质条件、周边和内部环境进行实地踏勘，并介绍有关情况。潜在投标人自行负责据此做出的判断和投标决策。

7. 召开投标预备会

招标人按照招标文件规定的时间组织投标预备会，澄清、解答潜在投标人在阅读招标文件和现场踏勘后提出的疑问。所有的澄清、解答都应当以书面形式予以确认，并发给所有购买招标文件的潜在投标人。招标文件的书面澄清、解答属于招标文件的组成部分。招标人同时可以利用投标预备会对招标文件中有关重点、难点内容主动做出说明。

8. 编制和递交投标文件

投标人应按照招标文件要求编制投标文件，对招标文件提出的实质性要求和条件做出实质性响应，按照招标文件规定的时间、地点和方式递交投标文件，并根据要求提交投标保证金。投标人在提交投标截止日期之前，可以撤回、补充或者修改已提交的投标文件，并书面通知招标人。补充、修改的内容为投标文件的组成部分。

9. 开标、评标和定标

(1)开标。招标人应按招标文件规定的时间、地点主持开标，邀请所有投标人派代表参加。开标时间、开标过程应符合招标文件规定的开标要求和程序。

(2)评标。评标由招标人依法组建的评标委员会负责。评标委员会应当熟悉、掌握招标项目的主要特点和需求，认真阅读、研究招标文件及其评标办法，按招标文件规定的评标办法进行评标，编写评标报告，并向招标人推荐中标候选人，或经招标人授权直接确定中标人。

(3)定标。招标人应按有关规定在招标投标监督部门指定的媒体或场所公示推荐的中标候选人，并根据相关法律法规和招标文件规定的定标原则和程序确定中标人，向中标人发出中标通知书。同时，将中标结果通知所有未中标的投标人，并在15日内按有关规定将监理招标投标情况书面报告提交招标投标行政监督部门。

10. 签订建设工程监理合同

招标人与中标人应当自发出中标通知书之日起30日内，依据中标通知书、招标文件中的合同构成文件签订工程监理合同。

11. 投标人报送监理规划，实施监理工作

三、建设工程监理评标内容和方法

工程监理单位不承担建筑产品生产任务，只是受建设单位委托提供技术和管理咨询服务。建设工程监理招标属于服务类招标，其标的是无形的“监理服务”，因此，建设单位在选择工程监理单位最重要的原则是“基于能力的选择”，而不应将服务报价作为主要考虑因素。有时甚至不考虑建设工程监理服务报价，只考虑工程监理单位的服务能力。

(一)建设工程监理评标内容

建设工程监理评标办法中，通常会将下列要素作为评标内容：

(1)工程监理单位的基本素质。其包括工程监理单位资质、技术与服务能力、社会信誉和企业诚信度，以及类似工程监理业绩和经验。

(2)工程监理人员配备。工程监理人员的素质与能力直接影响建设工程监理工作的优劣，进而影响整个工程监理目标的实现。项目监理机构监理人员的数量和素质，特别是总监理工程师的综合能力和业绩是建设工程监理评标需要考虑的重要内容。对工程监理人员配备的评价内容具体包括：项目监理机构的组织形式是否合理；总监理工程师人选是否符合招标文件规定的资格及能力要求；监理人员的数量、专业配置是否符合工程专业特点要求；工程监理整体力量投入能否满足工程需要；工程监理人员年龄结构是否合理；现场监理人员进退场计划是否与工程进展相协调等。

(3)建设工程监理大纲。建设工程监理大纲是反映投标人技术、管理和服务综合水平的文件，反映了投标人对工程的分析和理解程度。评标时应重点评审建设工程监理大纲的全面性、针对性和科学性。

1)建设工程监理大纲内容是否全面，工作目标是否明确，组织机构是否健全，工作计划是否可行，质量、造价、进度控制措施是否全面、得当，安全生产管理、合同管理、信息管理等方法是否科学，以及项目监理机构的制度建设规划是否到位，监督机制是否健全等。

2)建设工程监理大纲中应对工程特点、监理重点与难点进行识别。在对招标工程进行透彻分析的基础上，结合自身工程经验，从工程质量、造价、进度控制及安全生产管理等方面确定监理工作的重点和难点，提出针对性措施和对策。

3)除常规监理措施外，建设工程监理大纲中应对招标工程的关键工序及分部分项工程制定有针对性的监理措施；制定针对关键点、常见问题的预防措施；合理设置旁站清单和保障措施等。

(4)试验检测仪器设备及其应用能力。重点评审投标人在投标文件中所列的设备、仪器、工具等能否满足建设工程监理要求。对于建设单位在现场另建试验、检测等中心的工程项目，应重点考查投标人评价分析、检验测量数据的能力。

(5)建设工程监理费用报价。建设工程监理费用报价所对应的服务范围、服务内容、服务期限应与招标文件中的要求相一致。要重点评审监理费用报价水平和构成是否合理、完整，分析说明是否明确，监理服务费用的调整条件和办法是否符合招标文件要求等。

(二)建设工程监理评标方法

建设工程监理评标通常采用“综合评标法”，即：通过衡量投标文件是否最大限度地满足招标文件中规定的各项评价标准，对技术、企业资信、服务报价等因素进行综合评价从而确定中标人。

根据具体分析方式不同，综合评标法可分为定性综合评估法和定量综合评估法两种。

1. 定性综合评估法

定性综合评估法是对投标人的资质条件、人员配备、监理方案、投标价格等评审指标分项进行定性比较分析、全面评审，综合评议较优者作为中标人，也可采取举手表决或不记名投票方式决定中标人。

定性综合评估法的优点是不量化各项评审指标，简单易行，能在广泛深入地开展讨论分析的基础上集中各方面观点，有利于评标委员会成员之间的直接对话和深入交流，集中体现各方意见，能使综合实力强、方案先进的投标单位处于优势地位；其缺点是评估标准弹性较大，衡量尺度不具体，透明度不高，受评标专家人为因素影响较大，可能会出现评标意见相差悬殊，使定标决策左右为难的情况。

2. 定量综合评估法

定量综合评估法又称打分法、百分制计分评价法。通常是在招标文件中明确规定需量化的评价因素及其权重，评标委员会根据投标文件内容和评分标准逐项进行分析记分、加权汇总，计算出各投标单位的综合评分，然后按照综合评分由高到低的顺序确定中标候选人或直接选定得分最高者为中标人。

定量综合评估法是目前我国各地广泛采用的评标方法，其特点是量化所有评标指标，由评标委员会专家分别打分，减少了评标过程中的相互干扰，增强了评标的科学性和公正性。需要注意的是，评标因素指标的设置和评分标准分值或权重的分配，应能充分评价工程监理单位的整体素质和综合实力，体现评标的科学、合理性。

四、建设工程监理投标工作内容

建设工程监理投标是一项复杂的系统性工作，工程监理单位的投标工作内容包括投标决策、投标策划、投标文件编制、参加开标及答辩、投标后评估等。

(一)建设工程监理投标决策

工程监理单位要想中标获得建设工程监理任务并获得预期利润，就需要认真进行投标决策。所谓投标决策，主要包括两个方面内容：一是决定是否参与竞标；二是如果参加投标，应采取什么样的投标策略。投标决策的正确与否，关系到工程监理单位能否中标及中标后的经济效益。

(二)建设工程监理投标策划

建设工程监理投标策划是指从总体上规划建设工程监理投标活动的目标、组织、任务分工等，通过严格的管理过程，提高投标效率和效果。

(1)明确投标目标，决定资源投入。一旦决定投标，首先要明确投标目标，投标目标决定了企业层面对投标过程的资源支持力度。

(2)成立投标小组并确定任务分工。投标小组要由有类似建设工程监理投标经验的项目负责人全面负责收集信息，协调资源，做出决策，并组织参与资格审查、购买标书、编写质疑文件、进行质疑和现场踏勘、编制投标文件、封标、开标和答辩、标后总结等。同时，需要落实各参与人员的任务和职责，做到界面清晰，人尽其职。

(三)建设工程监理投标文件编制

建设工程监理投标文件反映了工程监理单位的综合实力和完成监理任务的能力，是招标人选择工程监理单位的主要依据之一。投标文件编制质量的高低，直接关系到中标可能性的大小，因此，如何编制好建设工程监理投标文件是工程监理单位投标的首要任务。

1. 投标文件编制原则

(1)响应招标文件，保证不被废标。建设工程监理投标文件编制的前提是要按招标文件要求的条款和内容格式编制，必须在满足招标文件要求的基本条件下，尽可能精益求精，响应招标文件实质性条款，防止废标发生。

(2)认真研究招标文件，深入领会招标文件意图。一本规范化的招标文件少则十余页，多则几十页，甚至上百页，只有全部熟悉并领会各项条款要求，事先发现不理解或前后矛盾、表述不清的条款，通过标前答疑会，解决所有发现的问题，防止因不熟悉招标文件导致“失之毫厘，差之千里”的后果发生。

(3)投标文件要内容详细、层次分明、重点突出。完整、规范的投标文件，应尽可能将投标人的想法、建议及自身实力叙述详细，做到内容深入而全面。为了尽可能让招标人或评标专家在很短的评标时间内了解投标文件内容及投标单位实力，就要在投标文件的编制上下功夫，做到层次分明，表达清楚，重点突出。投标文件体现的内容要针对招标文件评分办法的重点得分内容，如企业业绩、人员素质及监理大纲中建设工程目标控制要点等，要有意识地说明和标设，并在目录上专门列出或在编辑包装中采用装饰手法等，力求起到加深印象的作用，这样做会起到事半功倍的效果。

2. 投标文件编制依据

(1)国家及地方有关建设工程监理投标的法律法规及政策。必须以国家及地方有关建设工程监理投标的法律法规与政策为准绳编制建设工程监理投标文件，否则，可能会造成投标文件的内容与法律法规及政策相抵触，甚至造成废标。

(2)建设工程监理招标文件。工程监理投标文件必须对招标文件作出实质性响应，而且其内容尽可能与建设单位的意图或建设单位的要求相符合。越是能够贴切满足建设单位需求的投标文件，则越会受到建设单位的青睐，其获取中标的概率也相对较高。

(3)企业现有的设备资源。编制建设工程监理投标文件时，必须考虑工程监理单位现有的设备资源。要根据不同监理标的具体情况进行统一调配，尽可能将工程监理单位现有可动用的设备资源编入建设工程监理投标文件，提高投标文件的竞争实力。

(4)企业现有的人力及技术资源。工程监理单位现有的人力及技术资源主要表现为有精通所招标工程的专业技术人员和具有丰富经验的总监理工程师、专业监理工程师、监理员；有工程项目管理、设计及施工专业特长，能帮助建设单位协调解决各类工程技术难题的能力；拥有同类建设工程监理经验；在各专业有一定技术能力的合作伙伴，必要时可联合向建设单位提供咨询服务。此外，应当将工程监理单位内部现有的人力及技术资源优化组合后编入监理投标文件中，以便在评标时获得较高的技术标得分。

(5)企业现有的管理资源。建设单位判断工程监理单位是否能胜任建设工程监理任务，在很大程度上要看工程监理单位在日常管理中有何特长，类似建设工程监理经验如何，针对本工程有何具体管理措施等。为此，工程监理单位应当将其现有的管理资源充分展现在投标文件中，以获得建设单位的注意，从而最终获取中标。

3. 监理大纲的编制

建设工程监理投标文件的核心是反映监理服务水平高低的监理大纲，尤其是针对工程具体情况制定的监理对策，以及向建设单位提出的原则性建议等。

监理大纲一般应包括以下主要内容：

(1)工程概述。工程概述是根据建设单位提供和自己初步掌握的工程信息，对工程特征进行简要描述，其内容主要包括：工程名称、工程内容及建设规模；工程结构或工艺特点；工程地点及自然条件概况；工程质量、造价和进度控制目标等。

(2)监理依据和监理工作内容。

1)监理依据：法律法规及政策；工程建设标准[包括《建设工程监理规范》(GB/T 50319—2013)]；工程勘察设计文件；建设工程监理合同及相关建设工程合同等。

2)监理工作内容：监理工作内容包括质量控制、造价控制、进度控制、合同管理、信息管理、组织协调、安全生产管理的监理工作等。

3)建设工程监理实施方案。建设工程监理实施方案是监理评标的重点。根据监理招标文件的要求，针对建设单位委托监理工程特点，拟定监理工作指导思想、工作计划；主要管理措施、技术措施以及控制要点；拟采用的监理方法和手段；监理工作制度和流程；监理文件资料管理和工作表式；拟投入的资源等。建设单位一般会特别关注工程监理单位资源的投入：一方面是项目监理机构的设置和人员配备，包括监理人员(尤其是总监理工程师)素质、监理人员数量和专业配套情况；另一方面是监理设备配置，包检测、办公、交通和通信等设备。

4)建设工程监理难点、重点及合理化建议。建设工程监理难点、重点及合理化建议是整个投标文件的精髓。工程监理单位在熟悉招标文件和施工图的基础上，要按实际监理工作的开展和部署进行策划，既要全面涵盖“三控两管一协调”和安全生产管理职责的内容，又要有针对性地提出重点工作内容、分部分项工程控制措施和方法以及合理化建议，并说明采纳这些建议将会在工程质量、造价、进度等方面产生的效益。

4. 编制投标文件的注意事项

建设工程监理招标、评标注重对工程监理单位能力的选择。因此，工程监理单位在投标时应在体现监理能力方面下功夫，应着重解决下列问题：

(1)投标文件应对招标文件内容作出实质性响应。

(2)项目监理机构的设置应合理，要突出监理人员素质，尤其是总监理工程师人选，将是建设单位重点考察的对象。

(3)应有类似建设工程监理经验。

(4)监理大纲能充分体现工程监理单位的技术、管理能力。

(5)监理服务报价应符合国家收费规定和招标文件对报价的要求，以及建设工程监理成本一利润测算。

(6)投标文件既要响应招标文件要求，又要巧妙回避建设单位的苛刻要求，同时，还要避免为提高竞争力而盲目扩大监理工作范围，否则会给合同履行留下隐患。

第三节　工程建设项目委托监理合同

一、《建设工程监理合同(示范文本)》的构成

建设工程监理合同的订立，意味着委托关系的形成，委托人与监理人之间的关系将受到合同约束。为了规范建设工程监理合同，住房和城乡建设部和国家工商行政管理总局于2012年3月发布了《建设工程监理合同(示范文本)》(GF—2012—0202)。该合同示范文本由“协议书”“通用条件”“专用条件”、附录A和附录B组成。

1. 协议书

协议书不仅明确了委托人和监理人，而且明确了双方约定的委托建设工程监理与相关服务的工程概况(工程名称、工程地点、工程规模、工程概算投资额或建筑安装工程费)；总监理工程师(姓名、身份证号、注册号)；签约酬金(监理酬金、相关服务酬金)；服务期限(监理期限、相关服务期限)；双方对履行合同的承诺及合同订立的时间、地点、份数等。

协议书还明确了建设工程监理合同的组成文件：

(1)协议书；

(2)中标通知书(适用于招标工程)或委托书(适用于非招标工程)；

(3)投标文件(适用于招标工程)或监理与相关服务建议书(适用于非招标工程)；

(4)专用条件；

(5)通用条件；

(6)附录，附录A：相关服务的范围和内容；附录B：委托人派遣的人员和提供的房屋、资料、设备。

建设工程监理合同签订后，双方依法签订的补充协议也是建设工程监理合同文件的组成部分。协议书是一份标准的格式文件，经当事人双方在空格处填写具体规定的内容并签字盖章后，即发生法律效力。

2. 通用条件

通用条件涵盖了建设工程监理合同中所用的词语定义与解释，监理人的义务，委托人的义务，签约双方的违约责任，酬金支付，合同的生效、变更、暂停、解除与终止，争议解决及其他诸如外出考察费用、检测费用、咨询费用、奖励、守法诚信、保密、通知、著作权等方面的约定。通用文件适用于各类建设工程监理，各委托人、监理人都应遵守通用条件中的规定。

3. 专用条件

由于通用条件适用于各行业、各专业建设工程监理，因此，其中的某些条款规定得比较笼统，需要在签订具体建设工程监理合同时，结合地域特点、专业特点和委托监理的工程特点，对通用条件中的某些条款进行补充、修改。

所谓"补充"，是指通用条件中的条款明确规定，在该条款确定的原则下，专用条件中的条款需进一步明确具体内容，使通用条件、专用条件中相同序号的条款共同组成一条内容完备的条款。如《建设工程监理合同(示范文本)》(GF—2012—0202)中通用条件2.2.1规定，监理依据包括：

(1)适用的法律、行政法规及部门规章；

(2)与工程有关的标准；

(3)工程设计及有关文件；

(4)本合同及委托人与第三方签订的与实施工程有关的其他合同。

双方根据建设工程的行业和地域特点，在专用条件中具体约定监理依据。

于是，就具体建设工程监理而言，委托人与监理人就需要根据工程的行业和地域特点，在专用条件中相同序号(2.2.1)条款中明确具体的监理依据。

所谓"修改"，是指通用条件中规定的程序方面的内容，如果双方认为不合适，可以协议修改。如通用条件3.4中规定，"委托人应授权一名熟悉工程情况的代表，负责与监理人联系。委托人应在双方签订本合同后7天内，将委托人代表的姓名和职责书面告知监理人。当委托人更换委托人代表时，应提前7天通知监理人。"如果委托人或监理人认为7天的时间太短，经双方协商达成一致意见后，可在专用条件相同序号条款中写明具体的延长时间，如改为14天等。

4. 附录

附录包括两部分，即附录 A 和附录 B。

(1)附录 A。如果委托人委托监理人完成相关服务时，应在附录八中明确约定委托的工作内容和范围。委托人根据工程建设管理需要，可以自主委托全部内容，也可以委托某个阶段的工作或部分服务内容。如果委托人仅委托建设工程监理，则不需要填写附录 A。

(2)附录 B。委托人为监理人开展正常监理工作派遣的人员和无偿提供的房屋、资料、设备，应在附录 B 中明确约定派遣或提供的对象、数量和时间。

二、建设工程监理合同履行

(一)监理人的义务

1. 监理的范围和工作内容

(1)监理范围。建设工程监理范围可能是整个建设工程，也可能是建设工程中一个或若干施工标段，还可能是一个或若干施工标段中的部分工程，如土建工程、机电设备安装工程、玻璃幕墙工程、桩基工程等合同双方需要在专用条件中明确建设工程监理的具体范围。

(2)监理工作内容。对于强制实施监理的建设工程，通用条件 2.1.2 款约定的 22 项监理人需要完成的基本工作如下：

1)收到工程设计文件后编制监理规划，并在第一次工地会议 7 天前报委托人。根据有关规定和监理工作需要，编制监理实施细则；

2)熟悉工程设计文件，并参加由委托人主持的图纸会审和设计交底会议；

3)参加由委托人主持的第一次工地会议；主持监理例会并根据工程需要主持或参加专题会议；

4)审查施工承包人提交的施工组织设计，重点审查其中的质量安全技术措难、专项施工方案与工程建设强制性标准的符合性；

5)检查施工承包人工程质量、安全生产管理制度及组织机构和人员资格；

6)检查施工承包人专职安全生产管理人员的配备情况；

7)审查施工承包人提交的施工进度计划，核查施工承包人对施工进度计划的调整；

8)检查施工承包人的试验室；

9)审核施工分包人资质条件；

10)查验施工承包人的施工测量放线成果；

11)审查工程开工条件，对条件具备的签发开工令；

12)审查施工承包人报送的工程材料、构配件、设备的质量证明资料，并按规定对用于工程的材料采取平行检验或见证取样方式进行抽验 ；

13)审核施工承包人提交的工程款支申请，签发或出具工程款支付证书，并报委托人审核、批准；

14)在巡视、旁站和检验过程中，发现工程质量、施工安全存在事故隐患的，要求施工承包人整改并报委托人；

15)经委托人同意，签发工程暂停令和复工令；

16)审查施工承包人提交的采用新材料、新工艺、新技术、新设备的论证材料及相关验收标准；

17)验收隐蔽工程、分部分项工程；

18)审查施工承包人提交的工程变更申请，协调处理施工进度调整、费用索赔、合同争议等事项；

19)审查施工承包人提交的竣工验收申请，编写工程质量评估报告；

20)参加工程竣工验收，签署竣工验收意见；

21)审查施工承包人提交的竣工结算申请并报委托人；

22)编制、整理建设工程监理归档文件并报委托人。

(3)相关服务的范围和内容。委托人需要监理人提供相关服务(如勘察阶段、设计阶段、保修阶段服务及其他专业技术咨询、外部协调工作等)的，其范围和内容应在附录B中约定。属于监理人需要完成的基本工作，也是确保建设工程监理成效的重要基础。

2. 项目监理机构和人员

监理人应组建满足工作需要的项目监理机构，配备必要的检测设备。项目监理机构的主要人员应具有相应的资格条件。

项目监理机构应由总监理工程师、专业监理工程师和监理员组成，且专业配套、人员数量满足监理工作需要。总监理工程师必须由注册监理工程师担任，必要时可设总监理工程师代表。配备必要的检测设备，是保证建设工程监理效果的重要基础。

3. 履行职责

监理人应遵循职业道德准则和行为规范，严格按照法律法规、工程建设有关标准及监理合同履行职责。

(1)委托人、施工承包人及有关各方意见和要求的处置。在建设工程监理与相关服务范围内，项目监理机构应及时处置委托人、施工承包人及有关各方的意见和要求。当委托人与施工承包人及其他合同当事人发生合同争议时，项目监理机构应充分发挥协调作用，与委托人、施工承包人及其他合同当事人协商解决。

(2)证明材料的提供。委托人与施工承包人及其他合同当事人发生合同争议的，首先应通过协商、调解等方式解决。如果协商、调解不成而通过仲裁或诉讼途径解决的，监理人应按仲裁机构或法院要求提供必要的证明资料。

(3)合同变更的处理。监理人应在专用条件约定的授权范围(工程延期的授权范围、合同价款变更的授权范围)内，处理委托人与承包人所签订合同的变更事宜。如果变更超过授权范围，应以书面形式报委托人批准。

在紧急情况下，为了保护财产和人身安全，项目监理机构可不经请示委托人而直接发布指令，但应在发出指令后的24小时内以书面形式报委托人。这样，项目监理机构就拥有一定的现场处置权。

(4)承包人人员的调换。施工承包人及其他合同当事人的人员不称职，会影响建设工程的顺利实施。为此，项目监理机构有权要求施工承包人及其他合同当事人调换其不能胜任本职工作的人员。

与此同时，为限制项目监理机构在此方面有过大的权力，委托人与监理人可在专用条件中约定项目监理机构指令施工承包人及其他合同当事人调换其人员的限制条件。

4. 其他义务

(1)提交报告。项目监理机构应按专用条件约定的种类、时间和份数向委托人提交监理与相关服务的报告，其内容包括监理规划、监理月报，还可根据需要提交专项报告等。

(2)文件资料。在监理合同履行期内，项目监理机构应在现场保留工作所用的图纸、报告及记录监理工作的相关文件。工程竣工后，应当按照档案管理规定将监理有关文件归档。

建设工程监理工作中所用的图纸、报告是建设工程监理工作的重要依据，记录建设工程监理工作的相关文件是建设工程监理工作的重要证据，也是衡量建设工程监理效果的主要依据之一。在发生工程质量、生产安全事故时，也是判别建设工程监理责任的重要依据。因此，监理机构应设专人负责建设工程监理文件资料管理工作。

(3)使用委托人的财产。在建设工程监理与相关服务过程中，委托人派遣的人员以及供给项目监理机构无偿使用的房屋、资料、设备应在附录B中予以明确。监理人应妥善使用和保管，并在合同终止时将这些房屋、设备的清单按专用条件约定的时间和方式移交委托人。

(二)委托人的义务

1. 告知

委托人应在委托与施工承包人及其他合同当事人签订的合同中明确监理人、总监理工程师和授予项目监理机构的权限。如果监理人、总监理工程师以及委托人授予项目监理机构的权限有变更，委托人也应以书面形式及时通知施工承包人及其他合同当事人。

2. 提供资料

委托人应按照附录B约定，无偿、及时向监理人提供工程有关资料。在建设工程监理合同履行过程中，委托人应及时向监理人提供最新的与工程有关的资料。

3. 提供工作条件

委托人应为监理人实施监理与相关服务提供必要的工作条件。

(1)派遣人员并提供房屋、设备。委托人应按照附录B约定，派遣相应的人员，如果所派遣的人员不能胜任所安排的工作，监理人可要求委托人调换。

委托人还应按照附录B约定，提供房屋、设备，供监理人无偿使用。如果在使用过程中所发生的水、电、煤、油及通信费用等需要监理人支付的，应在专用条件中约定。

(2)协调外部关系。委托人应负责协调工程建设中所有外部关系，为监理人履行合同提供必要的外部条件。这里的外部关系是指与工程有关的各级政府建设主管部门、建设工程安全质量监督机构，以及城市规划、卫生防疫、人防、技术监督、交警、乡镇街道等管理部门之间的关系，还有与工程有关的各管线单位等之间的关系。如果委托人将工程建设中所有或部分外部关系的协调工作委托监理人完成的，则应与监理人协商，并在专用条件中约定或签订补充协议，支付相关费用。

4. 授权委托人代表

委托人应授权一名熟悉工程情况的代表，负责与监理人联系。委托人应在双方签订合同后7天内，将其代表的姓名和职责书面告知监理人。当委托人更换其代表时，也应提前7天通知监理人。

5. 委托人意见或要求

在建设工程监理合同约定的监理与相关服务工作范围内，委托人对承包人的任何意见或要求应通知监理人，由监理人向承包人发出相应指令。

这样，有利于明确委托人与承包单位之间的合同责任，保证监理人独立、公平地实施监理工作与相关服务，避免出现不必要的合同纠纷。

6. 答复

对于监理人以书面形式提交委托人并要求作出决定的事宜，委托人应在专用条件约定的时间内给予书面答复。逾期未答复的，视为委托人认可。

7. 支付

委托人应按合同(包括补充协议)约定的额度、时间和方式向监理人支付酬金。

第三章　房地产建设项目策划

第一节　建设项目策划概述

一、建设工程项目策划的概念

建设工程项目策划指的是通过调查研究和收集资料，在充分占有信息的基础上，针对建设工程项目的决策和实施，或决策和实施中的某个同题，进行组织、管理、经济和技术等方面的科学分析和论证，旨在为项目建设的决策和实施增值。其增值主要反映在以下几个方面：

(1)有利于人类生活和工作的环境保护；

(2)有利于建筑环境的改善；

(3)有利于项目的使用功能和建设质量的提高；

(4)有利于合理地平衡建设工程项目建设成本和运营成本的关系；

(5)有利于提高社会效益和经济效益；

(6)有利于实现合理的建设周期；

(7)有利于建设过程的组织和协调等。

二、建设工程项目策划的类型

建设工程项目策划包括建设工程项目前期策划(建设项目决策期策划)、建设工程项目管理策划和建设工程项目建成以后的运营策划。建设工程项目前期策划不仅包括对项目决策期各个环节的策划，而且还包括对项目建设期、项目运营期各个环节的策划。建设工程项目实施期的策划包括项目实施策划和项目运营策划。

建设工程项目前期策划阶段是指工程项目的构思到项目批准，正式立项为止的过程。前期策划主要是上层管理者的工作，前期策划工作的主要任务是寻找并确定项目目标、定义项目，并将项目进行详细技术经济论证。

建设工程项目实施阶段策划是在建设项目立项之后，为了把项目决策付诸实施而形成的指导性的项目实施方案。建设工程项目实施阶段策划的主要任务是确定如何组织该项目的开发或建设。

项目运营策划包括项目运营方式、运营管理组织、经营机制和项目运营准备等方面的策划。项目运营策划要在项目前期制定的生产运营期设施管理总体方案和生产运营期经营管理总体方案的基础上进行。

三、建设工程项目前期策划的过程和主要工作

工程项目的立项必须按照系统方法分步骤进行。项目前期策划的过程如图3-1所示。

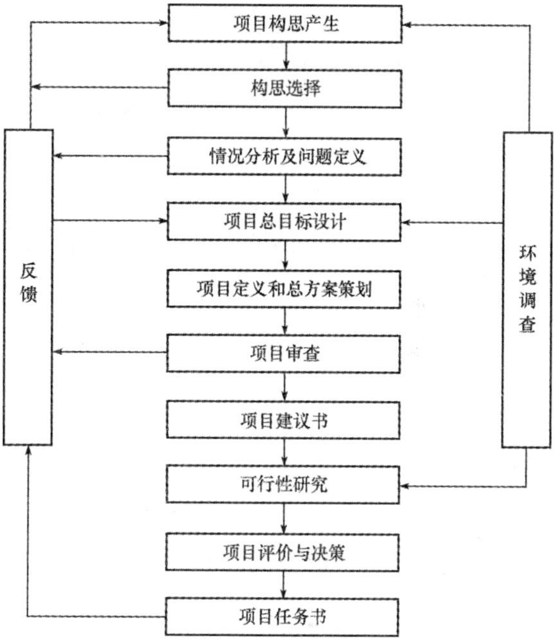

图3-1 项目前期策划过程

(一)项目构思的产生和选择

任何项目都起源于项目的构思。项目的构思是对项目机会的寻求、分析和初步选择。它的产生是为了解决上层系统问题的期望，或为了满足上层系统的需要，或为了实现上层系统的战略目标和计划等。

(二)项目目标设计和项目定义

主要通过对上层系统情况和存在的问题进行进一步研究，提出项目的目标因素，进而构成项目目标系统，通过对目标的书面说明形成项目定义。该阶段包括以下工作内容：

(1)环境调查和问题的研究。即对上层系统状况、市场状况、组织状况、自然环境进行调查，对其中的问题进行全面罗列、分析和研究，确定问题的原因，为正确的项目目标设计和决策提供依据。

(2)项目的目标设计。针对上层系统的情况和存在的问题、上层组织战略，以及环境条件提出目标因素；对目标因素进行优化，建立目标系统。这是项目要达到的预期总目标。

(3)项目的定义和总体方案策划。项目的定义是指划定项目的目标系统范围，对项目各个目标指标作出说明，并根据项目总目标，对项目的总体实施方案进行策划。

(4)提出项目建议书。项目建议书是对环境条件、存在问题、项目总体目标、项目定义和总体方案的说明和细化，同时提出在可行性研究中需考虑的各个细节和指标。

(三)可行性研究

可行性研究即对项目总目标和总体实施方案进行全面的技术经济论证，看能否实现目标。它是项目前期决策阶段最重要的工作。

(四)工程项目的评价和决策

在可行性研究的基础上，对项目进行财务评价、国民经济评价和环境影响评价。根据可行性研究和评价的结果，由上层组织对项目立项作出最后决策。

在我国，可行性研究报告经批准后项目就立项了，并作为工程项目的任务书。

(五)其他相关工作

(1)必须不断地进行环境调查，客观地反映和分析问题，并对环境发展趋势进行合理的预测。环境是确定项目目标、进行项目定义、分析可行性的最重要的影响因素，工程项目前期策划的科学性常常是由环境调查的深度和广度决定的。

(2)有一个多重反馈的过程。必须设置几个阶段决策点，对阶段工作结果进行分析、评价和选择。要不断地进行调整、修改和优化，甚至放弃原定的构思、目标或方案。

四、建设工程项目前期策划内容

建设工程项目决策阶段策划的主要任务是定义(指的是严格地确定)项目开发或建设的任务和意义。建设工程项目决策阶段策划的基本内容如下。

1. 项目环境和条件的调查与分析

环境和条件包括自然环境、宏观经济环境、政策环境、市场环境、建设环境(能源、基础设施等)等。

2. 项目定义和项目目标论证

(1)确定项目建设的目的、宗旨和指导思想；

(2)项目的规模、组成、功能和标准的定义；

(3)项目总投资规划和论证；

(4)建设周期规划和论证。

3. 组织策划

(1)决策期的组织结构；

(2)决策期任务分工；

(3)决策期管理职能分工；

(4)决策期工作流程；

(5)实施期组织总体方案；

(6)项目编码体系分析。

4. 管理策划

(1)项目实施期管理总体方案；

(2)生产运营期设施管理总体方案；

(3)生产运营期经营管理总体方案。

5. 合同策划

(1)决策期的合同结构；

(2)决策期的合同内容和文本；

(3)实施期合同结构总体方案。

6. 经济策划

(1)项目建设成本分析；

(2)项目效益分析；

(3)融资方案；

(4)编制资金需求量计划。

7. 技术策划

(1)技术方案分析和论证；

(2)关键技术分析和论证；

(3)技术标准、规范的应用和制定。

五、建设工程项目实施阶段策划内容

建设工程项目实施阶段策划的内容涉及的范围和深度，在理论上和工程实践中并没有统一的规定，应视项目的特点而定。建设工程项目实施阶段策划的基本内容如下。

1. 项目实施的环境和条件的调查与分析

环境和条件包括自然环境、建设政策环境、建筑市场环境、建设环境(能源、基础设施等)、建筑环境(民用建筑的风格和主色调等)等。

2. 项目目标的分析和再论证

项目决策期对项目的总目标进行了分析论证，在项目实施期需要对项目目标进一步进行分析和论证，一是进一步论证目标的可行性；二是对目标进行分解，形成项目管理目标体系，变成可操作性的数据系统，为项目控制服务。项目目标的分析和再论证是建设项目管理的基础，包括投资目标、进度目标和质量目标的分析和再论证。

(1)投资目标的分解和论证；

(2)编制项目投资总体规划；

(3)进度目标的分解和论证；

(4)编制项目建设总进度规划；

(5)项目功能分解；

(6)建筑面积分配；

(7)确定项目质量目标。

3. 项目实施的组织策划

(1)业主方项目管理的组织结构；

(2)任务分工和管理职能分工；

(3)项目管理工作流程；

(4)建立编码体系。

4. 项目实施的管理策划

(1)项目实施各阶段项目管理的工作内容；

(2)项目风险管理与工程保险方案。

5. 项目实施的合同策划

(1)方案设计竞赛的组织；

(2)项目管理委托、设计、施工和物资采购的合同结构方案；

(3)合同文本。

6. 项目实施的经济策划

(1)资金需求量计划；

(2)融资方案的深化分析。

7. 项目实施的技术策划

(1)技术方案的深化分析和论证；

(2)关键技术的深化分析和论证；

(3)技术标准和规范的应用和制定等。

8. 项目实施的风险策划等

(1)风险识别；

(2)风险评估；

(3)风险应付；

(4)风险监控。

第二节　建设工程项目管理策划

一、项目管理策划

(一)项目管理策划组成

根据《建设工程项目管理规范》(GB/T 50326—2017)的管理规定，项目管理策划应由项目管理规划策划和项目管理配套策划组成。项目管理规划应包括项目管理规划大纲和项目管理实施规划，项目管理配套策划应包括项目管理规划策划以外的所有项目管理策划内容。

项目管理策划需参照项目管理规范的要求构建基本框架，并结合项目范围、特点和实际管理需要，经过逐步梳理、调整和完善。

(二)项目管理策划过程

(1)分析、确定项目管理的内容与范围；

(2)协调、研究、形成项目管理策划结果；

(3)检查、监督、评价项目管理策划过程；

(4)履行其他确保项目管理策划的规定责任。

(三)项目管理策划应遵循下列程序

(1)识别项目管理范围；

(2)进行项目工作分解；

(3)确定项目的实施方法；

(4)规定项目需要的各种资源；

(5)测算项目成本；

(6)对各个项目管理过程进行策划。

(四)项目管理策划的规定

(1)项目管理范围应包括完成项目的全部内容，并与各相关方的工作协调一致；

(2)项目工作分解结构应根据项目管理范围，以可交付成果为对象实施；应根据项目实际情况管理需要确定详细程度，确定工作分解结构；

(3)提供项目所需资源应按保证工程质量和降低项目成本的要求进行方案比较；

(4)项目进度安排应形成项目总进度计划，宜采用可视化图表表达；

(5)宜采用量价分离的方法，按照工程实体性消耗和非实体性消耗测算项目成本；

(6)应进行跟踪检查和必要的策划调整；项目结束后，宜编写项目管理策划的总结文件。

(五)项目管理规划的范围和编制主体

工程项目管理规划的范围和编制主体见表 3-1；项目管理配套策划范围和内容的确定由组织规定的授权人负责实施。

表 3-1　工程项目管理规划的范围和编制主体

项目定义	项目范围和特征	项目管理规划名称	编制主体
建设项目	在一个总体规划范围内、统一立项审批、单一或多元投资、经济独立核算的建设工程	《建设项目管理规划》	建设单位
工程项目	建设项目内的单位、单项工程或独立使用功能的交工系统(一般含多个)	《工程项目管理规划》(《规划大纲》和《实施规划》。如日常的施工组织设计、项目管理计划等)	承包单位
专业工程项目	上下水、强弱电、风暖气、桩基础、内外装等	《工程项目管理规划》(《规划大纲》可略)	专业分包单位

工程总承包及代建制模式的《项目管理规划》需包含项目投融资、勘察设计管理、招标采购、项目过程控制及动用准备等相关的管理规划内容。

二、项目管理规划大纲

(一)项目管理规划大纲概念

项目管理规划大纲是项目管理工作中具有战略性、全局性和宏观性的指导文件。

制定前，组织可进行大纲框架结构策划和内容要点策划。大纲内容策划需要综合考虑工程特点和管理任务目标，着重强调工作思路，并且要点要明确，此时不可能也没必要很具体很详细。

(1)大纲框架结构策划需依据本规范目录体系，并结合工程项目特点和管理需要，经策划人员共同选择、分析、调整、补充和完善，形成工程项目管理规划大纲框架。

(2)大纲内容要点策划需集成项目管理团队的共同智慧，对项目管理重要事项提出方向性、策略性的工作思路和办法，以形成项目管理规划大纲编制要点。

(二)项目管理规划大纲编制程序

(1)明确项目需求和项目管理范围；

(2)确定项目管理目标；

(3)分析项目实施条件，进行项目工作结构分解；

(4)确定项目管理组织模式、组织结构和职责分工；

(5)规定项目管理措施；

(6)编制项目资源计划；

(7)报送审批。

(三)项目管理规划大纲编制依据

(1)项目文件、相关法律法规和标准；
(2)类似项目经验资料；
(3)实施条件调查资料。

(四)项目管理规划大纲内容

项目管理规划大纲宜包括下列内容，组织也可根据需要在其中选定：
(1)项目概况；
(2)项目范围管理；
(3)项目管理目标；
(4)项目管理组织；
(5)项目采购与投标管理；
(6)项目进度管理；
(7)项目质量管理；
(8)项目成本管理；
(9)项目安全生产管理；
(10)绿色建造与环境管理；
(11)项目资源管理；
(12)项目信息管理；
(13)项目沟通与相关方管理；
(14)项目风险管理；
(15)项目收尾管理。

需要强调的是，工程总承包及代建制模式的项目管理规划大纲制定，需坚持工程全寿命项目管理理念，将项目的融资、项目结构分解与范围管理、勘察设计管理、工程招标投标管理及项目试运行管理等内容纳入项目管理规划大纲。

(五)项目管理规划大纲文件内容

(1)项目管理目标和职责规定；
(2)项目管理程序和方法要求；
(3)项目管理资源的提供和安排。

(六)可不进行项目管理规划大纲编制的项目

以下情形可省略项目管理规划大纲的编制，直接编制项目管理实施规划。

(1)规模小、技术简单的一般工业与民用建筑工程项目；
(2)可接受项目管理实施规划投标的工程项目；
(3)分部分项工程或专业分包工程项目。

三、项目管理实施规划

实施规划是规划大纲的进一步深化与细化，因此，需依据项目管理规划大纲来编制实施规划，而且需把规划大纲策划过程的决策意图体现在实施规划中。一般情况下，施工单位的项目施工组织设计等同于项目管理实施规划。

项目管理实施规划的制定需结合任务目标分解和项目管理机构职能分工，分别组织专业管理、子项管理以及协同管理机制与措施的策划，为落实项目任务目标、处理交叉衔接关系和实现项目目标提供依据和指导。

(一)项目管理实施规划编制步骤

项目管理实施规划的制定、策划活动的开展方式需结合项目管理任务目标分解和项目管理机构的职能分工，分别实施专业化管理策划、子项目管理策划以及交叉与协同管理策划。编制项目管理实施规划应遵循下列步骤：

(1)了解相关方的要求；
(2)分析项目具体特点和环境条件；
(3)熟悉相关的法规和文件；
(4)实施编制活动；
(5)履行报批手续。

(二)项目管理实施规划编制依据

(1)适用的法律、法规和标准；
(2)项目合同及相关要求；
(3)项目管理规划大纲；
(4)项目设计文件；
(5)工程情况与特点；
(6)项目资源和条件；
(7)有价值的历史数据；
(8)项目团队的能力和水平。

(三)项目管理实施规划内容

(1)项目概况；

(2)项目总体工作安排；
(3)组织方案；
(4)设计与技术措施；
(5)进度计划；
(6)质量计划；
(7)成本计划；
(8)安全生产计划；
(9)绿色建造与环境管理计划；
(10)资源需求与采购计划；
(11)信息管理计划；
(12)沟通管理计划；
(13)风险管理计划；
(14)项目收尾计划；
(15)项目现场平面布置图；
(16)项目目标控制计划；
(17)技术经济指标。

(四)项目管理实施规划的编制要求

(1)规划大纲内容应得到全面深化和具体化；
(2)实施规划范围应满足实现项目目标的实际需要；
(3)实施项目管理规划的风险应处于可以接受的水平。

项目管理实施规划的文件内容需达到上述三个方面的要求，并且这些是评价《项目管理实施规划》编制质量的基本定性指标。

四、项目管理配套策划

项目管理配套策划应是与项目管理规划相关联的项目管理策划过程。组织应将项目管理配套策划作为项目管理规划的支撑措施纳入项目管理策划过程。项目管理配套策划结果不一定形成文件，具体需依据国家、行业、地方法律法规要求和组织的有关规定执行。

(一)项目管理配套策划依据

(1)项目管理制度。项目管理制度是指组织关于项目管理配套策划的授权规定，如岗位责任制中的相关授权。
(2)项目管理规划。
(3)实施过程需求。

(4)相关风险程度。相关风险程度是指在风险程度可以接受的情况下项目管理的配套策划，如果策划风险超过了预期的程度，则需把该事项及时纳入项目管理规划的补充或修订范围。

(二)项目管理配套策划内容

项目管理配套策划是除项目管理规划文件内容外的所有项目管理策划要求。项目管理配套策划包含以下3项内容，体现了项目管理规划以外的项目管理策划内容范围，是项目管理规划的两头延伸，覆盖所有相关的项目管理过程。

(1)确定项目管理规划的编制人员、方法选择、时间安排。它是项目管理规划编制前的策划内容，不在项目管理规划范围内，其结果不一定形成文件。

(2)安排项目管理规划各项规定的具体落实途径。它是项目管理规划编制或修改完成后实施落实的策划，内容可能在项目管理规划范围内，也可能在项目管理规划范围之外，其结果不一定形成文件。这里既包括落实项目管理规划文件需要应形成书面文件的技术交底、专项措施等，也包括不需要形成文件的口头培训、沟通交流、施工现场焊接工人的操作动作策划等。

(3)明确可能影响项目管理实施绩效的风险应对措施。例如，可能需要的项目全过程的总结、评价计划，项目后勤人员的临时性安排、现场突发事件的临时性应急措施，针对作业人员临时需要的现场调整，与项目相关方(如社区居民)的临时沟通与纠纷处理等，这些往往是可能影响项目管理实施绩效的风险情况，需要有关责任人员进行风险应对措施的策划，其策划结果不需要形成书面文件或者无法在实施前形成文件，但是其策划缺陷必须通过项目管理策划的有效控制予以风险预防。

(三)项目管理配套策划规定

项目管理机构应确保项目管理配套策划过程满足项目管理的需求，并应符合下列规定：

(1)界定项目管理配套策划的范围、内容、职责和权利；

(2)规定项目管理配套策划的授权、批准和监督范围；

(3)确定项目管理配套策划的风险应对措施；

(4)总结评价项目管理配套策划水平。

以上4个方面的内容是项目管理配套策划的控制要求，重点是关注项目管理规划以外的相关策划及现场各类管理人员的“口头策划”(不需要书面文件和记录的策划)的控制要求，通过上述4项管理要求保证有关人员的策划缺陷可控，确保项目管理配套策划风险控制措施的有效性。其中项目管理策划的授权范围是十分重要的管理环节。

(四)项目管理配套策划有效性的基础

组织应建立下列保证项目管理配套策划有效性的基础工作过程：

(1)积累以往项目管理经验；

(2)制定有关消耗定额；

(3)编制项目基础设施配置参数；

(4)建立工作说明书和实施操作标准；

(5)规定项目实施的专项条件；

(6)配置专用软件；

(7)建立项目信息数据库；

(8)进行项目团队建设。

以上8项内容是组织使项目管理配套策划满足项目管理策划需求的基础条件，并成为项目管理制度的一部分。只有建立和保持这些基础工作，才能形成能够有效确保策划正确的文化氛围和管理惯例，从而保证项目管理配套策划的有效性。

第三节 施工组织设计

施工组织设计是用来指导施工项目全过程各项活动的技术、经济和组织的综合性文件。施工组织设计是对施工活动实行科学管理的重要手段，它具有战略部署和战术安排的双重作用。它体现了实现基本建设计划和设计的要求，提供了各阶段的施工准备工作内容，协调施工过程中各施工单位，各施工工种，各项资源之间的相互关系。通过施工组织设计，可以根据具体工程的特定条件，拟订施工方案、确定施工顺序、施工方法、技术组织措施，可以保证拟建工程按照预定的工期完成，可以在开工前了解到所需资源的数量及其使用的先后顺序，可以合理安排施工现场布置。因此，施工组织设计应从施工全局出发，充分反映客观实际，符合国家或合同要求，统筹安排施工活动有关的各个方面，合理地布置施工现场，确保文明施工、安全施工。

一、施工组织设计的基本内容

施工组织设计的内容要结合工程对象的实际特点、施工条件和技术水平进行综合考虑，一般应包含以下内容：

(1)施工方案；

(2)施工现场平面布置图；

(3)施工进度计划和保证措施；

(4)劳动力及材料供应计划；

(5)施工机械设备的选用；

(6)质量保证体系及措施；

(7)安全生产、文明施工措施；

(8)环境保护、成本控制措施；

(9)合同当事人约定的其他内容。

二、施工组织设计的分类

根据施工组织设计编制的广度、深度和作用的不同，可分为以下几项：

(1)施工组织总设计；

(2)单位工程施工组织设计；

(3)分部(分项)工程施工组织设计。

三、施工组织设计的编制原则

在编制施工组织设计时，宜考虑以下原则：

(1)重视工程的组织对施工的作用；

(2)提高施工的工业化程度；

(3)重视管理创新和技术创新；

(4)重视工程施工的目标控制；

(5)积极采用国内外先进的施工技术；

(6)充分利用时间和空间，合理安排施工顺序，提高施工的连续性和均衡性；

(7)合理部署施工现场，实现文明施工。

四、施工组织设计审查

施工单位应在工程建设项目开工前约定的时间内，完成施工组织设计及内部的自审批准工作，并报建设单位审批。建设单位应在约定的时间内对施工单位的施工组织设计予以确认或提出修改意见；逾期不确认也不提出书面意见的，视为同意。在施工过程中，施工单位必须按照施工组织设计和工程进度计划组织施工，在客观情况变化时可以修改进度计划。

(一)施工组织设计审查的原则

(1)施工组织设计的编制、审查和批准应符合规定的程序。

(2)施工组织设计应符合国家的技术政策，充分考虑承包合同规定的条件、施工现场条件及法规条件的要求，突出“质量第一、安全第一”的原则。

(3)施工组织设计的针对性。施工单位是否了解并掌握了本工程的特点及难点，施工条件是否分析充分。

(4)施工组织设计的可操作性。施工单位是否有能力执行并保证工期和质量目标，施工组织设计是否切实可行。

(5)技术方案的先进性。施工组织设计采用的技术方案和措施是否先进适用，技术是否成熟。

(6)质量管理和技术管理体系，质量保证措施是否健全且切实可行。

(7)安全、环保、消防和文明施工措施是否切实可行并符合有关规定。

(8)在满足合同和法规要求的前提下对施工组织设计的审查，应尊重施工单位的自主技术决策和管理决策。

(二)施工组织设计审查的内容

1. 施工方案的审查

施工方案是施工组织设计的重点，直接影响到单位工程施工的组织、工期和工程质量，其审查的重点一般包括以下内容：

(1)确定合理的施工流向。施工流向是指工程平面位置的开始部位和立体空间的流动方向。在确定施工流向时，应主要审查以下几个方面的问题：建筑物的工艺及使用要求；平面上各部分施工的紧简程度；当有高低层或高低跨时，应先从并列处开始；施工技术和施工组织上的要求。

(2)确定合理的施工顺序。施工顺序是指在施工过程中各项工作客观存在的先后顺序及相互之间的制约关系。审查确定施工顺序时，应注意以下原则：必须符合施工工艺的要求；施工顺序应与采用的施工方法和施工机械协调一致；必须考虑施工组织的要求；必须考虑施工质量的要求；必须考虑当地的气候条件；必须考虑施工安全技术要求。

(3)选择施工方法和施工机械。正确地拟定、选择施工方法和选择施工机械是合理组织施工的关键，它直接影响着工程施工进度、质量、投资和安全。因此，在组织施工时，应结合工程的特点、结构性质和要求、现场环境、工期、施工条件等因素进行综合考虑，择优选择。

在审查施工方法时，应重点审查其技术上的可行性和经济上的合理性。审查施工机械时要从机械设备的适用性、经济性和可能性等方面进行审查，看其在施工期间能否满足工程的需要。

(4)确定各项技术组织措施。应重点审查施工方案中为保证工程质量、工期、降低成本、现场施工安全等所采取的技术组织措施是否合理、适用。

2. 施工进度计划的审查

施工进度计划应能完全反映完成工程项目的各施工过程的组成、施工顺序、逻辑关系及所需要的时间，同时，也反映各施工过程的劳动组织及配备的施工机械台班数。应合理地利用流水作业和交叉作业，以获得最优的施工组织效果，符合实际的施工条件。在规定工期内，有节奏、有计划、保质保量地以最少的资源消耗完成工程任务。

审查施工进度计划时应重点审查以下几点：

(1)计划工期及分阶段工期目标是否符合合同规定的要求，计划工期完成的可靠性，计划是否留有余地。

(2)各施工过程的施工顺序是否符合施工技术与组织的要求。

(3)主导施工过程的起止时间及持续时间安排是否正确、合理。

(4)应有的技术和组织间歇时间是否安排，并且是否符合有关规定的要求。

(5)根据施工工艺、质量与安全要求，审核平行、搭接、立体交叉作业的施工项目安排是否合理。

(6)实际施工场地与进度计划所需的场地供需是否一致；各施工单位施工场地的利用是否相互干扰；运输路线的数量、距离及路况是否满足进度计划的要求。

(7)劳动力、材料、机械及水、电、气等的需要量是否落实并均衡利用。

3. 施工平面图的审查

施工平面图是安排和布置施工现场的基本依据，也是施工现场组织文明施工和加强科学管理的重要条件。在施工的不同阶段，现场的施工内容不同，要求具备反映相应内容的施工平面图。施工平面图的审查重点包括以下几项：

(1)施工平面图内容是否全面。施工平面图应以主体工程为目标，统筹安排、合理布置施工现场。其内容应包括在施工用地范围内，一切已建及拟建的建筑物、构筑物和各管线的平面位置及尺寸；移动式起重机开行路线及轨道铺设，固定式垂直运输设施的平面位置以及各类起重机的工作幅度；材料仓库、堆场等为施工服务的生产和生活临时设施的布置以及临时道路、水、电、管网的布置等。

(2)平面布置是否合理。施工平面图上临时设施的布置是否既有利于生产、管理，方便生活，同时，又能尽量减少二次搬运、节约成本、减少临时设施费用。

(3)安全、消防、环保等方面是否满足要求。施工平面的布置应遵守国家有关法规规定，如劳动保护、技术安全、防火条例、市容卫生和环境保护等。

(三)施工组织设计审查的注意事项

(1)重要的分部、分项工程和检验批的施工方案。施工单位在开工前，向建设单位提交详细说明完成该项工程的施工方法、施工机械设备及人员配备与组织、质量管理措施以及进度安排等，报请审查认可后方能实施。

(2)在施工顺序上应符合先地下后地上、先土建后设备、先主体后围护的基本规律。所谓先地下后地上是指地上工程开工前，应尽量把管道、线路等地下设施和土石方与基础工程完成，以避免干扰、造成浪费和影响质量。另外，施工流向要合理，即平面和立面上都要考虑施工的质量保证与安全保证；考虑使用的先后和区段的划分，与材料、构配件的运输不发生冲突。

(3)施工方案与施工进度计划的一致性。施工进度计划的编制应以确定的施工方案为依据，正确体现施工的总体部署、流向顺序及工艺关系等。

(4)施工方案与施工平面图布置的协调一致。施工平面图的静态布置内容(如临时施工供水、供电、供热、供气管道、施工道路、临时办公房屋、物资仓库等)和动态布置内容(如施工材料模板、工具器具等)应做到布置有序，有利于各阶段施工方案的实施。

第四章　房地产建设项目合同管理

第一节　建设项目工程合同

一、建设项目工程合同的类型及选择

(一)建设项目工程合同的类型

1. 按照工程建设阶段分类

建设工程的建设过程大体上包括勘察、设计、施工三个阶段，围绕不同阶段要订立相应的合同。

(1)建设工程勘察合同。建设工程勘察是指根据建设工程的要求，查明、分析、评价建设场地的地质地理环境特征和岩土工程条件，编制建设工程勘察文件的活动。建设工程勘察合同即发包人与勘察人就完成商定的勘察任务明确双方权利义务的协议。

(2)建设工程设计合同。建设工程设计是指根据建设工程的要求，对建设工程所需的技术、经济、资源、环境等条件进行综合分析、论证，编制建设工程设计文件的活动。建设工程设计合同即发包人与设计人就完成商定的工程设计任务明确双方权利义务的协议。

(3)建设工程施工合同。建设工程施工是指根据建设工程设计文件的要求，对建设工程进行新建、扩建、改建的活动。建设工程施工合同即发包人与承包人为完成商定的建设工程项目的施工明确双方权利义务的协议。

2. 按照承发包方式分类

(1)勘察、设计或施工总承包合同。勘察、设计或施工总承包是指发包人将全部勘察、设计或施工的任务分别发包给一个勘察、设计单位或一个施工单位作为总承包人，经发包人同意，总承包人可以将勘察、设计或施工任务的一部分分包给其他符合资质的分包人。据此明确各方权利义务的协议即为勘察、设计或施工总承包合同。在这种模式中，发包人与总承包人订立总承包合同，总承包人与分包人订立分包合同，总承包人与分包人就工作成果对发包人承担连带责任。

(2)单位工程施工承包合同。单位工程施工承包是指在一些大型、复杂的建设工程中，发包人可以将专业性很强的单位工程发包给不同的承包人，与承包人分别签订土木工程施工

合同、电气与机械工程承包合同等，这些承包人之间为平行关系。单位工程施工承包合同常见于大型工业建筑安装工程，据此明确各方权利义务的协议即为单位工程施工承包合同。

(3)工程项目总承包合同。工程项目总承包是指建设单位将包括工程设计、施工、材料和设备采购等一系列工作全部发包给一家承包单位，由其进行实质性设计、施工和采购工作，最后向建设单位交付具有使用功能的工程项目。工程项目总承包实施过程可依法将部分工程分包。据此明确各方权利义务关系的协议即为工程项目总承包合同。

(4)CM(Construction Management)合同。CM 承包是指由业主委托一家 CM 单位承担项目管理工作，该CM单位以承包商的身份进行施工管理，并在一定程度上影响工程设计活动，组织快速路径(Fast－Track)的生产方式，使工程项目实现有条件的“边设计、边施工”。CM 单位有代理型和非代理型两种，代理型的 CM 单位不负责工程分包的发包，与分包商的合同由业主直接签订；而非代理型的 CM 单位直接与分包商签订分包合同。

(5)BOT 合同(又称特许权协议书)。BOT 承包模式是指由政府或政府授权的机构授予承包人在一定的期限内，以自筹资金建设项目并自费经营和维护，向东道国出售项目产品或服务，收取价款或酬金，期满后将项目全部无偿移交东道国政府的工程承包模式。据此明确各方权利义务的协议即为 BOT 合同。

3. 按照承包工程计价方式分类

(1)总价合同。总价合同是指在合同中确定一个完成项目的总价，承包人据此完成项目全部内容的合同。这种合同类型能够使发包人在评标时易于确定报价最低的承包人，易于进行支付计算。但这类合同仅适用于工程量不太大且能精确计算、工期较短、技术不太复杂、风险不大的项目。因而采用这种合同类型要求发包人必须准备详细而全面的设计图纸和各项说明，使承包人能准确计算工程量。总价合同又可以分为固定总价合同和可调总价合同。

(2)单价合同。单价合同是承包人在投标时，按招标文件就分部分项工程所列出的工程量表确定各分部分项工程费用的合同类型。这类合同的适用范围比较宽，其风险可以得到合理的分摊，并且能鼓励承包人通过提高工效等手段从成本节约中提高利润。这类合同能够成立的关键在于双方对单价和工程量计算方法的确认。在合同履行中需要注意的问题则是双方对实际工程量计量的确认。单价合同也可以分为固定单价合同和可调单价合同。

(3)成本加酬金合同。成本加酬金合同是由发包人向承包人支付工程项目的实际成本，并按事先约定的某一种方式支付酬金的合同类型。在这类合同中，发包人需承担项目实际发生的一切费用，因此也就承担了项目的全部风险。而承包人由于无风险，其报酬往往也比较低。这类合同的缺点是发包人对工程总造价不易控制，承包人也往往不注意降低项目成本。成本加酬金合同目前流行的主要有成本加固定费用合同、成本加定比费用合同、成本加奖金合同、成本加保证最大酬金合同等几种形式。

成本加酬金合同主要适用于以下项目：

1)需要立即开展工作的项目，如震后的救灾工作；

2)新型的工程项目或对工程内容及技术经济指标未确定的项目；

3)项目风险很大的项目。

(二)建设项目工程合同类型的选择

合同类型的选择，这里仅指以计价方式划分的合同类型的选择。选择合同类型应考虑以下因素：

(1)项目规模和工期长短。如果项目的规模较小，工期较短，则合同类型的选择余地较大，总价合同、单价合同及成本加酬金合同都可选择。由于选择总价合同发包人可以不承担风险，发包人较愿选用；对这类项目，承包人同意采用总价合同的可能性较大，因为这类项目风险小，不可预测因素少。如果项目规模大、工期长，则项目的风险大，合同履行中的不可预测因素也多。这类项目不宜采用总价合同。

(2)项目的竞争情况。如果在某一时期和某一地点，愿意承包某一项目的承包人较多，则发包人拥有较多的主动权，可按照总价合同、单价合同、成本加酬金合同的顺序进行选择。如果愿意承包项目的承包人较少，则承包人拥有的主动权较多，可以尽量选择承包人愿意采用的合同类型。

(3)项目的复杂程度。如果项目的复杂程度较高，则意味着对承包人的技术水平要求高，并且项目的风险较大。因此，承包人对合同的选择有较大的主动权，总价合同被选用的可能性较小。如果项目的复杂程度低，则发包人对合同类型的选择有较大的主动权。

(4)项目的单项工程的明确程度。如果单项工程的类别和工程量都已十分明确，则可选用的合同类型较多，总价合同、单价合同、成本加酬金合同都可以选择。如果单项工程的分类已详细而明确，但实际工程量与预计的工程量可能有较大出入，则应优先选择单价合同，此时单价合同为最合理的合同类型。如果单项工程的分类和工程量都不甚明确，则无法采用单价合同。

(5)项目准备时间的长短。项目的准备包括发包人的准备工作和承包人的准备工作。对于不同的合同类型，他们分别需要不同的准备时间和准备费用。总价合同需要的准备时间和准备费用最高，成本加酬金合同需要的准备时间和准备费用最低。对于一些非常紧急的项目如抢险救灾等项目，给予发包人和承包人的准备时间都非常短，因此，只能采用成本加酬金的合同形式；反之，则可采用单价合同或总价合同形式。

(6)项目的外部环境因素。项目的外部环境因素包括项目所在地区的政治局势是否稳定、经济局势因素(如通货膨胀、经济发展速度等)、劳动力素质(当地)、交通、生活条件等。如果项目的外部环境恶劣则意味着项目的成本高、风险大、不可预测的因素多，承包人很难接受总价合同方式，而较适合采用成本加酬金合同。

总之，在选择合同类型时，一般情况下是发包人占有主动权。但发包人不能单纯考虑自己的利益，应当综合考虑项目的各种因素和承包人的承受能力，确定双方都能认可的合同类型。

二、我国现行的建设项目工程合同文本的种类及法律效力

1. 投资体制改革后形成的两套合同范本

经过几年发展，目前已形成双轨制的合同文本体系：政府投资的基础设施领域的合同范本由国家发改委牵头制定，非政府投资的房屋建筑领域的合同范本由住建部牵头制定。

国家发改委牵头制定的合同文本包括：

(1)《标准施工招标资格预审文件》和《标准施工招标文件》(国家发改委牵头，九部委联合制定，2011 年 12 月 20 日发布，2012 年 5 月 1 日实施)。

(2)《简明标准施工招标文件》(国家发改委牵头，九部委联合制定，2011 年 12 月 20 日发布，2012 年 5 月 1 日实施)。

(3)《标准设计施工总承包招标文件》(国家发改委牵头，九部委联合制定，2011 年 12 月 20 日发布，2012 年 5 月 1 日实施)。

(4)《标准设备采购招标文件》《标准材料采购招标文件》《标准勘察招标文件》《标准设计招标文件》《标准监理招标文件》(国家发改委牵头，九部委联合制定，2017 年 9 月 4 日发布，2018 年 1 月 1 日起实施)。

住建部牵头制定的合同文本包括：

(1)《建设工程施工合同示范文本》(住建部、国家工商总局制定，先后有 1991 版、1999 版、2013 版、2017 版)。

(2)《房屋建筑和市政工程标准施工招标资格预审文件》和《房屋建筑和市政工程标准施工招标文件》(住建部制定，2010 年 6 月 9 日发布，发布之日实施)。

(3)《建设项目工程总承包合同示范文本(试行)》(住建部、国家工商总局制定，2011 年 9 月7 日发布，2011 年 11 月 1 日试行)。

2. 两套合同文本的法律效力

国家发改委文本具有强制性，必须使用。招标人编制的施工招标资格预审文件、施工招标文件，应不加修改地引用《标准施工招标资格预审文件》中的“申请人须知”“资格审查办法”，以及《标准施工招标文件》中的“投标人须知”“评标办法”“通用合同条款”。“专用合同条款”可对《标准施工招标文件》中的“通用合同条款”进行补充、细化，除“通用合同条款”明确“专用合同条款”可作出不同约定外，补充和细化的内容不得与“通用合同条款”强制性规定相抵触，否则抵触内容无效。

住建部文本为非强制性文本。合同当事人可结合建设工程具体情况，根据《示范文本》订立合同，并按照法律法规规定和合同约定承担相应的法律责任及合同权利义务。

基于住建部文本非强制性特征，房屋建筑工程施工总承包可以适用各省、自治区、直辖市建设行政机关制定的文本，也可参考适用国际通用的 FIDIC 合同条款。

三、建设工程施工合同(示范文本)(GF—2017—0201)

1.《示范文本》适用范围

为了指导建设工程施工合同当事人的签约行为，维护合同当事人的合法权益，依据《中华人民共和国合同法》《中华人民共和国建筑法》《中华人民共和国招标投标法》以及相关法律法规，住房城乡建设部、国家工商行政管理总局对《建设工程施工合同(示范文本)》(GF—2013—0201)进行了修订，制定了《建设工程施工合同(示范文本)》(GF—2017—0201)(以下简称《示范文本》)。《示范文本》适用于房屋建筑工程、土木工程、线路管道和设备安装工程、装修工程等建设工程的施工承、发包活动，合同当事人可结合建设工程具体情况，根据《示范文本》订立合同，并按照法律法规规定和合同约定承担相应的法律责任及合同权利义务。

2.《示范文本》的组成

《示范文本》由合同协议书、通用合同条款和专用合同条款三部分组成，并附有 11 个附件。

(1)合同协议书。《示范文本》合同协议书共计 13 条，主要包括工程概况、合同工期、质量标准、签约合同价和合同价格形式、项目经理、合同文件构成、承诺以及合同生效条件等重要内容，集中约定了合同当事人基本的合同权利义务。

(2)通用合同条款。通用合同条款是合同当事人根据《中华人民共和国建筑法》《中华人民共和国合同法》等法律法规的规定，就工程建设的实施及相关事项，对合同当事人的权利义务作出的原则性约定。

通用合同条款共计 20 条，具体条款分别为：一般约定、发包人、承包人、监理人、工程质量、安全文明施工与环境保护、工期和进度、材料与设备、试验与检验、变更、价格调整、合同价格、计量与支付、验收和工程试车、竣工结算、缺陷责任与保修、违约、不可抗力、保险、索赔和争议解决。前述条款安排既考虑了现行法律法规对工程建设的有关要求，也考虑了建设工程施工管理的特殊需要。

(3)专用合同条款。专用合同条款是对通用合同条款原则性约定的细化、完善、补充、修改或另行约定的条款。合同当事人可以根据不同建设工程的特点及具体情况，通过双方的谈判、协商对相应的专用合同条款进行修改补充。

3. 合同文件构成及优先顺序

组成合同的各项文件应互相解释，互为说明。除专用合同条款另有约定外，解释合同文件的优先顺序如下：

(1)合同协议书；

(2)中标通知书(如果有)；

(3)投标函及其附录(如果有)；

(4)专用合同条款及其附件；

(5)通用合同条款；

(6)技术标准和要求；

(7)图纸；

(8)已标价工程量清单或预算书；

(9)其他合同文件。

上述各项合同文件包括合同当事人就该项合同文件所作出的补充和修改，属于同一类内容的文件，应以最新签署的为准。在合同订立及履行过程中形成的与合同有关的文件均构成合同文件组成部分，并根据其性质确定优先解释顺序。

第二节　建筑工程项目合同管理

一、建筑工程项目合同管理概述

1. 建筑工程项目合同管理的概念

建筑工程项目合同管理是对工程项目施工过程中所发生的或所涉及的一切经济、技术合同的签订、履行、变更、索赔、解除、解决争议、终止与评价的全过程进行的管理工作。

2. 建筑工程项目合同管理的作用

建筑工程项目合同作为约束发包方和承包方权利和义务的依据，合同管理的作用主要体现在以下几个方面：

(1)促使施工合同的双方在相互平等、诚信的基础上依法签订切实可行的合同；

(2)有利于合同双方在合同执行过程中进行相互监督。以确保合同顺利实施；

(3)合同中明确规定了双方具体的权利与义务，通过合同管理确保合同双方严格执行；

(4)通过合同管理，增强合同双方履行合同的自觉性，调动建设各方的积极性，使合同双方自觉遵守法律规定，共同维护当事人双方的合法权益。

3. 建筑工程项目合同管理的内容

(1)建立健全建筑工程项目合同管理制度，包括合同归口管理制度，考核制度，合同用章管理制度，合同台账、统计及归档制度等。

(2)经常对合同管理人员、项目经理及有关人员进行合同法律知识教育，提高合同业务人员法律意识和专业素质。

(3)在谈判签约阶段，重点是了解对方的信誉，核实其法人资格及其他有关情况和资料；监督双方依照法律程序签订合同，避免出现无效合同、不完善合同，预防合同纠纷发生；组织并配合有关部门做好施工项目合同的鉴证、公证工作，并在规定时间内送交合同管理机关等有关部门备案。

(4)合同履约阶段，主要的日常工作是经常检查合同以及有关法规的执行情况，并进行统计分析，如统计合同份数、合同金额、纠纷次数、分析违约原因、变更和索赔情况、合同履约率等，以便及时发现问题、解决问题；做好有关合同履行中的调解、诉讼、仲裁等工作，协调好企业与各方面、各有关单位的经济协作关系。

(5)专人整理保管合同、附件、工程协商资料、补充协议、变更记录及与业主及其委托的工程师之间的来往函件等文件，随时备查；合同期满，工程竣工结算后，将全部合同文件整理归档。

二、施工准备阶段的合同管理

1. 施工图纸管理

(1)图纸的提供和交底。发包人应按照专用合同条款约定的期限、数量和内容向承包人免费提供图纸，并组织承包人、监理人和设计人进行图纸会审和设计交底。发包人最迟不得晚于开工通知条款载明的开工日期前 14 天向承包人提供图纸。

(2)图纸的修改和补充。需要修改和补充的，应经图纸原设计人及审批部门同意，并由监理人在工程或工程相应部位施工前将修改后的图纸或补充图纸提交给承包人，承包人应按修改或补充后的图纸施工。

(3)图纸和承包人文件的保管。承包人应在施工现场另外保存一套完整的图纸和承包人文件，供发包人、监理人及有关人员进行工程检查时使用。

2. 施工进度计划管理

施工进度计划的编制应符合国家法律规定和一般工程实践惯例，施工进度计划经发包人批准后方可实施。施工进度计划是控制工程进度的依据，发包人和监理人有权按照施工进度计划检查工程进度情况。

承包人应在合同签订后 14 天内，但不得晚于开工通知载明的开工日期前 7 天，向监理人提交详细的施工组织设计，并由监理人报送发包人。发包人和监理人应在监理人收到施工组织设计后 7 天内确认或提出修改意见。对发包人和监理人提出的合理意见和要求，承包人应自费修改完善。

3. 开工准备

承包人应按照施工组织设计约定的期限，向监理人提交工程开工报审表，经监理人报发包人批准后执行。开工报审表应详细说明按施工进度计划正常施工所需的施工道路、临时设施、材料、工程设备、施工设备、施工人员等落实情况以及工程的进度安排。合同当事人应按约定完成开工准备工作。

4. 开工通知

发包人应按照法律规定获得工程施工所需的许可。经发包人同意后，监理人发出的开工通知应符合法律规定。监理人应在计划开工日期 7 天前向承包人发出开工通知，工期自开工通知中载明的开工日期起算。因发包人原因造成监理人未能在计划开工日期之日起 90 天内发出开工通知的，承包人有权提出价格调整要求，或者解除合同。发包人应当承担由此增加的费用和(或)延误的工期，并向承包人支付合理利润。

5. 测量放线

发包人应在至迟不得晚于开工通知载明的开工日期前 7 天通过监理人向承包人提供测量基准点、基准线和水准点及其书面资料。发包人应对其提供的测量基准点、基准线和水准点及其书面资料的真实性、准确性和完整性负责。承包人发现发包人提供的测量基准点、基准线和水准点及其书面资料存在错误或疏漏的，应及时通知监理人。监理人应及时报告发包人，并会同发包人和承包人予以核实。发包人应就如何处理和是否继续施工作出决定，并通知监理人和承包人。

承包人负责施工过程中的全部施工测量放线工作，并配置具有相应资质的人员、合格的仪器、设备和其他物品。承包人应矫正工程的位置、标高、尺寸或准线中出现的任何差错，并对工程各部分的定位负责。施工过程中对施工现场内水准点等测量标志物的保护工作由承包人负责。

6. 材料与设备的采购与进场

(1)材料采购。发包人自行供应材料、工程设备的，应对其质量负责。承包人应提前 30 天通过监理人以书面形式通知发包人供应材料与工程设备进场。承包人修订施工进度计划时，需同时提交经修订后的发包人供应材料与工程设备的进场计划。承包人负责采购材料、工程设备的，应按照设计和有关标准要求采购，并提供产品合格证明及出厂证明，对材料、工程设备质量负责。合同约定由承包人采购的材料、工程设备，发包人不得指定生产厂家或供应商，发包人违反本款约定指定生产厂家或供应商的，承包人有权拒绝，并由发包人承担相应责任。

(2)材料与工程设备的接收与拒收。发包人供应材料与工程设备应提前 24 小时以书面形式通知承包人、监理人材料和工程设备到货时间，承包人负责材料和工程设备的清点、检验和接收。承包人采购的材料和工程设备，应保证产品质量合格，承包人应在材料和工程设备到货前 24 小时通知监理人检验。承包人进行永久设备、材料的制造和生产的，应符合相关质量标准，并向监理人提交材料的样本以及有关资料，并应在使用该材料或工程设备之前获得监理人同意。

承包人采购的材料和工程设备不符合设计或有关标准要求时，承包人应在监理人要求的合理期限内将不符合设计或有关标准要求的材料、工程设备运出施工现场，并重新采购符合要求的材料、工程设备，由此增加的费用和(或)延误的工期，由承包人承担。

7. 施工设备和临时设施

承包人应按合同进度计划的要求，及时配置施工设备和修建临时设施。进入施工场地的承包人设备需经监理人核查后才能投入使用。承包人更换合同约定的承包人设备的，应报监理人批准。承包人应自行承担修建临时设施的费用，需要临时占地的，应由发包人办理申请手续并承担相应费用。

8. 工程预付款管理

(1)预付款的支付。预付款的支付按照专用合同条款约定执行，但至迟应在开工通知载明的开工日期7天前支付。发包人逾期支付预付款超过7天的，承包人有权向发包人发出要求预付的催告通知，发包人收到通知后7天内仍未支付的，承包人有权暂停施工，并发包人违约的条款执行。预付款在进度付款中同比例扣回。在颁发工程接收证书前，提前解除合同的，尚未扣完的预付款应与合同价款一并结算。

(2)预付款担保。发包人要求承包人提供预付款担保的，承包人应在发包人支付预付款7天前提供预付款担保。预付款担保可采用银行保函、担保公司进行担保等形式，具体由合同当事人在专用合同条款中约定。在预付款完全扣回之前，承包人应保证预付款担保持续有效。发包人在工程款中逐期扣回预付款后，预付款担保额度应相应减少，但剩余的预付款担保金额不得低于未被扣回的预付款金额。

三、施工阶段的合同管理

1. 材料与设备保管使用

发包人供应的材料和工程设备，承包人清点后由承包人妥善保管，保管费用由发包人承担，但已标价工程量清单或预算书已经列支或专用合同条款另有约定除外。因承包人原因发生丢失毁损的，由承包人负责赔偿；监理人未通知承包人清点的，承包人不负责材料和工程设备的保管，由此导致丢失毁损的由发包人负责。发包人供应的材料和工程设备使用前，由承包人负责检验，检验费用由发包人承担，不合格的不得使用。

承包人采购的材料和工程设备由承包人妥善保管，保管费用由承包人承担。法律规定材料和工程设备使用前必须进行检验或试验的，承包人应按监理人的要求进行检验或试验，检验费或试验费用由承包人承担，不合格的不得使用。发包人或监理人发现承包人使用不符合设计或有关标准要求的材料和工程设备时，有权要求承包人进行修复、拆除或重新采购，由此增加的费用和(或)延误的工期，由承包人承担。

2. 质量保证与管理

发包人应按照法律规定及合同约定完成与工程质量有关的各项工作。

承包人按照施工组织设计条款的约定向发包人和监理人提交工程质量保证体系及措施文件，建立完善的质量检查制度，并提交相应的工程质量文件。对于发包人和监理人违反法律规定和合同约定的错误指示，承包人有权拒绝实施。

承包人应对施工人员进行质量教育和技术培训，定期考核施工人员的劳动技能，严格执行施工规范和操作规程。

承包人应按照法律规定和发包人的要求，对材料、工程设备以及工程的所有部位及其施工工艺进行全过程的质量检查和检验，并作详细记录，编制工程质量报表，报送监理人审查。此外，承包人还应按照法律规定和发包人的要求，进行施工现场取样试验、工程复核测量和设备性能检测，提供试验样品、提交试验报告和测量成果以及其他工作。

监理工程师应在施工过程中采用巡视、旁站、平行检验等方式监督检查承包人的施工工艺和产品质量，对建筑产品的生产过程进行严格控制。

3. 隐蔽工程与重新检验

(1)检验程序。

1)承包人自检。承包人应当对工程隐蔽部位进行自检，并经自检确认是否具备覆盖条件。工程隐蔽部位经承包人自检确认具备覆盖条件的，承包人应在共同检查前 48 小时书面通知监理人检查，通知中应载明隐蔽检查的内容、时间和地点，并应附有自检记录和必要的检查资料。

2)监理检验。工程师接到承包人的请求验收通知后，监理人应按时到场并对隐蔽工程及其施工工艺、材料和工程设备进行检查。经监理人检查确认质量符合隐蔽要求，并在验收记录上签字后，承包人才能进行覆盖。经监理人检查质量不合格的，承包人应在监理人指示的时间内完成修复，并由监理人重新检查，由此增加的费用和(或)延误的工期由承包人承担。

监理人不能按时进行检查的，应在检查前 24 小时向承包人提交书面延期要求，但延期不能超过 48 小时，由此导致工期延误的，工期应予以顺延。监理人未按时进行检查，也未提出延期要求的，视为隐蔽工程检查合格，承包人可自行完成覆盖工作，并作相应记录报送监理人，监理人应签字确认。监理人事后对检查记录有疑问的，可按重新检查的条款约定重新检查。

(2)重新检查。承包人覆盖工程隐蔽部位后，发包人或监理人对质量有疑问的，可要求承包人对已覆盖的部位进行钻孔探测或揭开重新检查，承包人应遵照执行，并在检查后重新覆盖恢复原状。经检查证明工程质量符合合同要求的，由发包人承担由此增加的费用和(或)延误的工期，并支付承包人合理的利润；经检查证明工程质量不符合合同要求，因此，增加的费用和(或)延误的工期由承包人承担。

(3)承包人私自覆盖。承包人未通知监理人到场检查，私自将工程隐蔽部位覆盖的，监理人有权指示承包人钻孔探测或揭开检查，无论工程隐蔽部位质量是否合格，由此增加的费用和(或)延误的工期均由承包人承担。

4. 施工进度管理

(1)施工进度计划的修订。施工进度计划不符合合同要求或与工程的实际进度不一致的，承包人应向监理人提交修订的施工进度计划，并附具有关措施和相关资料，由监理人报送发包人。除专用合同条款另有约定外，发包人和监理人应在收到修订的施工进度计划后 7 天内完成审核和批准或提出修改意见。发包人和监理人对承包人提交的施工进度计划的确认，不能减轻或免除承包人根据法律规定和合同约定应承担的任何责任或义务。

(2)暂停施工。需要暂停施工的情况主要有以下几种：发包人要求暂停施工、承包人未经批准擅自施工或拒绝项目监理机构、承包人未按审查通过的工程设计文件施工、承包人违反工程建设强制性标准、施工存在重大质量、安全事故隐患或发生质量事故。

引起暂停施工的主要原因有发包人原因、承包人原因、行政监管、不可抗力4个方面。

1)暂停施工管理。因发包人原因引起暂停施工的，监理人经发包人同意后，应及时下达暂停施工指示。情况紧急且监理人未及时下达暂停施工指示的，按照紧急情况下的暂停施工的条款执行。因发包人原因引起的暂停施工，发包人应承担由此增加的费用和(或)延误的工期，并支付承包人合理的利润。

因承包人原因引起的暂停施工，承包人应承担由此增加的费用和(或)延误的工期，且承包人在收到监理人复工指示后84天内仍未复工的，视为承包人违约，发包人有权解除合同。

监理人认为有必要时，并经发包人批准后，可向承包人作出暂停施工的指示，承包人应按监理人指示暂停施工。

因紧急情况需暂停施工，且监理人未及时下达暂停施工指示的，承包人可先暂停施工，并及时通知监理人。监理人应在接到通知后24小时内发出指示，逾期未发出指示，视为同意承包人暂停施工。监理人不同意承包人暂停施工的，应说明理由，承包人对监理人的答复有异议，按照争议解决条款的约定处理。

暂停施工期间，承包人应负责妥善照管工程并提供安全保障，由此增加的费用由责任方承担。暂停施工期间，发包人和承包人均应采取必要的措施确保工程质量及安全，防止因暂停施工扩大损失。

2)暂停施工后的复工。当工程具备复工条件时，监理人应经发包人批准后向承包人发出复工通知，承包人应按照复工通知要求复工。承包人无故拖延和拒绝复工的，承包人承担由此增加的费用和(或)延误的工期；因发包人原因无法按时复工的，按照因发包人原因导致工期延误条款的约定办理。

(3)工期延误。在合同履行过程中，因下列情况导致工期延误和(或)费用增加的，由发包人承担由此延误的工期和(或)增加的费用，且发包人应支付承包人合理的利润：

1)发包人未能按合同约定提供图纸或所提供图纸不符合合同约定的；

2)发包人未能按合同约定提供施工现场、施工条件、基础资料、许可、批准等开工条件的；

3)发包人提供的测量基准点、基准线和水准点及其书面资料存在错误或疏漏的；

4)发包人未能在计划开工日期之日起7天内同意下达开工通知的；

5)发包人未能按合同约定日期支付工程预付款、进度款或竣工结算款的；

6)监理人未按合同约定发出指示、批准等文件的；

7)专用合同条款中约定的其他情形。

因发包人原因未按计划开工日期开工的，发包人应按实际开工日期顺延竣工日期，并由承包人修订施工进度计划，确保实际工期不低于合同约定的工期总日历天数。

因承包人原因造成工期延误的，可以在专用合同条款中约定逾期竣工违约金的计算方法和逾期竣工违约金的上限。承包人支付逾期竣工违约金后，不免除承包人继续完成工程及修补缺陷的义务。

5. 变更管理

发包人和监理人均可以提出变更。变更指示均通过监理人发出，监理人发出变更指示前应征得发包人同意。承包人收到经发包人签认的变更指示后，方可实施变更。未经许可，承包人不得擅自对工程的任何部分进行变更。涉及设计变更的，应由设计人提供变更后的图纸和说明。如变更超过原设计标准或批准的建设规模时，发包人应及时办理规划、设计变更等审批手续。

6. 计量与支付管理

由于签订合同时在工程量清单内开列的工程量是估计工程量，实际施工可能与其有差异，因此，发包人在支付工程进度款前应对承包人完成的实际工程量予以确认或核实，按照承包人实际完成永久工程的工程量进行支付。

(1)计量原则与周期。工程量计量应按照合同约定的工程量计算规则、图纸及变更指示等进行计量。工程量计算规则应以相关的国家标准、行业标准等为依据。除专用合同条款另有约定外，工程量的计量按月进行。付款周期与计量周期一致。

(2)进度付款申请单的编制。进度付款申请单应包括下列内容：

1)截至本次付款周期已完成工作对应的金额；

2)根据变更条款应增加和扣减的变更金额；

3)根据预付款约定应支付的预付款和扣减的返还预付款；

4)根据质量保证金约定应扣减的质量保证金；

5)根据索赔应增加和扣减的索赔金额；

6)对已签发的进度款支付证书中出现错误的修正，应在本次进度付款中支付或扣除的金额；

7)根据合同约定应增加和扣减的其他金额。

(3)进度款支付管理。

1)监理人应在收到承包人进度付款申请单以及相关资料后 7 天内完成审查并报送发包人，发包人应在收到后 7 天内完成审批并签发进度款支付证书。发包人逾期未完成审批且未提出异议的，视为已签发进度款支付证书。

发包人和监理人对承包人的进度付款申请单有异议的，有权要求承包人修正和提供补充资料，承包人应提交修正后的进度付款申请单。监理人应在收到承包人修正后的进度付款申请单及相关资料后 7 天内完成审查并报送发包人，发包人应在收到监理人报送的进度付款申请单及相关资料后 7 天内，向承包人签发无异议部分的临时进度款支付证书。存在争议的部分，按照争议解决条款的约定处理。

2)发包人应在进度款支付证书或临时进度款支付证书签发后 14 天内完成支付，发包人逾期支付进度款的，应按照中国人民银行发布的同期同类贷款基准利率支付违约金。

3)发包人签发进度款支付证书或临时进度款支付证书，不表明发包人已同意、批准或接受了承包人完成的相应部分的工作。

7. 材料、工程设备和工程的试验和检验

(1)承包人应按合同约定进行材料、工程设备和工程的试验和检验，并为监理人对上述材料、工程设备和工程的质量检查提供必要的试验资料和原始记录。按合同约定应由监理人与承包人共同进行试验和检验的，由承包人负责提供必要的试验资料和原始记录。

(2)试验属于自检性质的，承包人可以单独进行试验。试验属于监理人抽检性质的，监理人可以单独进行试验，也可由承包人与监理人共同进行。承包人对由监理人单独进行的试验结果有异议的，可以申请重新共同进行试验。约定共同进行试验的，监理人未按照约定参加试验的，承包人可自行试验，并将试验结果报送监理人，监理人应承认该试验结果。

(3)监理人对承包人的试验和检验结果有异议的，或为查清承包人试验和检验成果的可靠性要求承包人重新试验和检验的，可由监理人与承包人共同进行。重新试验和检验的结果证明该项材料、工程设备或工程的质量不符合合同要求的，由此增加的费用和(或)延误的工期由承包人承担；重新试验和检验结果证明该项材料、工程设备和工程符合合同要求的，由此增加的费用和(或)延误的工期由发包人承担。

(4)承包人应按合同约定或监理人指示进行现场工艺试验。对大型的现场工艺试验，监理人认为必要时，承包人应根据监理人提出的工艺试验要求，编制工艺试验措施计划，报送监理人审查。

8. 价格调整

(1)市场价格波动引起的调整。市场价格波动引起的价格调整，前提是合同约定了固定价的风险范围，超出风险范围的，应启动调价程序。价格如何调整，应根据合同约定。合同当事人可以在专用合同条款中约定选择以下一种方式对合同价格进行调整：

1)采用价格指数进行价格调整。

2)采用造价信息进行价格调整。

3)专用合同条款约定的其他方式。

(2)法律变化引起的调整。基准日期后，法律变化导致承包人在合同履行过程中所需要的费用发生除市场价格波动引起的调整条款约定以外的增加时，由发包人承担由此增加的费用；减少时，应从合同价格中予以扣减。

因法律变化引起的合同价格和工期调整，合同当事人无法达成一致的，由总监理工程师按商定或确定条款的约定处理。

因承包人原因造成工期延误，在工期延误期间出现法律变化的，由此增加的费用和(或)延误的工期由承包人承担。

四、竣工阶段的合同管理

1. 工程试车

(1)试车程序。工程需要试车的，试车内容应与承包人承包范围相一致，试车费用由承包人承担。工程试车应按如下程序进行：

1)单机无负荷试车。具备单机无负荷试车条件，承包人组织试车，并在试车前 48 小时书面通知监理人，通知中应载明试车内容、时间和地点。承包人准备试车记录，发包人根据承包人要求为试车提供必要条件。试车合格的，由监理人在试车记录上签字。监理人在试车合格后不在试车记录上签字，自试车结束满 24 小时后视为监理人已经认可试车记录，承包人可继续施工或办理竣工验收手续。

监理人不能按时参加试车，应在试车前 24 小时以书面形式向承包人提出延期要求，但延期不能超过 48 小时，由此导致工期延误的，工期应予以顺延。监理人未能在前述期限内提出延期要求，又不参加试车的，视为认可试车记录。

2)无负荷联动试车。具备无负荷联动试车条件，发包人组织试车，并在试车前 48 小时以书面形式通知承包人。通知中应载明试车内容、时间、地点和对承包人的要求，承包人按要求做好准备工作。试车合格，由合同当事人在试车记录上签字。承包人无正当理由不参加试车的，视为认可试车记录。

(2)试车中的责任。因设计原因导致试车达不到验收要求，发包人应要求设计人修改设计，承包人按修改后的设计重新安装。发包人承担修改设计、拆除及重新安装的全部费用，工期相应顺延。因承包人原因导致试车达不到验收要求，承包人按监理人要求重新安装和试车，并承担重新安装和试车的费用，工期不予顺延。

因工程设备制造原因导致试车达不到验收要求的，由采购该工程设备的合同当事人负责重新购置或修理，承包人负责拆除和重新安装，由此增加的修理、重新购置、拆除及重新安装的费用及延误的工期由采购该工程设备的合同当事人承担。

(3)投料试车。如需进行投料试车的，发包人应在工程竣工验收后组织投料试车。发包人要求在工程竣工验收前进行或需要承包人配合时，应征得承包人同意，并在专用合同条款中约定有关事项。

投料试车合格的，费用由发包人承担；因承包人原因造成投料试车不合格的，承包人应按照发包人要求进行整改，由此产生的整改费用由承包人承担；非因承包人原因导致投料试车不合格的，如发包人要求承包人进行整改的，由此产生的费用由发包人承担。

2. 竣工验收

工程验收是合同履行中的一个重要工作阶段，工程未经竣工验收或竣工验收未通过的，发包人不得使用。发包人强行使用时，由此发生的质量问题及其他问题，由发包人承担责任。竣工验收可分为分项工程竣工验收和整体工程竣工验收两大类，视施工合同约定的工作范围而定。

(1)竣工验收条件。工程具备以下条件的，承包人可以申请竣工验收：

1)除发包人同意的甩项工作和缺陷修补工作外，合同范围内的全部工程以及有关工作，包括合同要求的试验、试运行以及检验均已完成，并符合合同要求；

2)已按合同约定编制了甩项工作和缺陷修补工作清单以及相应的施工计划；

3)已按合同约定的内容和份数备齐竣工资料。

(2)竣工验收程序

1)承包人向监理人报送竣工验收申请报告，监理人应在收到竣工验收申请报告后 14 天内完成审查并报送发包人。监理人审查后认为尚不具备验收条件的，应通知承包人在竣工验收前承包人还需完成的工作内容，承包人应在完成监理人通知的全部工作内容后，再次提交竣工验收申请报告。

2)监理人审查后认为已具备竣工验收条件的，应将竣工验收申请报告提交发包人，发包人应在收到经监理人审核的竣工验收申请报告后 28 天内审批完毕并组织监理人、承包人、设计人等相关单位完成竣工验收。

3)竣工验收合格的，发包人应在验收合格后 14 天内向承包人签发工程接收证书。发包人无正当理由逾期不颁发工程接收证书的，自验收合格后第 15 天起视为已颁发工程接收证书。

4)竣工验收不合格的，监理人应按照验收意见发出指示，要求承包人对不合格工程返工、修复或采取其他补救措施，由此增加的费用和(或)延误的工期由承包人承担。承包人在完成不合格工程的返工、修复或采取其他补救措施后，应重新提交竣工验收申请报告，并按本项约定的程序重新进行验收。

5)工程未经验收或验收不合格，发包人擅自使用的，应在转移占有工程后 7 天内向承包人颁发工程接收证书；发包人无正当理由逾期不颁发工程接收证书的，自转移占有后第 15 天起视为已颁发工程接收证书。

(3)移交、接收全部与部分工程。合同当事人应当在颁发工程接收证书后 7 天内完成工程的移交。发包人无正当理由不接收工程的，发包人自应当接收工程之日起，承担工程照管、成品保护、保管等与工程有关的各项费用。承包人无正当理由不移交工程的，承包人应承担工程照管、成品保护、保管等与工程有关的各项费用，合同当事人可以在专用合同条款中另行约定承包人无正当理由不移交工程的违约责任。

3. 缺陷责任与保修

(1)工程保修原则。在工程移交发包人后，因承包人原因产生的质量缺陷，承包人应承担质量缺陷责任和保修义务。缺陷责任期届满，承包人仍应按合同约定的工程各部位保修年限承担保修义务。

(2)缺陷责任期。缺陷责任期从工程通过竣工验收之日起计算，合同当事人应在专用合同条款约定缺陷责任期的具体期限，但该期限最长不超过 24 个月。

单位工程先于全部工程进行验收，经验收合格并交付使用的，该单位工程缺陷责任期自单位工程验收合格之日起算。因承包人原因导致工程无法按合同约定期限进行竣工验收的，缺陷责任期从实际通过竣工验收之日起计算。因发包人原因导致工程无法按合同约定期限进行竣工验收的，在承包人提交竣工验收报告 90 天后，工程自动进入缺陷责任期；发包人未经竣工验收擅自使用工程的，缺陷责任期自工程转移占有之日起开始计算。

缺陷责任期内，由承包人原因造成的缺陷，承包人应负责维修，并承担鉴定及维修费用。如承包人不维修也不承担费用，发包人可按合同约定从保证金或银行保函中扣除，费用超出保证金额的，发包人可按合同约定向承包人进行索赔。承包人维修并承担相应费用后，不免除对工程的损失赔偿责任。发包人有权要求承包人延长缺陷责任期，并应在原缺陷责任期届满前发出延长通知。但缺陷责任期(含延长部分)最长不能超过 24 个月。

由他人原因造成的缺陷，发包人负责组织维修，承包人不承担费用，且发包人不得从保证金中扣除费用。

(3)质量保证金。经合同当事人协商一致扣留质量保证金的，应在专用合同条款中予以明确。在工程项目竣工前，承包人已经提供履约担保的，发包人不得同时预留工程质量保证金。

质量保证金的扣留有以下三种方式：

1)在支付工程进度款时逐次扣留，在此情形下，质量保证金的计算基数不包括预付款的支付、扣回以及价格调整的金额。

2)工程竣工结算时一次性扣留质量保证金。

3)双方约定的其他扣留方式。

除专用合同条款另有约定外，质量保证金的扣留原则上采用上述第 1)种方式。

发包人累计扣留的质量保证金不得超过工程价款结算总额的 3%。如承包人在发包人签发竣工付款证书后 28 天内提交质量保证金保函，发包人应同时退还扣留的作为质量保证金的工程价款；保函金额不得超过工程价款结算总额的 3%。

发包人在退还质量保证金的同时按照中国人民银行发布的同期同类贷款基准利率支付利息。

发包人在接到承包人返还保证金申请后，应于 14 天内会同承包人按照合同约定的内容进行核实。如无异议，发包人应当按照约定将保证金返还给承包人。对返还期限没有约定或者约定不明确的，发包人应当在核实后 14 天内将保证金返还承包人，逾期未返还的，依法承担违约责任。发包人在接到承包人返还保证金申请后 14 天内不予答复，经催告后 14 天内仍不予答复，视同认可承包人的返还保证金申请。

4. 竣工结算

(1)竣工结算申请。承包人应在工程竣工验收合格后 28 天内向发包人和监理人提交竣工结算申请单，并提交完整的结算资料，有关竣工结算申请单的资料清单和份数等要求由合同当事人在专用合同条款中约定。

竣工结算申请单应包括以下内容：

1)竣工结算合同价格；

2)发包人已支付承包人的款项；

3)应扣留的质量保证金。已缴纳履约保证金的或提供其他工程质量担保方式的除外。

4)发包人应支付承包人的合同价款。

(2)竣工结算审核。

1)监理人应在收到竣工结算申请单后 14 天内完成核查并报送发包人。发包人应在收到监理人提交的经审核的竣工结算申请单后 14 天内完成审批，并由监理人向承包人签发经发包人签认的竣工付款证书。监理人或发包人对竣工结算申请单有异议的，有权要求承包人进行修正和提供补充资料，承包人应提交修正后的竣工结算申请单。

发包人在收到承包人提交竣工结算申请书后 28 天内未完成审批且未提出异议的，视为发包人认可承包人提交的竣工结算申请单，并自发包人收到承包人提交的竣工结算申请单后第 29 天起视为已签发竣工付款证书。

2)发包人应在签发竣工付款证书后的 14 天内，完成对承包人的竣工付款。发包人逾期支付的，按照中国人民银行发布的同期同类贷款基准利率支付违约金；逾期支付超过 56 天的，按照中国人民银行发布的同期同类贷款基准利率的两倍支付违约金。

3)承包人对发包人签认的竣工付款证书有异议的，对于有异议部分应在收到发包人签认的竣工付款证书后 7 天内提出异议，并由合同当事人按照专用合同条款约定的方式和程序进行复核，或按争议解决约定处理。对于无异议部分，发包人应签发临时竣工付款证书，并完成付款。承包人逾期未提出异议的，视为认可发包人的审批结果。

(3)最终结清

1)最终结清申请单。承包人应在缺陷责任期终止证书颁发后 7 天内，按专用合同条款约定的份数向发包人提交最终结清申请单，并提供相关证明材料。最终结清申请单应列明质量保证金、应扣除的质量保证金、缺陷责任期内发生的增减费用。发包人对最终结清申请单内容有异议的，有权要求承包人进行修正和提供补充资料，承包人应向发包人提交修正后的最终结清申请单。

2)最终结清证书和支付。发包人应在收到承包人提交的最终结清申请单后 14 天内完成审批并向承包人颁发最终结清证书。发包人逾期未完成审批，又未提出修改意见的，视为发包人同意承包人提交的最终结清申请单，且自发包人收到承包人提交的最终结清申请单后 15 天起视为已颁发最终结清证书。发包人应在颁发最终结清证书后 7 天内完成支付。发包人逾期支付的，按照中国人民银行发布的同期同类贷款基准利率支付违约金；逾期支付超过 56 天的，按照中国人民银行发布的同期同类贷款基准利率的两倍支付违约金。承包人对发包人颁发的最终结清证书有异议的，按争议解决的约定办理。

第三节　合同变更与索赔管理

一、工程变更

1. 工程变更的范围

工程变更是指施工过程中出现了与签订合同时的预计条件不一致的情况，而需要改变原定施工承包范围内的某些工作内容。合同履行过程中发生以下情形的，应按照本条约定进行变更：

(1)增加或减少合同中任何工作，或追加额外的工作；

(2)取消合同中任何工作，但转由他人实施的工作除外；

(3)改变合同中任何工作的质量标准或其他特性；

(4)改变工程的基线、标高、位置和尺寸；

(5)改变工程的时间安排或实施顺序。

发包人可以取消任何工作，但不得转由他人实施。这属于违约行为，且涉嫌肢解分包。

2. 变更程序

变更指示可以由发包人、监理人、承包人等发起，然后由工程师确认，并签发工程变更指令。

(1)发包人提出变更。发包人提出变更的，应通过监理人向承包人发出变更指示，变更指示应说明计划变更的工程范围和变更的内容。

承包人应在收到监理人下达的变更指示后，立即予以执行或提出不能执行该变更指示的理由。承包人执行变更的，应书面说明实施该变更指示对合同价格和工期的影响。

(2)监理人提出变更建议。监理人提出变更建议的，需要向发包人以书面形式提出变更计划，说明计划变更工程范围和变更的内容、理由，以及实施该变更对合同价格和工期的影响。发包人同意变更的，由监理人向承包人发出变更指示。发包人不同意变更的，监理人无权擅自发出变更指示。

(3)承包人的合理化建议。承包人提出合理化建议的，应向监理人提交合理化建议说明，说明建议的内容和理由，以及实施该建议对合同价格和工期的影响。

监理人应在收到承包人提交的合理化建议后 7 天内审查完毕并报送发包人，发现其中存在技术上的缺陷，应通知承包人修改。发包人应在收到监理人报送的合理化建议后 7 天内审批完毕。合理化建议经发包人批准的，监理人应及时发出变更指示，由此引起的合同价格调整按照变更估价条款的约定执行。发包人不同意变更的，监理人应书面通知承包人。

合理化建议降低了合同价格或者提高了工程经济效益的，发包人可对承包人给予奖励，奖励的方法和金额在专用合同条款中约定。

(4)变更执行。承包人收到监理人下达的变更指示后，认为不能执行，应立即提出不能执行该变更指示的理由。承包人认为可以执行变更的，应当书面说明实施该变更指示对合同价格和工期的影响，且合同当事人应当按变更估价条款约定确定变更估价。

对于应当前往当地住房城乡建设主管部门进行备案监管的变更事项，应当遵循当地住房城乡建设主管部门的规定要求，前往当地主管部门进行备案。

3. 变更估价

(1)变更估价原则。

1)已标价工程量清单或预算书有相同项目的，按照相同项目单价认定；

2)已标价工程量清单或预算书中无相同项目，但有类似项目的，参照类似项目的单价认定；

3)变更导致实际完成的变更工程量与已标价工程量清单或预算书中列明的该项目工程量的变化幅度超过15%的，或已标价工程量清单或预算书中无相同项目及类似项目单价的，按照合理的成本与利润构成的原则，由合同当事人按照《建设工程施工合同(示范文本)》(GF—2017—0201)(商定或确定)确定变更工作的单价。

(2)变更估价程序。承包人应在收到变更指示后14天内，向监理人提交变更估价申请。监理人应在收到承包人提交的变更估价申请后7天内审查完毕并报送发包人，监理人对变更估价申请有异议，通知承包人修改后重新提交。发包人应在承包人提交变更估价申请后14天内审批完毕。发包人逾期未完成审批或未提出异议的，视为认可承包人提交的变更估价申请。因变更引起的价格调整应计入最近一期的进度款中支付。

二、施工索赔

1. 施工索赔的概念

施工索赔是指施工合同当事人在合同实施过程中，根据法律、合同规定，对并非由于自己的过错，而是应由合同对方或第三方承担责任的情况造成的实际损失向对方提出给予补偿的要求的行为。索赔是承包商和业主之间承担风险比例的合理分摊。

通常，施工索赔主要是指承包人向发包人提出的索赔，发包人向承包人提出索赔，通常叫作反索赔。

2. 索赔程序与处理

(1)索赔程序。根据合同约定，承包人认为有权得到追加付款和(或)延长工期的，应按以下程序向监理人提出索赔：

1)承包人应在知道或应当知道索赔事件发生后28天内，向监理人递交索赔意向通知书，并说明发生索赔事件的事由；承包人未在前述28天内发出索赔意向通知书的，丧失要求追加付款和(或)延长工期的权利；

2)承包人应在发出索赔意向通知书后 28 天内，向监理人正式递交索赔报告；索赔报告应详细说明索赔理由以及要求追加的付款金额和(或)延长的工期，并附必要的记录和证明材料；

3)索赔事件具有持续影响的，承包人应按合理时间间隔继续递交延续索赔通知，说明持续影响的实际情况和记录，列出累计的追加付款金额和(或)工期延长天数；

4)在索赔事件影响结束后 28 天内，承包人应向监理人递交最终索赔报告，说明最终要求索赔的追加付款金额和(或)延长的工期，并附必要的记录和证明材料。

(2)索赔处理

1)监理人应在收到索赔报告后 14 天内完成审查并报送发包人。监理人对索赔报告存在异议的，有权要求承包人提交全部原始记录副本；

2)发包人应在监理人收到索赔报告或有关索赔的进一步证明材料后的 28 天内，由监理人向承包人出具经发包人签认的索赔处理结果。发包人逾期答复的，则视为认可承包人的索赔要求；

3)承包人接受索赔处理结果的，索赔款项在当期进度款中进行支付；承包人不接受索赔处理结果的，按照争议解决条款约定处理。

3. 索赔意向通知书

(1)索赔事件发生的时间、地点或工程部位。

(2)索赔事件发生的双方当事人或其他有关人员。

(3)索赔事件发生的原因及性质，特别说明并非承包人的责任。

(4)承包人对索赔事件发生后的态度，特别应说明承包人为控制事件的发展、减少损失所采取的行动。

(5)写明事件的发生将会使承包人产生额外经济支出或其他不利影响。

(6)提出索赔意向，注明合同条款依据。

4. 索赔报告

是承包人提交的要求发包人给予一定经济赔偿或延长工期的重要文件。索赔报告的具体内容，随该索赔事件的性质和特点而有所不同。一般来说，完整的索赔报告应包括总论部分、根据部分、计算部分和证据部分四个部分。

5. 索赔计算

(1)索赔费用组成。索赔费用包括人工费、机械使用费、材料费、管理费、利润、利息、分包费用和保函手续费等。

(2)费用索赔的计算。费用索赔的计算方法有实际费用法、总费用法和修正总费用法等。其中，实际费用法是计算工程索赔时最常用的一种方法。

1)实际费用法。该方法是按照各索赔事件所引起损失的费用项目分别分析计算索赔值，然后将各费用项目的索赔值汇总，即可得到总索赔费用值。这种方法以承包商为某项索赔工作所支付的实际开支为依据，但仅限于由于索赔事项引起的、超过原计划的费用，故也称额外成本法。在这种计算方法中，需要注意的是不要遗漏费用项目。

2)总费用法，又称总成本法，就是当发生多项索赔事件以后，按实际总费用减去投标报价时的估算费用计算索赔金额的一种方法。

3)修正的总费用法。这种方法是对总费用法的改进，即在总费用计算的原则上，去掉一些不确定的可能因素，对总费用法进行相应的修改和调整，使其更加合理。其计算公式如下：

$$索赔金额=某项工作调整后的实际总费用-该项工作的报价费用$$

【例4-1】 某施工合同约定，施工现场主导施工机械一台，由施工企业租得，台班单价为300元/台班，租赁费为100元/台班，人工工资为40元/工日，窝工补贴为10元/工日，以人工费为基数的综合费费率为35%，在施工过程中，发生了如下事件：

(1)出现异常恶劣天气导致工程停工2天，人员窝工30个工日；

(2)因恶劣天气导致场外道路中断，抢修道路用工20工日；

(3)场外大面积停电，停工2天，人员窝工10工日。

为此，施工企业可向业主索赔费用为多少?

解：各事件处理结果如下：

1)异常恶劣天气导致的停工通常不能进行费用索赔。

2)抢修道路用工的索赔额=20×40×(1+35%)=1 080(元)

3)停电导致的索赔额=2×100+10×10=300(元)

4)总索赔费用=1 080+300=1 380(元)

(3)工期索赔的计算。

1)网络图分析法。利用进度计划的网络图，分析计算索赔事件对工期影响的一种方法。适用于许多索赔事件的计算。

2)比例计算法。在实际工程中，干扰时间常常影响某些单项工程、单位工程或分部分项工程工期，要分析它们对总工期的影响，可以采用简单的比例计算。其计算公式如下：

$$工期索赔额度=\frac{受干扰部分工程的合同价}{原合同总价}\times该受干扰部分工期拖延时间$$

$$工期索赔额度=\frac{额外增加的工程量的价格}{原合同总价}\times原合同总工期$$

6. 反索赔

反索赔即业主向承包商提出的索赔，一般可分为工程拖期索赔和施工缺陷索赔两类。

(1)反索赔索赔程序。根据合同约定，发包人认为有权得到赔付金额和(或)延长缺陷责任期的，监理人应向承包人发出通知并附有详细的证明。

发包人应在知道或应当知道索赔事件发生后28天内通过监理人向承包人提出索赔意向通知书，发包人未在前述28天内发出索赔意向通知书的，丧失要求赔付金额和(或)延长缺陷责任期的权利。发包人应在发出索赔意向通知书后28天内，通过监理人向承包人正式递交索赔报告。

(2)反索赔的处理。对发包人索赔的处理如下：

1)承包人收到发包人提交的索赔报告后，应及时审查索赔报告的内容、查验发包人证明材料；

2)承包人应在收到索赔报告或有关索赔的进一步证明材料后28天内，将索赔处理结果答复发包人。如果承包人未在上述期限内作出答复的，则视为对发包人索赔要求的认可；

3)承包人接受索赔处理结果的，发包人可从应支付给承包人的合同价款中扣除赔付的金额或延长缺陷责任期；发包人不接受索赔处理结果的，按争议解决条款的约定处理。

第四节　建设项目工程合同案例评析

建设项目工程合同是承包人进行工程建设、发包人支付价款的合同。建设项目工程合同包括工程勘察合同、设计合同和施工合同。

【案例1】 某建设单位准备兴建沿街门面，通过投标的形式与某建筑工程公司签订了建筑工程承包合同。之后，承包人将各种设备、材料运抵工地开始施工，实施过程中，得知该工程不符合城市建设规划，未领取施工规划许可证，必须立即停止施工。最后，城市规划管理部门对建设单位作出了行政处罚，处以罚款2万元，并勒令停止施工，拆除已修建部分。承包人因此而蒙受损失，向法院提起诉讼，要求发包人给予赔偿。

【案例评析】 本案双方当事人之间所订合同属于典型的建设项目工程合同，属于施工合同，所以评判双方当事人的权责应依有关建设工程施工合同的规定。本案中引起当事人争议并导致损失产生的原因是工程开工前未办理规划许可证，从而导致工程为非法工程，当事人基于此而订立的合同无合法基础，为无效合同。依《中华人民共和国建筑法》的规定，规划许可证应由建设单位，即发包人办理，所以，本案中的过错在于发包方，建设单位应当赔偿给承包人造成的先期投入、设备、材料运送费用等损失。

建设项目工程合同应当采用书面形式。

【案例2】 某承包人和发包人签订了场地平整工程合同，规定工程按当地现行预算定额结算。在履行合同的过程中，因发包人未解决好征地问题，使承包人的8台推土机无法进入场地，窝工90天，从而导致承包人不能按期交工。经发包人和承包人口头交涉，在征得承包人同意的基础上按承包人实际完成的工程量变更合同，并商定按另一标准结算。工程完工结算时，发包人和承包人因为窝工问题和结算定额发生争议。承包人起诉，要求发包人承担全部窝工责任并坚持按第一次合同规定的定额结算，而发包人在答辩中则要求承包人承担延期交工责任。法院经审理判决第一个合同有效，第二个口头交涉的合同无效，工程结算定额应当以双方第一次签订的合同为准。

【案例评析】 本案的关键在于如何确定工程结算定额的依据，即当事人所订立的两份合同哪个有效。依据相关规定，建设工程合同的有效要件之一是书面形式，而且合同的签订、变更或解除，都必须采取书面形式。本案中的第一个合同是有效的书面合同，而第二个合同是因口头交涉而产生的口头合同，并未经书面确认，属无效合同。所以，法院判决第一个合同为有效合同。

发包人可以与总承包人订立建设项目工程合同，也可以分别与勘察人、设计人、施工人订立勘察、设计和施工承包合同。发包人不得将应当由一个承包人完成的建设工程肢解成若干部分发包给几个承包人。

总承包人或者勘察、设计、施工承包人经发包人同意，可以将自己承包的部分工作交由第三人完成。第三人就其完成的工作成果与总承包人或者勘察、设计、施工承包人向发包人承担连带责任。承包人不得将其承包的全部建设工程转包给第三人或者将其承包的全部建设工程肢解以后以分包的名义分别转包给第三人。

禁止承包人将工程分包给不具备相应资质条件的单位。禁止分包单位将其承包的工程再分包。建设工程主体结构的施工必须由承包人自行完成。

【案例3】 某建设单位因建办公楼与A总承包公司签订了建筑工程总承包合同。其后经建设单位同意，A总承包公司分别与B建筑设计院和C建筑工程公司签订了建设工程勘察设计合同和建筑安装工程合同。建筑工程勘察设计合同约定由B建筑设计院对建设单位的办公楼工程提供勘察、设计服务，提供工程设计书及相应的施工图纸和资料。建筑安装工程合同约定由C建筑工程公司根据B建筑设计院提供的设计图纸进行施工，工程竣工时依据国家有关验收规定及设计图纸进行质量验收。合同签订后，B建筑设计院按时作出设计书并将相关图纸资料交付C建筑工程公司，C建筑工程公司依据设计图纸进行施工。工程竣工后，建设单位会同有关部门对工程进行验收，发现工程存在严重质量问题，是由于设计不符合规范所致。原来B建筑设计院未对现场进行仔细勘察，根据经验进行设计导致设计不合理，给建设单位带来了重大损失。由于设计人拒绝承担责任，A总承包公司又以自己不是设计人为由推卸责任，建设单位遂以B建筑设计院为被告向法院起诉。法院受理后，追加A总承包公司为共同被告，让其与B建筑设计院一起对工程建设质量问题承担连带责任。

【案例评析】 本案中，建设单位是发包人，A公司是总承包人，B建筑设计院和C建筑工程公司是分包人。对工程质量问题，A公司作为总承包人应承担责任，而B建筑设计院和C建筑工程公司也应该依法分别向发包人承担责任。总承包人以不是自己勘察设计和建筑安装为理由，企图不对发包人承担责任，以及分包人以与发包人没有合同关系为由不向发包人承担责任是没有法律依据的。所以，本案判决A公司和B建筑设计院共同承担连带责任是正确的。

国家重大建设工程合同，应当按照国家规定的程序和国家批准的投资计划、可行性研究报告等文件订立。

【案例4】 某城市拟新建机场，有关部门组织成立了建设项目法人，在项目建议书、可行性研究报告、设计任务书等经上级管理部门审核后，报国家发改委、国务院审批并向国务院计划管理部门申请国家重大建设工程立项。审批过程中，项目法人以公开招标方式与三家中标的施工单位签订《建设工程总承包合同》，约定该三家施工单位共同为机场工程承包商，承包形式为一次包干，估算工程总造价18亿元。但合同签订后，国务院计划管理部门公布该工程为国家重大建设工程项目，批准的投资计划中主体工程部分仅为15亿元。因此，该计划下达后，委托方（项目法人）要求施工单位修改合同，降低包干造价，施工单位不同意，委托方诉至法院，要求解除合同。法院认为，双方所签合同标的系重大建设工程项目，合同签订前未经国务院有关部门审批，未取得必要批准文件，并违背国家批准的投资计划，故认定合同无效，委托人（项目法人）负主要责任，赔偿施工单位损失若干。

【案例评析】 本案机场建设项目属于2亿元以上大型建设项目，并被列入国家重大建设工程，应经国务院有关部门审批并按国家批准的投资计划订立合同，不得任意扩大投资规模。本案合同双方在审批过程中签订建筑合同，签订时并未取得有审批权限主管部门的批准文件，缺乏合同成立的前提条件，合同金额也超出国家批准的投资有关规定，扩大了固定资产投资规模，违反了国家计划，故法院认定合同无效，由过错方承担赔偿责任，其认定是正确的。

勘察、设计合同的内容包括提交有关基础资料和文件（包括概预算）的期限、质量要求、费用以及其他协作条件等条款。

合同的主要条款是合同成立的前提，如果合同缺乏主要条款，则当事人无据可依，合同自身也就无效力可言，勘察、设计合同不仅要条款齐备，还要明确双方各自的责任，以避免合同履行中的互相推诿，保障合同的顺利执行。

【案例5】 甲建设单位与乙勘察设计单位签订了一份《工程建设设计合同》，甲委托乙完成工程设计，约定设计期限为支付定金后30天，设计费按国家有关标准计算。另约定，如甲要求乙增加工作内容，其费用增加10%，合同中没有对基础资料的提供进行约定。履行合同后，由于没有相关的设计基础资料，乙自行收集了相关资料，于第60天交付设计文件。乙认为收集基础资料增加了工作内容，要求甲按增加后的数额支付设计费。甲认为合同中没有约定自己提供资料，不同意乙的要求，并要求乙承担逾期交付设计图纸的违约责任。乙起诉至法院。法院认为，合同中未对基础资料的提供和期限予以约定，乙方逾期交付设计图纸，属乙方过错，构成违约。另按国家规定，勘察、设计单位不能任意提高勘察设计费，有关增加设计费的条款认定无效。因此，法院判决甲按国家规定标准计算给付乙设计费，乙按合同约定向甲支付逾期违约金。

【案例评析】 本案的设计合同缺乏一个主要条款，即基础资料的提供。按照有关规定，设计合同中应明确约定由委托方提供基础资料，并对提供时间、进度和可靠性负责。本案因缺少该约定，虽工作量增加，设计时间延长，乙方却无向甲方追偿由此造成损失的依据，其责任应自行承担。增加设计费的要求违背国家有关规定不能成立，故法院判决乙按规定收取费用并承担违约责任。

施工合同的内容包括工程范围、建设工期、中间交工工程的开工和竣工时间、工程质量、工程造价、技术资料交付时间、材料和设备供应责任、拨款和结算、竣工验收、质量保修范围和质量保证期、双方相互协作等条款。

【案例6】 原告A建设单位与被告B建筑公司签订一施工合同，修建某住宅工程。工程完工后，经验收质量合格。工程使用三年后，发现楼房屋顶漏水，建设单位要求建筑公司负责无偿修理，并赔偿损失，建筑公司则以施工合同中并未规定质量保证期限，工程已经验收合格为由，拒绝无偿修理要求。建设单位起诉至法院。法院判决施工合同有效，认为合同中虽然并没有约定工程质量保证期限，但依据《建设工程质量管理办法》的规定，屋面防水工程保修期限为五年，因此，工程使用三年出现的质量问题，应由施工单位承担无偿修理并赔偿损失的责任。

【案例评析】 本案争议的施工合同虽欠缺质量保证期条款，但并不影响双方当事人对施工合同主要义务的履行，故该合同有效。由于合同中没有质量保证期的约定，故应当依照法律、法规的规定或者其他规章确定工程质量保证期。法院依照《建设工程质量管理办法》的有关规定对欠缺条款进行补充，无疑是正确的。依据该办法规定，出现质量问题在保修期内，故认定建筑公司承担无偿修理和赔偿损失责任是正确的。

建设工程实行监理的，发包人应当与监理人采用书面形式订立委托监理合同。发包人与监理人的权利和义务以及法律责任，应当依照监理委托合同以及其他有关法律、行政法规的规定。

【案例7】 某建设单位与工程监理公司签订办公楼监理委托合同。在监理职责条款中约定："监理公司负责工程设计阶段和施工阶段的监理业务。……建设单位应于监理业务结束之日起5日内支付最后20%的监理费用。"工程竣工一周后，监理公司要求建设单位支付剩余20%的监理费，建设单位以双方有口头约定，监理公司的监理职责应履行至工程保修期满为由，拒绝支付，监理公司索款未果，诉至法院。法院判决双方口头商定的监理职责延至保修期满的内容不构成委托监理合同的内容，建设单位到期未支付剩余监理费，构成违约，应承担违约责任，应支付监理公司剩余20%的监理费及延期付款利息。

【案例评析】 本案建设单位的办公楼工程属于需要实行监理的建设工程，理应与监理人签订委托监理合同。本案争议焦点在于确定监理公司的监理义务范围。依书面合同约定，监理范围包括工程设计阶段和施工阶段，而未包括工程的保修阶段，双方只是口头约定还应包括保修阶段。依据规定，委托监理合同应以书面形式订立，口头形式约定的监理合同不成立。因此，该委托监理合同关于监理义务的约定，只能包括工程设计和施工两个阶段，不应包括保修阶段，也就是说，监理公司已完全履行了合同义务，建设单位逾期支付监理费用，属违约行为，故判决其承担违约责任，支付监理费及利息。在此类案件中，当事人还应注意监理单位的资质条件。另外，倘若监理单位不履行义务，给委托人造成损失的，监理单位应与承包单位承担连带赔偿责任。

发包人在不妨碍承包人正常作业的情况下，可以随时对作业进度、质量进行检查。

【案例 8】 某建设单位欲建一办公楼，遂与某施工单位签订建设工程施工合同。合同规定工期为 288 天。工程开工后，为迎接上级检查，早日投入使用，建设单位便派专人检查监督施工进度，检查人员曾多次要求施工单位加快进度，缩短工期，均被施工单位以质量无法保证为由拒绝。为使工程尽早完工，建设单位所派检查人员以施工单位名义要求材料供应商提前送货至施工现场，造成材料堆积过多，管理困难，部分材料损坏。施工单位遂起诉建设单位，要求承担损失赔偿责任。建设单位以检查作业进度、督促施工进度为由抗辩，法院判决建设单位抗辩不成立，应依法承担赔偿责任。

【案例评析】 本案涉及发包方如何行使检查监督权的问题。建设单位派专人检查工程施工进度的行为本身是行使检查权的表现。但是，检查人员的检查行为，已超出了法律规定的对施工进度和质量进行检查的范围，且以施工单位名义促使材料供应商提早供货，在客观上妨碍了施工的正常作业，因而构成权利滥用行为，理应承担损害赔偿责任。

隐蔽工程在隐蔽以前，承包人应当通知发包人检查。发包人没有及时检查的，承包人可以顺延工程日期，并有权要求赔偿停工、窝工等损失。

【案例 9】 某建筑公司负责修建某高校学生宿舍楼一幢，双方签订建设工程合同。由于宿舍楼设有地下室，属隐蔽工程。因而在建设工程合同中，双方约定了对隐蔽工程(地下室)的验收检查条款，规定地下室的验收检查工作由双方共同负责，检查费用由校方负担。地下室竣工后，建筑公司通知校方检查验收，校方则答复：因校内事务繁多，由建筑公司自己检查并出具检查记录即可。其后十五日，校方又聘请专业人员对地下室质量进行检查，发现未达到合同规定标准，遂要求建筑公司负担此次检查费用，并返工地下室工程。建筑公司则认为，合同约定的检查费用由校方负担，本方不应负担此项费用，但对返工重修地下室的要求予以认可。校方多次要求公司付款未果，诉至法院。

【案例评析】 本案争议焦点在于隐蔽工程(地下室)隐蔽后，发包方事后检查的费用由哪方负担的问题。按法律规定，承包方在隐蔽工程竣工后，应通知发包方检查，发包方未及时检查，承包方可以停工。在本案例中，对于校方不履行检查义务的行为，建筑公司有权停工待查，停工造成的损失应当由校方承担。但建筑公司未这样做，反而自行检查，并出具检查记录交与校方后，继续进行施工。对此，双方均有过错，至于校方的事后检查费用，则应视检查结果而定，如果检查结果是地下室质量未达到标准，因这一后果是承包方所致，检查费用应由承包方承担；如果检查质量符合标准，重复检查的结果是校方未履行义务所致，则检查费用应由校方承担。

建设工程竣工后，发包人应当根据施工图纸及说明书、国家颁发的施工验收规范和质量检验标准及时进行验收。验收合格的，发包人应当按照约定支付价款，并接收该建设工程。

建设工程竣工经验收合格后，方可交付使用；未经验收或者验收不合格的，不得交付使用。

【案例10】 2000年2月24日，甲建筑公司与乙厂就乙厂技术改造工程签订建设工程合同。合同约定：甲公司承担乙厂某技术改造工程项目，承包方式按预算定额包工包料，竣工后办理工程结算。合同签订后，甲方按合同约定完成该工程项目，并于2001年11月14日竣工。在实施过程中，乙厂于2001年9月被丙公司兼并，由丙公司承担乙厂的全部债权债务，承接乙厂的各项工程合同、借款合同及各种协议。甲公司在工程竣工后多次催促丙公司对工程进行验收并支付所欠工程款。丙公司对此一直置之不理，既不验收已竣工工程，也不支付工程款。甲公司无奈将丙公司诉至法院。法院判决丙公司对已完工项目进行验收，验收合格后向甲公司支付所欠工程款。

【案例评析】 本案中签订建设工程承包合同的是甲公司与乙厂，但乙厂在被丙公司兼并后，丙公司承担了乙厂的全部债权债务并承接了乙厂的各项工程合同，当然应当履行原甲公司与乙厂签订的建设工程承包合同，对已完工的工程项目进行验收，验收合格无质量争议的，应当按照合同规定向甲公司支付工程款，接收该工程项目，办理交接手续。因此，法院的判决是正确的。

勘察、设计质量不符合要求或者未按照期限提交勘察、设计文件拖延工期，造成发包人损失的，勘察人、设计人应当继续完善勘察、设计，减收或者免收勘察、设计费并赔偿损失。

【案例11】 甲建设单位与乙勘察设计单位签订了一份勘察设计合同，合同约定：乙方为甲方筹建中的商业大厦进行勘察、设计，按照国家颁布的收费标准支付勘察设计费；乙方应按甲方要求的设计标准、技术规范等提出勘察设计要求，进行测量和工程地质、水文地质等勘察设计工作，并在规定日期前向甲方提交勘察成果和设计文件。合同还约定了双方的违约责任、争议的解决方式。甲方同时与丙建筑公司签订了建设工程承包合同，在合同中规定了开工日期。不料后期乙方迟迟不能提交勘察设计文件。丙建筑公司按建设工程承包合同的约定做好了开工准备，如期进驻施工场地。在甲方的再三催促下，乙方迟延36天提交勘察设计文件。此时丙公司已窝工18天。在施工期间，丙公司又发现设计图纸中的多处错误，不得不停工等候甲方请乙方对设计图纸进行修改。丙公司由于窝工、停工要求甲方赔偿损失，否则不再继续施工。甲方将乙方起诉到法院，要求乙方赔偿损失。法院认定乙方应承担违约责任。

【案例评析】 该案中乙方不仅没有按照合同的约定提交勘察设计文件，致使甲方的建设工期受到延误，造成丙公司的窝工；而且勘察设计文件的质量也不符合要求，致使承建单位丙公司因修改设计图纸而停工、窝工。乙方的上述违约行为已给甲方造成损失，应当承担赔偿责任。

因施工人的原因致使建设工程质量不符合约定的，发包人有权要求施工人在合理期限内无偿修理或者返工、改建。经过修理或者返工、改建后，造成逾期交付的，施工人应当承担违约责任。

【案例12】 1999年11月6日，某学院与某建筑公司签订了图书馆建设工程承包合同，合同约定：建筑面积7 600平方米，高9层，总造价1 680万元，建筑公司包工包料，工程验收合格交付使用后，如果在一年之内发生较大质量问题，由施工方负责修复。工程费的结算，开工前支付工程材料费 30%，主体工程完工后付 50%，余额于验收合格后全部结清。如延期竣工，建筑公司偿付延期交付的违约金。

2000 年 8 月，该工程如期竣工。验收时，学院发现该图书馆的阅览室隔音效果不符合约定，楼顶也不符合要求，地板、墙壁等多处达不到国家规定的建筑质量标准。为此，学院要求建筑公司返工修理后再验收，建筑公司认为不影响使用拒绝返工修理。双方协商不成，学院以建设工程质量不符合约定为由诉至法院。法院判决建筑公司对不合格工程进行返工、修理。

【案例评析】 在该案中，学院与建筑公司签订的建设工程承包合同意思表示真实，合法有效。建筑公司应当履行合同约定的义务，保证建设工程的质量，向发包人交付验收合格的工程。既然建筑公司承建的图书馆经验收查明质量不符合合同的约定，发包人又要求建筑公司对质量不合格的部分进行返工、修理，那么建筑公司理应承担返工、修理的责任。而本案中的建筑公司无理由拒绝学院的正当要求，显然既违反了双方订立的合同，又违反了法律的规定。因此，法院认定建筑公司承担修理、返工的责任是完全正确的。同时建筑公司还应承担修理、返工后逾期交付的违约责任。

因承包人的原因致使建设工程在合理使用期限内造成人身和财产损害的，承包人应当承担损害赔偿责任。

【案例 13】 某大学为建设教职工宿舍楼，与某建筑公司签订了一份建设工程承包合同。职工宿舍楼如期完工。在大学和建筑公司共同进行竣工验收时，发现工程 4～6 层的内承重墙体裂缝较多，要求建筑公司修复后再验收，建筑公司认为不影响使用而拒绝修复。因为很多教职工等着分房，大学接收了宿舍楼。在使用了 6 个月之后，宿舍楼 5 层和 6 层的内承重墙倒塌，致使 1 人死亡，8 人受伤，其中 2 人致残，5 家住户的财产受到不同程度的损失。受害者与大学要求建筑公司赔偿损失，并修复倒塌工程。建筑公司以使用不当为由拒绝赔偿。无奈之下，受害者与大学诉至法院。法院在审理期间对工程事故原因进行了鉴定，鉴定结论为建筑公司偷工减料致使宿舍楼内承重墙倒塌。因此，法院认定建筑公司应当向受害者承担损害赔偿责任，并负责修复倒塌的部分工程。

【案例评析】 在该案例中，大学与建筑公司之间有合同关系，建筑公司应依合同约定承担保修责任，无偿修复倒塌的宿舍楼。而对于其他人身和财产损害的受害者，即被侵权者，建筑公司是侵权行为人，是加害者，建筑公司以建设工程已验收并交付使用为由拒绝赔偿没有任何依据。所以，依据相关规定以及建筑公司质量事故与损害结果之间的因果关系，建筑公司应当向受害者承担损害赔偿责任。

发包人未按照约定的时间和要求提供原材料、设备、场地、资金、技术资料的，承包人可以顺延工程日期，并有权要求赔偿停工、窝工等损失。

【案例 14】 某建设单位与某施工单位于 2001 年 7 月 21 日签订了一份场地平整工程合

同。合同约定承包人为发包人平整土地工程，造价为98万元，交工日期是2001年11月底。在合同履行中因发包人未解决征用土地问题，承包人施工时被当地群众阻拦，使承包人的11台推土机无法进入施工场地，窝工328个台班。后经双方协商同意将原合同规定的交工日期延迟到2001年12月底。在施工过程中，发包人接到上级主管部门关于执行新工程定额标准的规定后，与承包方口头交涉，同意按实际完成的工作量，按主管部门规定的新工程定额标准结算。工程完工结算时，因承包人要求按原标准定额结算，发包人要求按新定额标准结算，又因停工、窝工问题发生争议，发包人拒付工程款。承包人诉至法院要求支付工程款，赔偿窝工损失。

法院判决发包人依合同约定的结算标准支付工程款，并且赔偿给承包人造成的停工、窝工的实际损失。

【案例评析】 在本案中，发包人应当为承包人提供施工场地和施工条件，既然该承包工程为平整土地工程，发包人在施工之前应负责将土地征用事宜办理完毕。而发包人不仅没有办妥土地征用手续，没有为承包人提供施工条件，而且也没有通知承包人暂不能如期开工，致使承包人按期开始施工时受到当地群众阻拦，推土机无法进入施工场地，窝工328个台班。事后虽经双方协商将交工日期延迟，但是已经给承包人造成了不可挽回的经济损失。而且承包人的经济损失是因为发包人未能按合同约定提供施工场地造成的，发包人理应赔偿因此给承包人造成的窝工损失。

因发包人的原因致使工程中途停建、缓建的，发包人应当采取措施弥补或者减少损失，赔偿承包人因此造成的停工、窝工、倒运、机械设备调迁、材料和构件积压等损失和实际费用。

【案例15】 某建筑工程公司与A建设单位签订一份承建活动中心的建设工程承包合同。合同约定：由建筑公司包工包料建一座三层高、建筑面积为1 600平方米的活动中心，工程造价为320万元，工期为半年。当第一层建设至一半时，A建设单位不能按期支付工程进度款，建筑公司被迫停工。在停工期间，A单位被B公司收购。B公司根据市场行情，决定将正在建设的活动中心改作他用，不仅重新进行设计，而且与另一家建筑公司重新签订了建设工程承包合同，同时欲解除原建设工程承包合同。在协议解除原建设工程承包合同时，因工程欠款及停工停建等损失问题双方未能达成一致意见。至此，原建筑公司已停工4个月。为追回工程欠款，要求B公司赔偿损失，原建筑公司起诉到法院。法院判决B公司赔偿损失。

【案例评析】 由于A建设单位拖欠工程款导致在建工程停工，又因为B公司收购了A单位，应承担A单位原订合同的权利与义务。B公司变更原设计导致工程停建，依法应当承担给原建筑公司造成的损失。第一，应当由B公司采取措施弥补或减少原建筑公司的损失，将积压的材料和构件按实际价值买回；第二，按已完工的工程量结算工程价款；第三，赔偿原建筑公司的停工、中途停建的损失，如支付停工期间的工人工资等；第四，赔偿因中途停建而发生的实际费用，如机械设备调迁的费用等；第五，支付合同约定的单方提前解除合同的违约金。

第五章　房地产建设项目投资控制

第一节　我国建设工程造价的概念和构成

一、建设工程项目总投资的构成

建设项目投资包含固定资产投资和流动资产投资，其中固定资产投资与建设项目的工程造价在量上相等。工程造价是工程项目按照确定的建设内容、建设规模、建设标准、功能要求和使用要求等全部建成并验收合格交付使用所需的全部费用。工程造价的构成按项目建设过程中各类费用支出或花费的性质、途径等来确定。

建设项目总投资构成如图 5-1 所示。

- 建设项目总投资
  - 固定资产投资——工程造价
    - 建设投资
      - 工程费用
        - 设备及工器具购置费
        - 建筑安装工程费
      - 工程建设其他费用
        - 建设用地费
        - 与项目建设有关的其他费用
        - 与未来生产经营有关的其他费用
      - 预备费
        - 基本预备费
        - 价差预备费
    - 建设期利息
  - 流动资产投资——流动资金

图 5-1　我国现行建设项目投资构成

二、设备及工、器具购置费的构成

设备及工、器具购置费用是由设备购置费和工具、器具及生产家具购置费组成，它是固定资产投资中的积极部分。其中设备购置费由设备原价和设备运杂费构成。在工程建设中，设备及工、器具购置费与资本的有机构成相联系。

三、我国现行建筑安装工程费用项目的构成

根据住房城乡建设部、财政部颁布的"关于印发《建筑安装工程费用项目组成》的通知"

(建标〔2013〕44 号)，我国现行建筑安装工程费用项目按两种不同的方式划分，即按费用构成要素划分和按造价形成划分，其具体构成如图 5-2 所示。

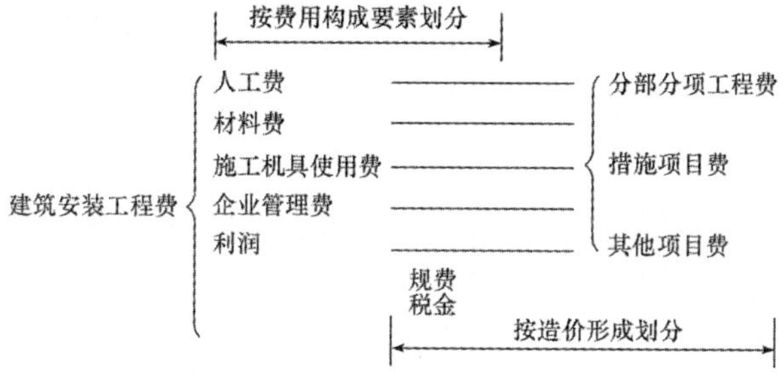

图 5-2 建筑安装工程费用项目构成

(一)按费用构成要素划分

按照费用的构成要素划分，建筑安装工程费包括：人工费、材料费、施工机具使用费、企业管理费、利润、规费和税金。

1. 人工费

建筑安装工程费中的人工费，是指支付给直接从事建筑安装丁程施工作业的生产工人的各项费用。计算人工费的基本要素有两个，即人工工日消耗量和人工日工资单价。

(1)人工工日消耗量。人工工日消耗量是指在正常施丁生产条件下，完成规定计量单位的建筑安装产品所消耗的生产工人的工日数量。它由分项工程所综合的各个工序劳动定额包括的基本用工、其他用工两部分组成。

(2)人工日工资单价。人工日工资单价是指直接从事建筑安装工程施工的生产工人在每个法定工作日的工资、津贴及奖金等。

2. 材料费

建筑安装工程费中的材料费，是指工程施工过程中耗费的各种原材料、半成品、构配件、工程设备等的费用，以及周转材料等的摊销、租赁费用。计算材料费的基本要素是材料消耗量和材料单价。

(1)材料消耗量。材料消耗量是指在正常施工生产条件下，完成规定计量单位的建筑安装产品所消耗的各类材料的净用量和不可避免的损耗量。

(2)材料单价。材料单价是指建筑材料从其来源地运到施工工地仓库直至出库形成的综合平均单价。由材料原价、运杂费、运输损耗费、采购及保管费组成。当一般纳税人采用一般计税方法时，材料单价中的材料原价、运杂费等均应扣除增值税进项税额。

(3)工程设备。只构成或计划构成永久工程一部分的机电设备、金属结构设备、仪器装置或其他类似的设备和装置。

3. 施工机具使用费

建筑安装工程费中的施工机具使用费，是指施工作业所发生的施工机械、仪器仪表使用费或其租赁费。

(1)施工机械使用费。施工机械使用费是指施工机械作业发生的使用费或租赁费。构成施工机械使用费的基本要素是施工机械台班消耗量和机械台班单价。施工机械台班消耗量是指在正常施工生产条件下，完成规定计量单位的建筑安装产品所消耗的施工机械台班的数量。施工机械台班单价是指折合到每台班的施工机械使用费。

施工机械台班单价通常由折旧费、检修费、维护费、安拆费及场外运费、人工费、燃料动力费和其他费用组成。

(2)仪器仪表使用费。仪器仪表使用费是指工程施工所需使用的仪器仪表的摊销及维修费用。仪器仪表台班单价通常由折旧费、维护费、校验费和动力费组成。

当一般纳税人采用一般计税方法时，施工机械台班单价和仪器仪表台班单价中的相关子项均需扣除增值税进项税额。

4. 企业管理费

(1)企业管理费组成。企业管理费是指建筑安装企业组织施工生产和经营管理所需的费用。其内容包括：

1)管理人员工资：是指按规定支付给管理人员的计时工资、奖金、津贴补贴、加班加点工资及特殊情况下支付的工资等。

2)办公费：是指企业管理办公用的文具、纸张、账表、印刷、邮电、书报、办公软件、现场监控、会议、水电、烧水和集体取暖降温(包括现场临时宿舍取暖降温)等费用。当一般纳税人采用一般计税方法时，办公费中增值税进项税额的抵扣原则：以购进货物适用的相应税率扣减，其中购进自来水、暖气冷气、图书、报纸、杂志等适用的税率为11%，接受邮政和基础电气服务等适用的税率为11%，接受增值电信服务等适用的税率为6%，其他一般为17%。

3)差旅交通费：是指职工因公出差、调动工作所产生的差旅费、住勤补助费，市内交通费和误餐补助费，职工探亲路费，劳动力招募费，职工退休、退职一次性路费，工伤人员就医路费，工地转移费以及管理部门使用的交通工具的油料、燃料等费用。

4)固定资产使用费：是指管理和试验部门及附属生产单位使用的属于固定资产的房屋、设备、仪器等的折旧、大修、维修或租赁的费用。当一般纳税人采用一般计税方法时，固定资产使用费中增值税进项税额的抵扣原则：2016年5月1日后以直接购买。接受捐赠、接受投资入股、自建以及抵债等各种形式取得并在会计制度上按固定资产核算的不动产或者2016年5月1日后取得的不动产在建工程，其进项税额应自取得之日起分两年扣减，第一年抵扣比例为60%，第二年抵扣比例为40%。设备、仪器的折旧、大修、维修或租赁费以购进货物、接受修理修配劳务或租赁有形动产服务适用的税率扣减，均为17%。

5)工具用具使用费：是指企业施工生产和管理使用的不属于固定资产的工具、器具、家具、交通工具以及检验、试验、测绘、消防用具等的购置、维修和摊销费。当一般纳税人采用一般计税方法时，工具用具使用费中增值税进项税额的抵扣原则：以购进货物或接受修理修配劳务适用的税率扣减，均为17%。

6)劳动保险和职工福利费：是指由企业支付的职工退职金，按规定支付给离休干部的经费，集体福利费，夏季防暑降温、冬季取暖补贴，上下班交通补贴等。

7)劳动保护费：是企业按规定发放的劳动保护用品的支出。如工作服、手套、防暑降温饮料以及在有碍身体健康的环境中施工的保健费用等。

8)检验试验费：是指施工企业按照有关标准规定，对建筑以及材料、构件和建筑安装物进行一般鉴定、检查所需要的费用，包括自设试验室进行试验所耗用的材料等的费用。但不包括新结构、新材料的试验费，也不包括对构件做破坏性试验及其他特殊要求检验试验的费用和建设单位委托检测机构进行检测的费用，对做此类检测所发生的费用，由建设单位在工程建设其他费用中列支。但在对施工企业提供的具有合格证明的材料进行检测时，若发现不合格者，则该检测费用由需施工企业支付。当一般纳税人采用一般计税方法时，检验试验费中增值税进项税额现代服务业以使用的税率6%扣减。

9)工会经费：是指企业按《工会法》规定的以全部职工工资总额比例计提的工会经费。

10)职工教育经费：是指按职工工资总额的规定比例计提的，企业为职工进行专业技术和职业技能培训，专业技术人员继续教育、职工职业技能鉴定、职业资格认定以及根据需要对职工进行各类文化教育所发生的费用。

11)财产保险费：是指施工管理用财产、车辆等的保险费用。

12)财务费：是指企业为施工生产筹集资金或提供预付款担保、履约担保、职工工资支付担保等所发生的各种费用。

13)税金：是指企业按规定缴纳的房产税、费生产性车船使用税、土地使用税、印花税、城市维护建设税、教育费附加、地方教育附加费等各项税费。

14)其他：包括技术转让费、技术开发费、投标费、业务招待费、绿化费、广告费、公证费、法律顾问费、审计费、咨询费、保险费等。

(2)企业管理费费率。企业管理费一般采取费基数乘以费率的方法计算，取费基数有三种，分别是：以直接费为计算基础、以人工费和施工机具费合计为计算基础及以人工费为计算基础。

5. 利润

利润是指施工企业完成所承包工程获得的盈利。利润由施工企业根据企业自身需求并结合建筑市场实际自主确定，列入报价中。

6. 规费

规费是指按国家法律、法规规定，由省级政府和省级有关权力部门规定必须缴纳或计取的费用。包括：

(1)社会保险费：

1)养老保险费：是指企业按照规定标准为职工缴纳的基本养老保险费。

2)失业保险费：是指企业按照规定标准为职工缴纳的失业保险费。

3)医疗保险费：是指企业按照规定标准为职工缴纳的基本医疗保险费。

4)生育保险费：是指企业按照规定标准为职工缴纳的生育保险费。

5)工伤保险费：是指企业按照规定标准为职工缴纳的工伤保险费。

(2)住房公积金：是指企业按规定标准为职工缴纳的住房公积金。

(3)工程排污费：是指企业按规定缴纳的施工现场工程排污费。

其他应列而未列入的规费，按实际发生计取。

7. 税金

建筑安装工程费用中的税金是指按照国家税法规定的应计入建筑安装工程造价内的增值税额，按税前造价乘以增值税税率确定。

(1)采用一般计税方法时增值税的计算。当采用一般计税方法时，建筑业增值税税率为11%，其计算公式为：增值税＝税前造价×11%，其中税前造价为人工费、材料费、施工机具使用费、企业管理费、利润和规费之和，各费用项目均以不包含增值税可抵扣进项税额的价格计算。

(2)采用简易计税方法时增值税的计算。

1)简易计税的适用范围。根据《营业税改征增值税试点实施办法》以及《营业税改征增值税试点有关事项的规定》的规定，简易计税方法主要适用于以下几种情况：

1)小规模纳税人发生应税行为适用简易计税方法计税。小规模纳税人通常是指纳税人提供建筑服务的年应征增值税销售额未超过500万元，并且会计核算不健全，不能按规定报送有关税务资料的增值税纳税人。年应税销售额超过500万元，但不经常发生应税行为的单位也可选择按照小规模纳税人计税。

2)一般纳税人以清包工方式提供的建筑服务，可以选择适用简易计税方法计税。以清包工方式提供建筑服务，是指施工一方不采购建筑工程所需的材料或只采购辅助材料，并收取人工费、管理费或者其他费用的建筑服务。

3)一般纳税人为甲供工程提供的建筑服务，就可以选择适用简易计税方法计税。甲供工程，是指全部或部分设备、材料、动力由工程发包方自行采购的建筑工程。

4)一般纳税人为建筑工程老项目提供的建筑服务，可以选择适用简易计税方法计税。建筑工程老项目：①《建筑工程施工许可证》注明的合同开工日期在2016年4月30日前的建筑工程项目；②未取得《建筑工程施工许可证》的，建筑工程承包合同注明的开工日期在2016年4月30日前的建筑工程项目。

当采用简易计税方法时，建筑业增值税税率为3%。计算公式为：增值税＝税前造价×

3%，其中税前造价为人工费、材料费、施工机具使用费、企业管理费、利润和规费之和，各费用项目均以包含增值税进项税额的含税价格计算。

(二)按照工程造价形成划分

建筑安装工程费按照工程造价的形成由分部分项工程费、措施项目费、其他项目费、规费、税金组成。

1. 分部分项工程费

分部分项工程费是指各专业工程的分部分项工程应予列支的各项费用。

(1)专业工程：是指按现行国家计量规范划分的房屋建筑与装饰工程、仿古建筑工程、通用安装工程、市政工程、园林绿化工程、矿山工程、构筑物工程、城市轨道交通工程、爆破工程等各类工程。

(2)分部分项工程：指按现行国家计量规范对各专业工程划分的项目。如通用安装工程划分的机械设备安装工程、热力设备安装工程、静置设备与工艺金额结构制作安装工程、电气设备安装工程、建筑智能化工程、自动化控制仪表安装工程、通风空调工程、工业管道工程、消防工程、给排水、采暖、燃气工程、通信设备及线路工程、刷油、防腐蚀、绝热工程等。

2. 措施项目费

措施项目费是指为完成建设工程施工，发生于该工程施工前和施工过程中的技术、生活、安全、环境保护等方面的费用。其内容包括：

(1)安全文明施工费。

1)环境保护费：是指施工现场为达到环保部门要求所需要的各项费用。

2)文明施工费：是指施工现场为了文明施工所需要的各项费用。

3)安全施工费：是指施工现场为了安全施工所需要的各项费用。

4)临时设施费：是指施工企业为进行建设工程施工所必须搭设的生活和生产用的临时建筑物、构筑物和其他临时设施的费用。包括临时设施的搭设、维修、拆除、清理费或摊销费等。

(2)夜间施工增加费。夜间施工增加费是指因夜间施工所发生的夜班补助费、夜间施工降效、夜间施工照明设备摊销及照明用电等措施费用。内容由以下各项组成：

1)夜间固定照明灯具和临时可移动照明灯具的设置、拆除费用；

2)夜间施工时，施工现场交通标志、安全标牌、警示灯的设置、移动、拆除费用；

3)夜间照明设备摊销及照明用电、施工人员夜班补助、夜间施工劳动效率降低等费用。

(3)非夜间施工照明费。非夜间施工照明费是指为保证工程施工正常进行，在地下室等特殊施工部位施工时所采用的照明设备的安拆、维护及照明用电等费用。

(4)二次搬运费。二次搬运费是指因施工管理需要或因场地狭小等原因，导致建筑材料、设备等不能一次搬运到位，必须发生的二次或以上搬运所需的费用。

(5)冬雨季施工增加费。冬雨季施工增加费是指因冬雨季天气原冈导致施工效率降低加大投入而增加的费用，以及为确保冬雨季施工质量和安全而采取的保温、防雨等措施所需的费用。内容由以下各项组成：

1)冬雨(风)季施工时增加的临时设施(防寒保温、防雨、防风设施)的搭设、拆除费用；

2)冬雨(风)季施工时，对砌体、混凝土等采用的特殊加温、保温和养护措施费用；

3)冬雨(风)季施工时，施工现场的防滑处理、对影响施工的雨雪的清除费用；

4)冬雨(风)季施工时增加的临时设施、施工人员的劳动保护用品、冬雨(风)季施工劳动效率降低等费用。

(6)地上、地下设施和建筑物的临时保护设施费。在工程施工过程中，对已建成的地上、地下设施和建筑物进行的遮盖、封闭、隔离等必要保护措施所发生的费用。

(7)已完工程及设备保护费。竣工验收前，对已完工程及设备采取的覆盖、包裹、封闭、隔离等必要保护措施所发生的费用。

(8)脚手架费。脚手架费是指施工需要的各种脚手架搭、拆、运输费用以及脚手架购置费的摊销(或租赁)费用。通常包括以下内容：

1)施工时可能发生的场内、场外材料搬运费用；

2)搭、拆脚手架、斜道、上料平台费用；

3)安全网的铺设费用；

4)拆除脚手架后材料的堆放费用。

(9)混凝土模板及支架(撑)费。混凝土施工过程中需要的各种钢模板、木模板、支架等的支拆、运输费用及模板、支架的摊销(或租赁)费用。内容由以下各项组成：

1)混凝土施工过程中需要的各种模板制作费用；

2)模板安装、拆除、整理堆放及场内外运输费用；

3)清理模板黏结物及模内杂物、刷隔离剂等费用。

(10)垂直运输费。垂直运输费是指现场所用材料、机具从地面运至相应高度以及职工人员上下工作面等所发生的运输费用。内容由以下各项组成：

1)垂直运输机械的固定装置、基础制作、安装费；

2)行走式垂直运输机械轨道的铺设、拆除、摊销费。

(11)超高施工增加费。当单层建筑物檐口高度超过 20 m，多层建筑物超过 6 层时，可计算超高施工增加费，内容由以下各项组成：

1)建筑物超高引起的人工工效降低以及由于人工工效降低引起的机械降效费；

2)高层施工用水加压水泵的安装、拆除及工作台班费；

3)通信联络设备的使用及摊销费。

(12)大型机械设备进出场及安拆费。机械整体或分体自停放场地运至施工现场或由一个施工地点运至另一个施工地点，所发生的机械进出场运输和转移费用及机械在施工现场进行安装、拆卸所需的人工费、材料费、机具费、试运转费和安装所需的辅助设施的费用。内容由安拆费和进出场费组成：

1)安拆费包括施工机械、设备在现场进行安装拆卸所需人工、材料、机具和试运转费用以及机械辅助设施的折旧、搭设、拆除等费用；

2)进出场费包括施工机械、设备整体或分体自停放地点运至施工现场或由一施工地点运至另一施工地点所发生的运输、装卸、辅助材料等费用。

(13)施工排水、降水费。施工排水、降水费是指将施工期间有碍施工作业和影响工程质量的水排到施工场地以外，以防止在地下水位较高的地区开挖深基坑出现基坑浸水，地基承载力下降，在动水压力作用下还可能引起流沙、管涌和边坡失稳等现象而必须采取有效的降水和排水措施费用。该项费用由成井和排水、降水两个独立的费用项目组成：

1)成井。成井的费用主要包括：①准备钻孔机械、埋设护筒、钻机就位，泥浆制作、固壁，成孔、出渣、清孔等费用；②对接上、下井管(滤管)，焊接，安防，下滤料，洗井，连接试抽等费用。

2)排水、降水。排水、降水的费用主要包括：①管道安装、拆除，场内搬运等费用；②抽水、值班、降水设备维修等费用。

(14)其他。根据项目的专业特点或所在地区不同，可能会出现其他的措施项目。如工程定位复测费和特殊地区施工增加费等。

3. 其他项目费

(1)暂列金额。暂列金额是指建设单位在工程量清单中暂定并包括在工程合同价款中的一笔款项。用于施工合同签订时尚未确定或者不可预见的所需材料、工程设备、服务的采购，施工中可能发生的工程变更、合同约定调整因素出现时的工程价款调整以及发生的索赔、现场签证确认等的费用。

暂列金额由建设单位根据工程特点，按有关计价规定估算，施工过程中由建设单位掌握使用、扣除合同价款调整后如有余额，归建设单位。

(2)计日工。计日工是指在施工过程中，施工单位完成建设单位提出的工程合同范围以外的零星项目或工作，按照合同中约定的单价计价形成的费用。计日工由建设单位和施工单位按施工过程中形成的有效签证来计价。

(3)总承包服务费。总承包服务费是指总承包人为配合、协调建设单位进行的专业工程发包，对建设单位自行采购的材料、工程设备等进行保管以及施工现场管理、竣工资料汇总整理等服务所需的费用。总承包服务费由建设单位在招标控制价中根据总包范围和有关计价规定编制，施工单位投标时自主报价，施工过程中按签约合同价执行。

4. 规费和税金

规费和税金的构成和计算与按费用构成要素划分建筑安装工程费用项目组成部分是相同的。

四、工程建设其他费用的构成

工程建设其他费用是指从工程筹建到工程竣工验收交付使用的整个建设期间，除建筑安装工程费用和设备、工器具购置费以外的，为保证工程建设顺利完成和交付使用后能够正常发挥效用而发生的一些费用。

(一)建设用地费

任何一个建设项目都需固定于一定地点与地面相连接，必须占用一定量的土地，也就必然要发生为获得建设用地而需支付的费用，这就是土地使用费。它是指通过划拨方式取得土地使用权而支付的土地征用及迁移补偿费，或者通过土地使用权出让方式取得土地使用权而支付的土地使用权出让金。

1. 征地补偿费

征地补偿费是指建设项目通过划拨方式取得无限期的土地使用权，依照《中华人民共和国土地管理法》等规定所支付的费用，其总和一般不得超过被征土地年产值的 20 倍，土地年产值则按该地被征用前 3 年的平均产量和国家规定的价格计算。征地补偿费主要包括土地补偿费、青苗补偿费和地上附着物补偿费、安置补助费、新菜地开发建设基金、耕地占用税、土地管理费等费用。

2. 拆迁补偿费用

在城市规划区内国有土地上实施房屋拆迁，拆迁人应当对被拆迁人给予补偿、安置。

(1)拆迁补偿金。拆迁补偿金的方式可以实行货币补偿，也可以实行房屋产权调换。

货币补偿的金额，根据被拆迁房屋的区位、用途、建筑面积等因素，以房地产市场评估价格确定。具体办法由省、自治区、直辖市人民政府制定。

实行房屋产权调换的，拆迁人与被拆迁人按照计算得到的被拆迁房屋的补偿金额和所调换房屋的价格，结清产权调换的差价。

(2)搬迁、安置补助费。拆迁人应当对被拆迁人或者房屋承租人支付搬迁补助费，对于在规定的搬迁期限届满前搬迁的，拆迁人可以付给提前搬家奖励费；在过渡期限内，被拆迁人或者房屋承租人自行安排住处的，拆迁人应当支付临时安置补助费；被拆迁人或者房屋承租人使用拆迁人提供的周转房的，拆迁人不支付临时安置补助费。

3. 出让金、土地转让金

土地使用权出让金为用地单位向国家支付的土地所有权收益，出让金标准一般参考城市基准地价并结合其他因素制定。基准地价由市土地管理局会同市物价局、市国有资产管理局、市房地产管理局等部门综合平衡后报市级人民政府审定通过，它以城市土地综合定级为基础，用某一地价或地价幅度表示某一类别用地在某一土地级别范围的地价，以此作为土地使用权出让价格的基础。

在有偿出让和转让土地时，政府对地价不作统一规定，但应坚持以下原则：即地价对目前的投资环境不产生大的影响；地价与当地的社会经济承受能力相适应；地价要考虑已投入的土地开发费用、土地市场供求关系、土地用途、所在区类、容积率和使用年限等。有偿出让和转让使用权，要向土地受让者征收契税；转让土地如有增值，要向转让者征收土地增值税；土地使用者每年应按规定的标准缴纳土地使用费。土地使用权出让或转让，应先由地价评估机构进行价格评估后，再签订土地使用权出让和转让合同。

（二）与项目建设有关的其他费用

根据项目的不同，与项目建设有关的其他费用的构成也不尽相同，在进行工程估算及概算中可根据实际情况进行计算。一般包括以下各项。

1. 建设管理费

建设管理费是指建设单位为组织完成工程项目建设，在建设期内发生的各类管理性费用。内容包括：

（1）建设单位管理费。指建设单位发生的管理性质的开支，包括工作人员工资、工资性补贴、施工现场津贴、职工福利费、住房基金、基本养老保险费、基本医疗保险费、失业保险费、工伤保险费、办公费、差旅交通费、劳动保护费、工具用具使用费、固定资产使用费、必要的办公及生活用品购置费，必要的通信设备及交通工具购置费、零星固定资产购置费、招募生产工人费、技术图书资料费、业务招待费、设计审查费、工程招标费、合同契约公证费、法律顾问费、工程咨询费、完工清理费、竣工验收费、印花税和其他管理性质开支。

（2）工程监理费。指建设单位委托工程监理单位实施工程监理的费用。

（3）工程总承包管理费。如建设管理采用工程总承包方式，其总承包管理费由建设单位与总承包根据总承包工作范围在合同中商定，从建设管理费中支出。

2. 可行性研究费

可行性研究费是指在工程项目投资决策阶段，依照调研报告对有关建设方案、技术方案或生产经营方案进行的技术论证，以及编制、评审可行性研究报告所需的费用。此项费用应依据前期研究委托合同计列，实行市场调节价。

3. 研究试验费

研究试验费是指为建设项目提供和验证设计参数、数据、资料等所进行的必要的试验费用以及设计规定在施工中必须进行的试验、验证所需费用。包括自行或委托其他部门研究试验所需人工费、材料费、试验设备及仪器使用费等。这项费用按照设计单位根据本工程项目的需要提出的研究试验内容和要求计算。

4. 勘察设计费

勘察设计费是指为本建设项目进行工程水文地质勘察、工程设计所发生的费用。包括：工程勘察费、初步设计费（基础设计费）、施工图设计费（详细设计费）、设计模型制作费。此项费用实行市场调节价。

5. 专项评价及验收费

专项评价及验收费包括环境影响评价费、安全预评价及验收费、职业病危害预评价及控制效果评价费、地震安全性评价费、地质灾害危险性评级费、水土保持评价及验收费、压覆矿产资源评价费、节能评估及评审费、危险与可操作性分析及安全完整性评价费以及其他专项评价及验收费。按照国家发展改革委关于《进一步放开建设项目专业服务价格的通知》(发改价格〔2015〕299号)规定，这些专项评价及验收费用均实行市场调节价。

(1)环境影响评价费。环境影响评价费是指在工程项目投资决策过程中，对其进行环境污染或影响评价所需的费用。包括编制环境影响报告书(含大纲)、环境影响报告表和评估等所需的费用，以及建设项目竣工验收阶段环境保护验收调查和环境监测、编制环境保护验收报告的费用。

(2)安全预评价及验收费。安全预评价及验收费指为预测和分析建设项目存在的危害因素种类和危险危害程度，提出先进、科学、合理可行的安全技术和管理对策，而编制评价大纲、编写安全评价报告书和评估等所需的费用，以及在竣工阶段验收时所发生的费用。

(3)职业病危害预评价及控制效果评价费。职业病危害预评价及控制效果评价费指建设项目因可能产生职业病危害，而编制职业病危害预评价书、职业病危害控制效果评价书和评估所需的费用。

(4)地震安全性评价费。地震安全性评价费是指通过对建设场地和场地周围的地震活动与地震、地质环境的分析，而进行的地震活动环境评价、地震地质构造评价、地震地质灾害评价，编制地震安全评价报告书和评估所需的费用。

(5)地质灾害危险性评价费。地质灾害危险性评价费是指在灾害易发区对建设项目可能诱发的地质灾害和建设项目本身可能遭受的地质灾害危险程度的预测评价，编制评价报告书和评估所需的费用。

(6)水土保持评价及验收费。水土保持评价及验收费是指对建设项目在生产建设过程中可能造成水土流失进行预测，编制水土保持方案和评估所需的费用，以及在施工期间的监测、竣工阶段验收时所发生的费用。

(7)压覆矿产资源评价费。压覆矿产资源评价费是指对需要压覆重要矿产资源的建设项目，编制压覆重要矿床评价和评估所需的费用。

(8)节能评估及评审费。节能评估及评审费是指对建设项目的能源利用是否科学合理进行分析评估，并编制节能评估报告以及评估所发生的费用。

(9)危险与可操作性分析及安全完整性评价费。危险与可操作性分析及安全完整性评价费是指对应用于生产具有流程性工艺特征的新建、改建、扩建项目进行工艺危害分析和对安全仪表系统的设置水平及可靠性进行定量评估所发生的费用。

(10)其他专项评价及验收费。其他专项评价及验收费是指根据国家法律法规，建设项目所在省、直辖市、自治区人民政府有关规定，以及行业规定需进行的其他专项评价、评估、咨询和验收所需的费用。如重大投资项目社会稳定风险评估、防洪评价等。

6. 场地准备及临时设施费

(1)建设项目场地准备费是指为使工程项目的建设场地达到开工条件，由建设单位组织进行的场地平整等准备工作而发生的费用。

(2)建设单位临时设施费是指建设单位为满足工程项目建设、生活、办公的需要，用于临时设施建设、维修、租赁、使用所发生或摊销的费用。

7. 引进技术和进口设备其他费用

引进技术和引进设备其他费是指引进技术和设备发生的但未计人设备购置费中的费用。

(1)引进项目图纸资料翻译复制费、备品备件测绘费。可根据引进项目的具体情况计列或按引进货价(FOB)的比例估列；引进项目发生备品备件测绘费时按具体情况估列。

(2)出国人员费用。包括买方人员出国设计联络、出同考察、联合设计、监造、培训等所发生的差旅费、生活费等。依据合同或协议规定的出国人次、期限以及相应的费用标准计算。生活费按照财政部、外交部规定的现行标准计算，差旅费按中国民航公布的票价计算。

(3)来华人员费用。包括卖方来华工程技术人员的现场办公费用、往返现场交通费用、接待费用等。依据引进合同或协议有关条款及来华技术人员派遣计划进行计算。来华人员接待费用可按每人次费用指标计算。引进合同价款中已包括的费用内容不得重复计算。

(4)银行担保及承诺费。引进项目由国内外金融机构出面承担风险和责任担保所发生的费用，以及支付贷款机构的承诺费用。应按担保或承诺协议计取，投资估算和概算编制时可以担保金额或承诺金额为基数乘以费率计算。

8. 工程保险费

工程保险费是指建设项目在建设期间根据需要实施工程保险所需的费用。包括以各种建筑工程及其在施工过程中的物料、机器设备为保险标的建筑工程一切险，以安装工程中的各种机器、机械设备为保险标的安装工程一切险，以及机器损坏保险等。工程保险费根据不同的工程类别，分别以其建筑、安装工程费乘以建筑、安装工程保险费率计算。民用建筑(住宅楼、综合性大楼、商场、旅馆、医院、学校)占建筑工程费的2‰～4‰，其他建筑(工业厂房、仓库、道路、码头、水坝、隧道、桥梁、管道等)占建筑工程费的3‰～6‰，安装工程(农业、工业、机械、电子、电器、纺织、矿山、石油、化学及钢铁工业、钢结构桥梁)占建筑工程费的3‰～6‰。

9. 特殊设备安全监督检验费

特殊设备安全监督检验费是指安全监察部门对在施工现场组装的锅炉挤压力容器、压力管道、消防设备、燃气设备、电梯等特殊设备和设施实施安全检验收取的费用。此项费用按照建设项目所在省(市、自治区)安全监察部门的规定标准计算。无具体规定的，在编制投资估算和概算时可按受检设备现场安装费的比例估算。

10. 市政公用设施费

市政公用设施费是指使用市政公用设施的工程项目，按照项目所在地省级人民政府有关规定建设或缴纳的市政公用设施建设配套费用以及绿化工程补偿费用。此项费用按工程所在地人民政府规定标准计列。

(三)与未来生产经营有关的其他费用

1. 联合试运转费

联合试运转费是指新建项目或新增加生产能力的工程，在交付生产前按照批准的设计文件所规定的工程质量标准和技术要求，进行整个生产线或装置的负荷联合试运转或局部联动试车所发生的费用净支出(试运转支出大于收入的差额部分费用)。试运转支出包括试运转所需原材料、燃料及动力消耗、低值易耗品、其他物料消耗、工具用具使用费、机械使用费、保险金、施工单位参加试运转人员工资，以及专家指导费等；试运转收入包括试运转期间的产品销售收入和其他收入。

2. 专利及专有技术使用费

(1)国外设计及技术资料费、引进有效专利、专有技术使用费和技术保密费。

(2)国内有效专利、专有技术使用费用。

(3)商标权、商誉和特许经营权费等。

3. 生产准备费

在建设期内，建设单位为保证项目正常生产而发生的人员培训费、提前进厂费以及投产使用必备的办公、生产家具用具及工器具等的购置费用，包括：

(1)人员培训费及提前进厂费。包括自行组织培训或委托其他单位培训的人员工资、工资性补贴、职工福利费、差旅交通费、劳动保护费、学习资料费等。

(2)为保护初期正常生产(或营业、使用)所必需的生产办公、生活家具用具购置费。

五、预备费的构成

预备费是指建设期内因各种不可预见因素的变化而预留的可能增加的费用，包括基本预备费和价差预备费。

1. 基本预备费

基本预备费是指投资估算或工程概算阶段预留的，由于工程实施中不可预见的工程变更及洽商、一般自然灾害处理、地下障碍物处理、超规超限设备运输等而可能增加的费用。基本预备费一般由以下几部分组成：

(1)工程变更及洽商。在批准的初步设计范围内，技术设计、施工图设计及施工过程中所增加的工程费用；设计变更、工程变更、材料代用、局部地基处理等增加的费用。

(2)一般自然灾害处理。一般自然灾害造成的损失和预防自然灾害所采取的措施费用。实行工程保险的工程项目，此项费用应适当降低。

(3)不可预见的地下障碍物处理的费用。

(4)超规超限设备运输增加的费用。

2. 价差预备费

价差预备费是指为在建设期内利率、汇率或者价格等因素的变化而预留的可能增加的费用。价差预备费的内容包括：人工、设备、材料、施工机具的价差费，建筑安装工程费及工程建设其他费用调整，利率、汇率调整等增加的费用。

六、建设期贷款利息

建设期贷款利息是指工程项目在建设期间内发生并计入固定资产的利息。建设期贷款利息应按借款要求和条件计算。国内银行借款按现行贷款计算，国外贷款利息按协议书或贷款意向书确定的利率按复利计算。为了简化计算，在编制投资估算时通常假定借款均在每年的年中支用，借款第一年按半年计息，其余各年份按全年计息。

第二节　房地产建设项目投资控制概述

一、工程建设投资控制的概念

工程建设总投资一般是指进行某项工程建设花费的全部费用。所谓工程建设投资控制，就是在工程建设前期阶段、设计阶段、承发包阶段、施工阶段以及竣工阶段，把工程建设投资控制在批准的投资限额以内，随时纠正发生的偏差，保证项目投资管理目标的实现，以求在工程建设中能合理地使用人力、物力和财力，取得较好的社会经济效益。

二、工程建设投资控制的目标

工程建设投资控制目标，就是通过有效的投资控制手段和具体的控制措施，在满足进度和质量要求的前提下，力求使工程实际投资不超过计划投资。

工程项目建设过程是一个周期长、投入大的生产过程，由于受建设者经验知识、技术条件和客观过程的发展及其表现程度的限制，不可能在工程建设开始就设置一个科学的、一成不变的投资控制目标，而只能设置一个大致的投资控制目标，这就是投资估算。

随着工程建设实践、认识、再实践和再认识，投资控制目标一步步清晰、准确。也就是说，投资控制目标的设置应是随着工程建设实践的不断深入而分阶段设置，具体来讲，投资估算应是建设工程设计方案选择和进行初步设计的投资控制目标；设计概算应是进行技术设计和施工图设计的投资控制目标；施工图预算或建设工程承包合同价则应是施工阶段投资控制的目标。有机联系的各个阶段目标相互制约、相互补充，前者控制后者，后者补充前者，共同组成建设工程投资控制的目标系统。

三、工程建设投资控制的措施

1. 以设计阶段为重点，控制工程建设全过程投资

工程建设投资控制贯穿于项目建设全过程，但是必须突出重点。工程建设投资控制的关键在于施工前的决策和设计阶段，而在项目作出决策后，控制的关键就在于设计。

建设工程全寿命费用包括工程造价和工程交付使用后的经常开支费用(含经营费用、日常维护修理费用、使用期内大修理和局部更新费用)以及该项目使用期满后的报废拆除费用等。

据分析，设计费一般在建设工程全寿命费用的1%以下，但正是这低于1%的费用对工程投资的影响度达70%以上。由此可见，设计质量对整个工程建设的效益是至关重要的。

长期以来，我国普遍忽视工程建设项目前期工作阶段的投资控制，而往往把工程投资控制的主要精力放在施工阶段——审核施工图预算、结算建安工程价款、算细账。这样做尽管也有效果，但毕竟是“亡羊补牢”，事倍功半。要有效地控制建设工程投资，就要坚决地把控制重点转到建设前期上来，尤其应抓好设计这个关键阶段，以取得事半功倍的效果。

2. 主动控制，以取得令人满意的结果

一般说来，对建设项目的工期、投资和工程质量要进行有效的控制，应根据具体的要求及建设的客观条件进行综合研究，实事求是地确定一套切合实际的衡量准则，以取得令人满意的结果。

长期以来，人们一直把控制理解为目标值与实际值的比较，以及当实际值偏离目标值时，分析其产生偏差的原因，并确定下一步的对策。在工程项目建设全过程进行这样的工程投资控制当然是有意义的。但问题在于，这种立足于调查——分析——决策基础之上的偏离——纠偏——再偏离——再纠偏的控制方法，只能发现偏离，不能使已发生的偏离消失，不能预防可能发生的偏离，因而只能说是被动控制。

自20世纪70年代初开始，人们将系统论和控制论研究成果用于项目管理后，将“控制”立足于事先主动地采取决策措施，以尽可能地减少以至避免目标值与实际值的偏离，这是主动的、积极的控制方法，因此被称为主动控制。也就是说，工程投资控制不仅要反映投资决策，反映设计、发包和施工，被动地控制工程投资，更要能主动地影响投资决策，影响设计、发包和施工，主动地控制工程投资。

3. 技术与经济相结合是控制工程投资最有效的手段

要有效地控制工程投资，应从组织、技术、经济等多方面采取措施。

(1)从组织上采取的措施，包括明确项目组织结构；明确投资控制者及其任务；明确管理职能分工。

(2)从技术上采取的措施，包括重视设计方案选择，严格审查监督初步设计、技术设计、施工图设计、施工组织设计，深入技术领域研究节约投资的可能。

(3)从经济上采取的措施，包括动态地比较投资的计划值和实际值，严格审核各项费用支出，采取对节约投资的有力奖励措施等。

技术与经济相结合是控制工程投资最有效的手段。

长期以来，在现实的工程建设领域中，技术与经济相分离。工程技术人员缺乏经济观念，设计思想保守，设计实施过程中没有考虑如何降低工程投资；而工程造价人员也较少考虑工程进展中的各种关系和问题，往往单纯地确定工程造价，难以有效地控制工程投资。为此，需要以提高工程投资效益为目的，在工程建设过程中把技术与经济有机结合，通过技术比较、经济分析和效果评价，正确处理技术先进与经济合理两者之间的对立统一关系，力求在技术先进条件下做到经济合理，在经济合理基础上做到技术先进，把控制工程投资理念渗透到各项设计和施工技术措施之中。

第三节　前期阶段的投资控制

一、前期阶段影响工程投资的因素

房地产建设项目前期工作是建设项目从酝酿提出到编制设计文件等各项准备工作的总称。

建设前期工作的主要内容包括进行可行性研究、报批建设地点和规模、编制报批工程设计任务书和初步设计文件等。在这个阶段工程建设项目建设费用的各构成因素均会影响工程建设投资。

房地产建设项目的种类、功能、规模、建设标准、建设地点、施工条件、周围环境等都会影响到工程投资。这些因素主要体现在合理确定建设地点和选择建设方案两个方面。

(一)确定建设地点

建设地点牵涉的问题很多，如征地、地形、地质、水文、气象、水电、交通、社情、民情及历史上发生过何种自然灾害情况等，这些都会对工程建设项目投资造成不同程度的影响。

(二)选择建设方案

建设方案涉及的问题也很多，诸如功能、规模、建设标准等都会影响到工程投资。据统计，影响工程投资的因素中设计占的比重最大，一般占70%以上，而选择建设方案是设计工作中关键的一环。

建设方案对工程投资控制的影响有以下几方面。

1. 总平面设计方案对工程投资的影响

总平面设计方案是否经济合理，对工程投资的影响很大。总平面设计方案关系到建设场地的土地利用、建筑物的位置、工程管线网的长度及占地面积等。在设计总平面时，要尽量节约用地；结合地形、地质因地制宜布置建筑物、构筑物，尽量避免大挖大填；要正确布置运输线路，选择建设投资少、运费低、运载量大、快捷又灵活的方案。

2. 单体建筑设计方案对工程投资的影响

单体建筑设计方案是否经济合理，直接影响工程投资。

(1)建筑平面布置对工程投资的影响。建筑平面布置决定平面形状，平面形状越复杂，其工程量就相对越大，材料消耗和施工难度相对增加，施工费用也相对增多。此外，建筑物的长度对节约用地和降低投资也有较大的影响。以民用房屋建筑为例，在满足基本功能和保证质量的前提下，适当加大进深，可以降低工程投资。

(2)建筑层数对工程投资的影响。建筑层数对工程投资的影响很大。房屋层数的增加，能相对地减少工程管道长度，节约用地，提高利用率。房屋的内部与外部设施，如供水与排水管道、电力、照明和交通道路等费用都随着层数的增加而降低。但是层数超过 7 层时，便要增加垂直运输设施，需要较多的交通面积，需要增加供水与供电设备，需要增加结构抗外力的能力。因此，层数如何确定，应根据具体情况进行论证，不能简单下结论。

(3)建筑层高对工程投资的影响。房屋的层高对建筑工程投资有很大的影响。在建筑面积不变的情况下，建筑层高的增加会引起墙体、装修和管线等工程量的增加，导致工程投资增加。一般来说，层高每降低 10 cm，投资可降低 1%左右，墙体材料可节约 10%。

(4)建筑跨度对工程投资的影响。对于不同跨度和柱距的建筑，当柱距一定时，跨度越大，单位面积的平均投资越低。多跨建筑，当跨度不变时，中间跨数越多越经济。

3. 建筑材料与结构类型对工程投资的影响

建筑材料的选择与结构类型的选择是否经济合理，对工程投资有直接的影响。材料费一般要占直接费的 70%左右，因此，材料费的增减具有决定性的影响，同时直接费的降低也会导致间接费的降低。采用各种先进的结构形式和轻质高强度的建筑材料，能减轻建筑物的自重，简化和减轻基础工程，减少建筑材料和构配件的费用和运输费，提高劳动生产率，缩短建设工期，提高经济效益。以楼板为例，楼板的造价一般占总投资的 9%～13%，其重量占整个房屋的 22%左右，是影响工程投资的主要部分，以重量轻、强度高、面积大为好；隔墙费占总投资的 12%左右，对投资也有较大的影响，要求轻质、隔声、隔热、装修简单方便。

4. 工艺技术方案选择对工程投资的影响

一般来讲，采用先进技术方案所需投资虽然较多，但能减少劳动消耗、节约土地等，因此，在保证质量的前提下，用较快的时间和较少的劳动消耗完成产品的加工与装配是最佳的工艺流程方案。选择工艺流程方案时，应考虑先进的技术方案所需投资和由于采用先进的技术方案而减少劳动消耗等对比情况，通过技术经济分析、效益研究，综合考虑各方面的因素，采用先进程度适宜的工艺技术方案。

5. 设计标准对工程投资的影响

设计标准直接影响工程投资。建筑面积超标准，工程投资一般都要超过限额投资，故应严格按规定的建筑面积标准设计；装饰与设备标准越高，工程投资也就越高，因此，设计时应按照经济实用的原则，严格控制装修及设备标准。

二、投资估算的概念及阶段划分

1. 投资估算的概念

投资估算是指在建设项目整个投资决策过程中，依据已有的资料，运用一定的方法和手段，对建设项目全部投资费用进行的预测和估算。

投资估算是工程项目建设前期从投资决策直至初步设计以前的重要工作环节，是项目建议书、可行性研究报告的重要组成部分，是保证投资决策正确的关键环节，是实施全过程工程造价管理的“龙头”，其准确性与否直接影响到项目的决策、工程规模、投资效益，并影响到工程建设能否顺利进行。对任何一个拟建项目，都要通过全面的技术经济论证后，才能决定其是否正式立项。在拟建项目的全面论证过程中，除考虑需要和技术上可行外，还要考虑经济上的合理性，而建设项目的投资估算在拟建项目前期各阶段工作中，作为论证拟建项目的重要经济文件，有着极其重要的作用。

2. 投资估算的阶段划分

投资估算贯穿于整个建设项目投资决策过程之中。投资决策过程可划分为项目的投资机会研究或项目建议书阶段、初步可行性研究阶段及详细可行性研究阶段，因此，投资估算工作也相应地分为三个阶段。不同阶段所具备的条件和掌握的资料不同，对投资估算的要求也各不相同，因而投资估算的准确程度在不同阶段也不同，进而每个阶段投资估算所起的作用也不同(表 5-1)。

表 5-1　投资估算的三个阶段及其作用

阶　段	作　用
项目建设书(或投资机会研究)阶段的投资估算	选择有利的投资机会，明确投资方向，提出概略的项目投资建议，并编制项目建议书。 该阶段工作比较粗略，投资额的估计一般是通过与已建类似项目对比得来的，因而投资估算的误差率可在±30%左右。 这一阶段的投资估算是作为相关管理部门审批项目建议书、初步选择投资项目的主要依据之一，对初步可行性研究及投资估算起指导作用。 决定一个项目是否真正可行

续表

阶段	作用
初步可行性研究阶段的投资估算	主要是在项目建议书结论的基础上，进一步弄清项目的投资规模、原材料来源、技术、组织机构和建设进度等情况，进行经济效益评价，判断项目的可行性，作出初步投资评价。 该阶段是介于项目建议书和详细可行性研究之间的中间阶段，投资估算的误差率一般要求控制在±20%左右。 这一阶段的投资估算是作为决定是否进行详细可行性研究的依据之一，同时也是确定哪些关键问题需要进行辅助性专题研究的依据之一。 在这个阶段可对项目是否真正可行作出初步的决定
详细可行性研究阶段的投资估算	详细可行性研究阶段也称为最终可行性研究阶段，主要是进行全面、详细、深入的技术经济分析论证阶段，要评价选择拟建项目的最佳投资方案，对项目的可行性提出结论性意见。 该阶段研究内容详尽，投资估算的误差率应控制在±10%以内。 这一阶段的投资估算是进行详尽经济评价、决定项目可行性、选择最佳投资方案的主要依据；是编制设计文件、控制初步设计及概算的主要依据

三、投资估算的编制程序

不同类型的工程项目可选用不同的投资估算方法，不同的投资估算方法有不同的投资估算编制程序。现从工程项目费用组成考虑，列出较为常用的投资估算编制程序：

(1)熟悉工程项目的特点、组成、内容和规模等。

(2)收集有关资料、数据和估算指标等。

(3)选择相应的投资估算方法。

(4)估算工程项目各单位工程的建筑面积及工程量。

(5)进行单项工程的投资估算。

(6)进行附属工程的投资估算。

(7)进行工程建设其他费用的估算。

(8)进行预备费用的估算。

(9)汇总工程项目投资估算总额。

(10)检查、调整不适当的费用，确定工程项目的投资估算总额。

(11)估算工程项目主要材料、设备及需用量。

四、投资估算的编制方法

由于房地产建设项目的特点以及投资估算本身的特点，很难有统一的编制依据和方法。

实践中人们总结出许多经验方法，虽不完善，但都有一定的实用性。

从范围来看，投资估算大体可分为以下两个体系：

(1)由国家或地区主管基本建设有关部门制定和颁发的估算指标、概算指标、概算定额、预算定额以及与其配套使用的建筑材料预算价格和各种应取费用定额，再由工程造价管理人员依据建设方案，并结合各项目所在地情况，套用上述指标，计算出拟建工程项目的全部建设费用。

(2)依据大量已建成类似工程的技术经济指标和实际造价资料，用类比法加上造价师的经验和技巧估算出拟建工程项目的全部建设费用。

下面简单介绍几种具体投资估算方法。

1. 单元估算法

单元估算法又称功能单元法。所谓单元，就是整体中的一个独立部分，而工程项目中的功能单元，则是一个能体现工程项目特征并能独立发挥作用的单位量体。

单元估算法即以功能单元整体性的估算指标或类似工程项目的经济指标，匡算一个单项工程(或建设项目)的全部投资。这种方法的缺点是估算结果不够准确，但在条件不够充分、具体的情况下，还是可以估出概略投资额。

2. 单位工程指标估算法

单位工程指标估算法是在已有单位工程投资估算指标或类似实际工程项目的技术经济指标的情况下，以每一个单位工程的工程量乘以单位工程估价指标或相应的技术经济指标，就可以得出该单位工程的投资额。

如每平方米建筑面积的土建工程、给水排水工程、照明工程，每千瓦耗热量的采暖工程，每千伏安电容量的变配电工程等。

使用这种方法时必须注意：

(1)当套用的指标与具体工程之间的标准或条件有差异时，应进行必要的局部换算或调整。如土建工程中的基础、地面、屋面、门窗、装饰等。

(2)使用的指标单位应密切结合每个单位工程的特点，能正确反映其设计参数，切勿盲目单纯地套用一种单位指标。如动力配线工程宜套用配线所需设备容量每千伏安指标，而不应套用建筑面积平方米指标。

(3)要考虑不同年度、地区间的差别，包括定额、取费标准、材料价格、地震烈度、不同地基承受力等。

3. 近似工程量估算法

近似工程量估算法，即采用匡算出工程项目的工程量后，再按编制概、预算方法编制出投资估算。这种方法适用于在工程项目前期阶段易于匡算出工程量的项目或某一部分；也可供换算或调整某一单位工程材料以及构、配件投资时使用。

4. 系数估算法

系数估算法又称按比例投资估算法。它是指对工程项目中主要的占投资比重大的单位工程或主体工程用其他方法进行估算；而对次要的占投资比重小的单位工程或附属工程，则以占前者投资的百分数(即系数)进行估算。

在采用上述投资估算方法时应注意这几种方法的灵活使用，既可相互配合又可相互校核，以便比较准确地作出工程项目的投资估算。

五、编制投资估算的掌控要点

编制投资估算的项目及计算工作量要比相应的概算、预算少得多。有的人就认为编制估算较方便、容易，其实不然，从某种程度上讲，估算更为困难，因为在可行性研究阶段，时间较紧，设计人员很难把方案做得很深很细，甚至连具体的施工方案都没有，很多问题需要由编制人员来具体考虑、分析，工作量就比较大。同时，尽管是估算，也不可草率从事，因为最后的投资估算要作为决策层决策工程项目是否上马的依据。若悬殊较大，会导致决策者决策的错误；另一方面，在初步设计阶段的设计概算总额应控制在投资估算的范围之内，若估算得过高或过低，均会给编制设计概算带来困难，所以，编制估算一定要认真、深入。

编制投资估算时应注意以下几点：

(1)必须严格执行国家政策和有关制度，符合相关技术标准、设计施工技术规范。估算文件的质量应达到符合规定、结合实际、经济合理、提交及时、不重不漏、计算正确、字迹清晰和装订整齐的要求。

(2)估算编制人员要了解建设项目有关资金筹措、实施计划、水电供应、配套工程、土地拆迁赔偿等的安排意见。

(3)要认真收集整理和积累各种建设项目的竣工决算实际资料。这些资料的可靠性越高，则估算出的投资准确度也越高。所以，收集和积累可靠的技术资料是提高投资估算准确度的前提和基础。

(4)选择投资估算的各种数据时，无论是自己积累的数据，还是来源于其他方面的数据，估算人员在使用前都要结合时间、物价、现场条件、设备水平等因素作出充分的分析和调查研究。对工程所在地的交通、能源、材料供应等条件做周密的调查研究，进行细致的市场调查和预测。

(5)投资估算必须考虑建设期物价、工资等方面的动态因素变化。

(6)应留有足够的预备费。但这并不是说预备费留得越多越保险，而是依据估算人员所掌握的情况加以分析、判断、预测从而选定一个适度的系数。一般说来，对于那些建设工期长、工程复杂或新开发的新工艺流程，预备费所占比例可高一些；建设工期短、工程结构简单的，预备费所占的比例可以低一些。

(7)注意项目投资总额的综合平衡。实际进行项目投资估算时，常常会出现从局部上看对各单位工程的投资估算似乎是合理的，但从估算的建设项目所需的总投资额来看并不一定适当的情况。因此，必须从总体上衡量工程项目所包括的内容和建设标准等是否与当前同类工程的投资额相符。必要时，还可以检查各单位工程的经济指标是否合适，从而再做一次必要的调整，使得整个建设项目所需的投资估算额更为合理。

(8)进行项目投资估算要认真负责、实事求是。进行项目投资估算时，应加强责任感，要认真负责、实事求是、科学地进行投资估算。既不可有意高估冒算，以免积压和浪费资金；也不应故意压价少估，而后进行投资追加，打乱项目投资计划。

总之，对拟建项目投资估算在深入调查研究和已掌握条件的基础上，应尽量做到估算投资与现实相符合，估足投资，不留缺口，以便在拟建项目立项后各阶段的实施过程中，投资估算真正能够起到控制投资最高限额的作用。

六、影响投资估算的因素

建设项目投资估算是一项很复杂的工作，其主要影响因素有以下几项：

(1)项目投资估算所需资料的可靠程度。如已运行项目的实际投资额、有关单元指标、物价指数、项目拟建规模、建筑材料、设备价格等数据和资料的可靠性。

(2)项目本身的内容和复杂程度。当拟建项目本身比较复杂、内容很多时，在估算项目所需投资额时就容易发生漏项和重复计算。

(3)项目所在地的自然条件，如建设场地条件、工程地质、水文地质、地震烈度等情况和有关数据的可靠性。

(4)项目所在地的建筑材料供应情况、价格水平、施工协作条件等。

(5)项目的建设工期和有关建筑材料、设备价格的浮动幅度。

(6)项目所在地的城市基础设施情况。如给水排水、电力、通信、热力供应、公共交通、消防等基础设施是否齐备。

(7)项目设计深度和详细程度。

(8)项目投资估算人员的经验和水平等。

七、投资估算的审查

为了保证投资估算的完整性、准确性，使其更好地发挥作用，要做好审查工作。

投资估算审查是按照工程建设项目的管辖权限，在审查项目建议书、可行性研究报告和项目设计任务书时，同时审查相应的投资估算。由于投资估算本身是经验总结加科学预测的产物，相对工程概预算是粗线条的，但对其中项目设计任务书中投资估算精度应重点审查，一经批准即作为工程建设项目总投资的计划控制额，不得随意突破。投资估算主要审查以下三点。

(一)审查投资估算编制的依据

在明确所审工程项目的特点、构成和内容的情况下，审查所采用的资料、数据和投资估算方法。

1. 审查投资估算所采用的资料和数据

工程项目投资估算要采用各种基础资料和数据，因此在审查时要重点审查这些基础资料和数据的时效性、准确性和适用范围。如使用不同年代的基础资料就应特别注重时效性。另外，套用国家或地方建设工程主管部门颁发的估算指标，引用当地工程造价管理部门提供的有关数据，或直接调查类似已竣工的工程项目资料等一定要注意它的地区、时间、水平、条件、内容等差异，以准确、恰当地使用这些基础资料和数据。

2. 审查投资估算方法

投资估算的方法有许多种，各有特色，但都有一定的局限性。投资估算方法的审查，是为了将投资估算方法自身固有的适用性和局限性，以及对工程项目投资估算值的可靠性和科学性的影响控制在一个较为合理的范围。

投资估算方法的审查，要根据所选择的投资估算方法是否恰当确定。一般说来，供决策用的投资估算不宜使用单一的投资估算方法，而是综合使用多种投资估算方法，互相补充、互相校核。对于投资额较大、较重要的工程应优选近似概算的方法；对于投资额不大、一般规模的工程项目，适宜使用类似比较或系数估算法。此外，还应针对工程项目建设阶段的不同选用不同的投资估算方法。

(二)审查投资估算编制的内容

投资估算总额实际上是由投资估算内容组成并决定的，审查投资估算编制的内容，其核心目的是防止编制投资估算时多项、重项或漏项，保证内容准确、估算合理。

在审核投资估算编制内容过程中，将有疑问的内容逐项列出，要求投资估算编制人员说明情况，再确定是取消还是保留。

(三)审查投资估算的费用划分及费用额

(1)审查费用项目与规定要求、实际情况是否相符，是否有多项、重项或漏项现象，估算的费用划分是否符合规定，是否针对具体情况作了适当增减。

(2)审查是否考虑了物价变化、费率变动等对投资额的影响，所用的调整系数是否合适。

(3)现行标准和规范与已建项目时的原标准规范有变化时，是否考虑了上述因素对投资估算额的影响。

(4)审查工程项目采用高新技术、材料、设备以及新结构、新工艺等，是否考虑了相应费用额的变化。

(5)审查工程项目所取基本预备费和价差预备费是否恰当等。

总之，在进行工程项目投资估算审查的时候，应在工程项目评估的基础上，将上述审查的内容联系起来，系统考虑，既要防止漏项少算，又要防止重复计算和高估冒算，不断总结经验教训，以保证投资估算的精度，使其能真正起到决策和控制作用。

第四节　设计阶段的投资控制

一、设计与投资的关系

工程设计是具体实现技术与经济对立统一的过程。拟建项目一经决策确定后，设计阶段就成了工程建设投资控制的关键阶段。初步设计基本上决定了工程建设的规模、产品方案、结构形式和建筑标准及使用功能，形成了设计概算，确定了投资的最高限额。施工图设计完成后，可编制出施工图预算并准确地计算出工程造价。可见，工程设计是影响和控制工程造价的关键环节。

二、设计概算的编制与审查

(一)设计概算的概念

设计概算是设计文件的重要组成部分，是在投资估算的控制下由设计单位根据初步设计或扩大初步设计图纸及说明、概算定额(概算指标)、各项费用定额或取费标准(指标)、设备、材料预算价格等资料，编制和确定的建设项目从筹建至竣工交付使用所需全部费用的经济文件。采用两阶段设计的建设项目，初步设计阶段必须编制设计概算；采用三阶段设计，技术设计阶段必须编制修正概算。

(二)设计概算的编制方法

1. 单位工程概算的编制方法

单位工程是单项工程的组成部分，是指具有单独设计、可独立组织施工但不能独立发挥生产能力或使用效益的工程。单位工程概算分建筑工程概算和设备及安装工程概算两大类。

(1)建筑工程概算的编制方法有概算定额法、概算指标法、类似工程预算法等。

(2)设备及安装工程概算的编制方法有预算单价法、扩大单价法、设备价值百分比法和综合吨位指标法等。

2. 单项工程综合概算的编制方法

单项工程综合概算是以其所辖的建筑工程概算表和设备安装概算表为基础汇总编制的。

当建设项目只有一个单项工程时，单项工程综合概算(实为总概算)还应包括工程建设其他费用和预备费的概算。

单项工程综合概算文件一般包括编制说明(不编制总概算时列入)和综合概算表。

(1)编制说明。编制说明主要包括编制依据、编制方法、主要设备和材料的数量及其他有关问题。

(2)综合概算表。综合概算表是根据单项工程所辖范围内的各单位工程概算等基础资料，按照国家或部委所规定统一表格编制的。

3. 建设项目总概算的编制方法

建设项目总概算是设计文件的重要组成部分，是确定整个建设项目从筹建到竣工交付使用所预计花费的全部费用的文件。它是根据各单项工程综合概算、工程建设其他费用 、预备费，按照主管部门规定的统一表格编制而成的。

(三)设计概算的审查

设计概算偏高或偏低，不仅影响工程投资的控制，也会影响投资计划的真实性，影响投资资金的合理分配。因此，设计概算的审查有利于合理分配投资资金、加强投资计划管理，有利于合理确定和有效控制工程造价，促进概算编制单位严格执行国家有关概算编制规定和费用标准，从而提高概算的编制质量。

1. 设计概算审查的内容

(1)审查设计概算的编制依据。

1)审查编制依据的合法性。采用的各种设计概算的编制依据必须经过国家和授权机关的批准，符合国家的编制规定，未经批准的不能采用；也不能强调情况特殊，擅自提高概算定额、指标或费用标准。

2)审查编制依据的时效性。各种依据，如定额、指标、价格、取费标准等，都应根据国家有关部门的现行规定进行，注意有无调整和新的规定，如有，应按新的调整办法和规定执行。

3)审查编制依据的适用范围。各种编制依据都有规定的适用范围，如各主管部门规定的各种专业定额及其取费标准，只适用于该部门的专业工程；各地区规定的各种定额及其取费标准，只适用于该地区范围，特别是地区的材料预算价格区域性更强。

(2)审查概算编制说明、深度和范围。

1)审查概算编制说明。审查编制说明可以检查概算的编制方法、深度和编制依据等重大原则问题，若编制说明有差错，具体概算必有差错。

2)审查概算编制深度。一般大中型项目的设计概算，应有完整的编制说明和“三级概算”(即总概算表、单项工程综合概算表、单位工程概算表)，并按有关规定的深度进行编制。审查是否有符合规定的“三级概算”，各级概算的编制、校对和审核是否按规定签署。

3)审查概算编制的范围。审查概算编制的范围及具体内容是否与主管部门批准的建设项目范围及具体工程内容一致；审查分期建设项目的建筑范围及具体工程内容有无重复交叉，是否重复计算或漏算；审查其他费用应列的项目是否符合规定。

(3)审查建设规模、标准。审查概算的投资规模、设计标准、建设用地、建筑面积、主要设备、配套工程等是否符合原批准可行性研究报告或立项批文的标准。如概算总投资超过原批准投资估算10%以上，应进一步审查超估算的原因。

(4)审查设备规格、数量和配置。审查所选用的设备规格、台数是否与生产规模一致，材质、自动化程度有无提高标准，引进设备是否配套、合理，备用设备台数是否适当，消防、环保设备是否计算等；还要重点审查设备价格是否合理、是否符合有关规定，如国产设备应按当时询价资料或有关部门发布的出厂价、信息价，引进设备应依据询报价或合同价编制概算。

(5)审查工程量。建筑安装工程投资是随工程量增加而增加的，要认真审查。要根据初步设计图纸、概算定额及工程量计算规则、专业设备材料表、建构筑物和总图运输一览表进行审查，有无多算、重算或漏算。

(6)审查计价指标。审查建筑工程采用工程所在地区的计价定额、费用定额、价格指数和有关人工、材料和机械台班单价是否符合现行规定；审查安装工程所采用的专业或地区定额是否符合工程所在地区的市场价格水平，概算指标调整系数、主材价格、人工、机械台班和辅材调整系数是否按当时最新规定执行；审查引进设备安装费率或计取标准、部分行业专业设备安装费率是否按有关规定计算等。

(7)审查其他费用。工程建设其他费用投资约占项目总投资25%以上，必须认真逐项审查。审查费用项目是否按国家统一规定计列，具体费率或计取标准是否按国家、行业或有关部门规定计算，有无随意列项、有无多列、交叉计列和漏项等。

2. 设计概算审查的方法

采用适当方法审查设计概算，是确保审查质量、提高审查效率的关键。较常用的方法有以下几种：

(1)对比分析法。对比分析法主要是通过建设规模、标准与立项批文对比；工程数量与设计图纸对比；综合范围、内容与编制方法、规定对比；各项取费与规定标准对比；材料、人工单价与统一信息对比；引进设备、技术投资与报价要求对比；技术经济指标与同类工程对比等。通过以上对比分析，容易发现设计概算存在的主要问题和偏差。

(2)查询核实法。查询核实法是对一些关键设备和设施、重要装置、引进工程图纸不全、难以核算的较大投资进行多方查询核对、逐项落实的方法。主要设备的市场价向设备供应部门或招标公司查询核实；重要生产装置、设施向同类企业(工程)查询了解；引进设备价格及有关费税向进出口公司调查落实；复杂的建设安装工程向同类工程的建设、承包、施工单位征求意见；深度不够或不清楚的问题直接向原概算编制人员、设计者询问清楚。

(3)联合会审法。联合会审前，可先采取多种形式分头审查。其中包括设计单位自审，主管、建设、承包单位初审，工程造价咨询部门评审，邀请同行专家预审，审批部门复审等，经层层审查把关后，由有关单位和专家进行联合会审。在会审大会上，由设计单位介绍概算编制情况及有关问题，各有关单位、专家汇报初审、预审意见。然后进行认真分析、讨论，结合对各专业技术方案的审查意见所产生的投资增减，逐一核实原概算出现的问题。经过充分协商，认真听取设计单位意见后，实事求是地进行处理、调整。

通过以上审查后，对审查中发现的问题和偏差，按照单项、单位工程的顺序，先按设备费、安装费、建筑费和工程建设其他费用分类整理；再汇总核增或核减的项目及其投资额；最后将具体审核数据，按照“原编概算”“审核结果”“增减投资”“增减幅度”四栏列表，并照原总概算表汇总顺序，将增减项目逐一列出，相应调整所属项目投资合计，再依次汇总审核后的总投资及增减投资额。对于差错较多、问题较大或不能满足要求的，责成按会审意见修改返工后重新报批；对于无重大原则问题、深度基本满足要求、投资增减不多的，当场核定概算投资额，并提交审批部门复核后，正式下达审批概算。

三、价值工程在工程设计中的应用

价值工程(简称 VE)，又称价值分析(简称 VA)，是 20 世纪 40 年代后期产生的一门新兴的管理技术。

美国工程师麦尔斯(L. D. Miles)被公认为价值工程的创始人。第二次世界大战期间，麦尔斯供职于通用电气公司的采购部门，长期负责军用产品的原材料采购工作。当时物资供应十分紧张，通用电气公司生产军工产品所需的原材料十分紧缺，价格也不断上涨，因而采购工作十分困难。麦尔斯从多年采购工作实践中逐步摸索到短缺材料可以寻找相同功能者作“代用品”的经验，又进一步概括为“代用品方法”，认为购买材料的目的是为了获得某种功能而不是材料本身，所以，只要满足功能，就可以选用购买得到的或较为便宜的材料，代替原设计指定的材料使用。通过一系列成功的实践活动，麦尔斯总结出一套在保证同样功能的前提下降低成本的比较完整的科学方法，并将其定名为“价值分析”，著文在《美国机械师》杂志上发表。以后随着其研究内容的不断丰富与完善，其研究领域也从材料代用逐步推广到产品设计、生产、工程、组织、服务等领域，形成了一门比较完整的科学体系——价值工程。

(一)价值工程的概念和特点

价值工程是研究如何以最少的人力、物力、财力和时间获得必要功能的技术经济分析方法。它是通过各相关领域的协作，对所研究对象的功能与费用进行系统分析，不断创新，旨在提高所研究对象价值的思想方法和管理技术。其目的是以研究对象的最低寿命周期成本可靠地实现使用者所需功能，以获取最佳的综合效益。

价值工程的特点如下。

1. 以提高价值为目标

研究对象的价值着眼于寿命周期成本。寿命周期成本指产品在其寿命期内所发生的全部费用，包括生产成本和使用费用。提高产品价值就是以最小的资源消耗获取最大的经济效果。

2. 以功能分析为核心

功能是指研究对象能够满足某种需求的一种属性，也即产品的具体用途。功能可分为必要功能和不必要功能，其中，必要功能是指用户所要求的功能以及与实现用户所需功能有关的功能。

价值工程的功能，一般是指必要功能。因为用户购买一项产品，其目的不是为了获得产品本身，而是通过购买该项产品来获得其所需要的功能。因此，价值工程对产品的分析，首先是对其功能的分析。通过功能分析，弄清哪些功能是必要的，哪些功能是不必要的，从而在改进方案中去掉不必要的功能，补充不足的功能，使产品的功能结构更加合理，达到可靠地实现使用者所需功能的目的。

3. 以创新为支柱

价值工程强调“突破、创新、求精”，充分发挥人的主观能动作用，发挥创造精神。首先，对原方案进行功能分析，突破原方案的约束；然后，在功能分析的基础上，发扬创新精神，创造更新方案；最后，进行方案对比分析，精益求精。要认识到能否创新及其创新程度如何是关系到价值工程成败的关键。

4. 技术分析与经济分析相结合

价值工程是一种技术经济方法，研究功能和成本的合理匹配是技术分析与经济分析有机结合的成果。因此，分析人员必须具备技术和经济知识，紧密合作，做好技术经济分析，努力提高产品价值。

(二)价值工程的基本内容

价值工程可分为四个阶段：准备阶段、分析阶段、创新阶段、实施阶段；大致可以分为八项内容：选择价值工程的对象；收集资料；分析功能；评价功能系统；提出改进方案；评价与选择方案；试验证明；决定实施方案。

价值工程主要回答和解决下列问题：

(1)价值工程的对象是什么?

(2)其功能是什么?

(3)其成本是多大?

(4)其价值是多大?

(5)有无其他方法实现同样功能?

(6)新方案成本是多少?

(7)新方案能满足要求吗?

(三)价值工程的工作程序

围绕价值工程要解决的问题，价值工程的工作程序见表 5-2。

表 5-2　价值工程的工作程序

阶　段	步　骤	说　明
准备阶段	1. 对象选择	应明确目标、限制条件和分析范围
	2. 组成价值工程领导小组	一般由项目负责人、专业技术人员、熟悉价值工程的人员组成
	3. 制订工作计划	包括具体执行人、执行日期、工作目标等
分析阶段	4. 收集整理信息资料	此项工作应贯穿于价值工程的全过程
	5. 功能系统分析	明确功能特性要求，并绘制功能系统图
	6. 功能评价	确定功能目标成本，确定功能改进区域
创新阶段	7. 方案创新	提出各种不同的实现功能的方案
	8. 方案评价	从技术、经济和社会等方面综合评价各种方案达到预定目标的可行性
	9. 提案编写	将选出的方案及有关资料编写成册
实施阶段	10. 审批	由主管部门组织进行
	11. 实施与检查	制订实施计划、组织实施并跟踪检查
	12. 成果鉴定	对实施后取得的技术经济效果进行成果鉴定

(四)提高产品价值的途径

价值工程中价值的大小取决于功能和费用，即

$$价值=\frac{功能}{费用}$$

从价值与功能、费用的关系式中可以看出提高产品价值的基本途径：

(1)在提高产品功能的同时，降低产品成本。这种方法可使价值大幅度提高，是最理想的提高价值的途径。

(2)提高功能，同时保持成本不变。

(3)在功能不变的情况下，降低成本。

(4)成本稍有增加，功能大幅度提高。

(5)功能稍有下降，成本大幅度降低。

价值工程侧重于设计阶段开展工作，以提高产品价值为中心，并把功能分析作为独特的研究方法。通过功能和价值分析，可将技术问题与经济问题紧密地结合起来。

价值分析并不是单纯追求降低成本，也不是片面追求提高功能，而是力求正确处理好功能与成本的对立统一关系，提高它们之间的比值，研究产品功能和成本的最佳配置。

(五)价值工程在工程设计中的意义

工程设计中应用价值工程的原理，在保证建筑产品功能不变或提高的情况下，可设计出

更加符合用户要求的产品。在设计阶段，运用价值工程可降低成本 25%～40%。

1. 运用价值工程可控制目标成本

工程设计决定建筑产品的目标成本，目标成本是否合理直接影响产品的经济效益。确定目标成本可以指导施工控制、降低建筑工程的实际成本、提高经济效益。

目标成本的确定主要取决于有关信息情报的完全程度。通过价值工程，在设计阶段收集和掌握先进技术和大量信息，追求更高的价值目标，设计出优秀的产品。

应用价值工程，确定建筑产品的目标成本，按比例分配目标成本。这样，就可以科学合理地控制目标成本，尽可能避免浪费，达到节约和降低成本的目的，优化设计。

2. 运用价值工程可提高投资效益

建筑工程的成本 70%决定于设计阶段。当设计方案确定或设计图纸完成后，其结构、施工方案、材料等也就被限制在一定条件内。设计水平的高低直接影响投资效益。

根据工程设计阶段的工作对建筑工程的质量和成本影响较大的特点，在设计中应用价值工程，可以充分发挥投资效益。

同时，工程设计本身就是一种创造性的活动，而价值工程作为有组织的创新活动，强调创新，鼓励创造出更多更好的设计方案。通过应用价值工程，在工程设计阶段就可以发挥设计人员的创新精神，设计出物美价廉的建筑产品，提高投资效益。

第五节　施工阶段的投资控制

一、施工阶段投资控制的依据

(1)工程承包合同。施工成本控制要以工程承包合同为依据，围绕降低工程成本这个目标，从预算收入和实际成本两方面，努力挖掘增收节支潜力，以求获得最大的经济效益。

(2)施工成本计划。施工成本计划是根据施工项目的具体情况制定的施工控制方案，既包括预定的具体成本控制目标，又包括实现控制目标的措施和规划，以获得最大的经济效益。

(3)进度报告。进度报告提供了每一时刻工程实际完成量，工程施工成本实际支付情况等重要信息，施工成本控制工作正是通过实际情况与施工成本计划相比较，找出二者之间的差距，分析偏差产生的原因，从而采取措施改进以后的工作。

(4)工程变更。工程变更一般包括设计变更，进度计划变更，施工条件变更，技术规范与标准变更，施工次序变更，工程数量变更等，一旦出现变更，工程量、工期成本都必须将发生变化，从而使得施工成本控制工作变得更加复杂和困难。

此外，相关法律法规及合同文本等也都是成本控制的依据。

二、施工阶段投资控制的步骤

在确定了施工成本计划之后，必须定期的进行施工成本计划值与实际值得比较，当实际值偏离计划值时，分析产生偏差的原因，采取适当的纠偏措施，以保证施工成本控制目标的实现，其步骤如下。

1. 比较

将施工成本计划值与实际值逐项进行比较，以发现施工成本是否已超支。

2. 分析

在比较的基础上，对比较的结果进行分析，以确定偏差的严重及偏差产生的原因，此步骤是施工成本控制工作的核心，其主要目的在于找出偏差的原因，从而采取有针对性的措施减少或避免相同原因事件的再次发生或减少由此造成的损失。

3. 预测

根据项目实施情况估算整个项目完成时的施工成本，预测的目的在于为决策提供支持。

4. 纠偏

当工程项目的实际施工成本出现了偏差，应当根据工程的具体情况，偏差分析和预测的结果，采取适当的措施，以期达到使施工成本偏差尽可能小的目的。

5. 检查

对工程的进展进行跟踪和检查，及时了解工程进展情况及纠偏措施的执行情况和效果，为今后的工程积累经验。

上述五个步骤构成一个周期性的循环过程。

三、施工阶段投资控制的方法

(一)项目成本的过程控制方法

施工阶段是控制建设工程项目成本发生的主要阶段，它通过确定成本目标并按计划成本进行施工资源配置，对施工现场发生的各种成本费用进行有效控制，其具体的控制方法包括人工费的控制、材料费的控制、施工机械使用费的控制、施工分包费的控制。

1. 人工费的控制

人工费的控制实行“量价分离”的方法，将作业用工及零星用工按定额工日的一定比例综合确定用工数量与单价，通过劳务合同进行控制。

2. 材料费的控制

材料费控制同样按照“量价分离”原则，控制材料用量和材料价格。

(1)材料用量的控制。在保证符合设计要求和质量标准的前提下，合理使用材料，通过定额管理、计量管理等手段有效控制材料物资的消耗，具体方法有定额控制、指标控制、计量控制和包干控制。

(2)材料价格的控制。材料价格主要由材料采购部门控制。由于材料价格是由买价、运杂费、运输中的合理损耗等所组成，因此，控制材料价格，主要是通过掌握市场信息，应用招标和询价等方式控制材料、设备的采购价格。

3. 施工机械使用费的控制

合理选择施工机械设备，合理使用施工机械设备对成本控制具有十分重要的意义，尤其是高层建筑施工。施工机械使用费主要由台班数量和台班单价两方面决定，为有效控制施工机械使用费支出，主要从以下几个方面进行控制：

(1)合理安排施工生产，加强设备租赁计划管理，减少因安排不当引起的设备闲置；

(2)加强机械设备的调度工作，尽量避免窝工，提高现场设备利用率；

(3)加强现场设备的维修保养，避免因不正当使用造成机械设备的停置；

(4)做好机上人员与辅助生产人员的协调与配合，提高施工机械台班产量。

4. 施工分包费用的控制

分包工程价格的高低，必然对项目经理部的施工项目成本产生一定的影响。因此，施工项目成本控制的重要工作之一是对分包价格的控制。项目经理部应在确定施工方案的初期就要确定需要分包的工程范围。决定分包范围的因素主要是施工项目的专业性和项目规模。对分包费用的控制，主要是要做好分包工程的询价、订立平等互利的分包含同、建立稳定的分包关系网络、加强施工验收和分包结算等工作。

(二)赢得值(挣值)法

赢得值法(Earned Value Management，EVM)作为一项先进的项目管理技术，最初是美国国防部于1967年首次确立的。赢得值法被普遍应用于工程项目的费用、进度综合分析控制。

1. 赢得值法的三个基本参数

用赢得值法进行费用、进度综合分析控制，基本参数有三项，即已完工作预算费用、计划工作预算费用和已完工作实际费用

(1)已完工作预算费用(Budgeted Cost for Work Performed，BCWP)。已完工作预算费用是指在某一时间已经完成的工作(或部分工作)，以批准认可的预算为标准所需要的资金总额，由于业主正是根据这个值为承包人完成的工作量支付相应的费用，也就是承包人获得(挣得)的金额，故称赢得值或挣值。其计算公式为

$$已完工作预算费用(BCWP)=已完成工作量\times预算单价$$

(2)计划工作预算费用(Budgeted Cost for work Scheduled，BCWS)。计划工作预算费用即根据进度计划，在某一时刻应当完成的工作(或部分工作)，以预算为标准所需要的资金

总额，一般来说，除非合同有变更，BCWS在工程实施过程中应保持不变。其计算公式为

计划工作预算费用(BCWS)＝计划工作量×预算单价

(3)已完工作实际费用(Actual Cost for Work Performed，ACWP)。已完工作实际费用即到某一时刻为止，已完成的工作(或部分工作)所实际花费的总金额。其计算公式为

已完工作实际费用(ACWP)＝已完成工作量×实际单价

2. 赢得值法的四个评价指标

在这三个基本参数的基础上，可以确定赢得值法的四个评价指标，它们也都是时间的函数。

(1)费用偏差CV(Cost Variance)。其计算公式为

费用偏差(CV)＝已完工作预算费用(BCWP)—已完工作实际费用(ACWP)

当费用偏差(CV)为负值时，即表示项目运行超出预算费用；当费用偏差(CV)为正值时，表示项目运行节支，实际费用没有超出预算费用。

(2)进度偏差SV(Schedule Variance)。其计算公式为

进度偏差(SV)＝已完工作预算费用(BCWP)－计划工作预算费用(BCWS)

当进度偏差(SV)为负值时，表示进度延误，即实际进度落后于计划进度；当进度偏差(SV)为正值时，表示进度提前，即实际进度快于计划进度。

(3)费用绩效指数CPI(Cost Performance Index)。其计算公式为

费用绩效指数(CPI)＝已完工作预算费用(BCWP)/已完工作实际费用(ACWP)

当费用绩效指数CPI<1时，表示超支，即实际费用高于预算费用；

当费用绩效指数CPI>1时，表示节支，即实际费用低于预算费用。

(4)进度绩效指数SPI(Schedule Performance Index)。其计算公式为

进度绩效指数(SPI)＝已完工作预算费用(BCWP)/计划工作预算费用(BCWS)

当进度绩效指数SPI<1时，表示进度延误，即实际进度比计划进度拖后；

当进度绩效指数SPI>1时，表示进度提前，即实际进度比计划进度快。

费用(进度)偏差反映的是绝对偏差，结果很直观，有助于费用管理人员了解项目费用出现偏差的绝对数额，并依此采取一定措施，制定或调整费用支出计划和资金筹措计划。但是绝对偏差有其不容忽视的局限性。

3. 偏差分析的方法

偏差分析可采用不同的方法，常用的有横道图法、表格法和曲线法。

(1)横道图法。用横道图法进行费用偏差分析，是用不同的横道标识已完工作预算费用(BCWP)、计划工作预算费用(BCWS)和已完工作实际费用(ACWP)，横道的长度与其金额成正比例。

横道图法具有形象、直观、一目了然等优点，它能够准确表达出费用的绝对偏差，而且能一眼感受到偏差的严重性。但这种方法反映的信息量少，一般在项目的较高管理层

应用。

(2)表格法。表格法是进行偏差分析最常用的一种方法。它将项目编号、名称、各费用参数以及费用偏差数综合归纳入一张表格中，并且直接在表格中进行比较。由于各偏差参数都在表中列出，管理者能够综合地了解并处理这些数据。

用表格法进行偏差分析具有如下优点：灵活、适用性强，可根据实际需要设计表格，进行增减项；信息量大，可以反映偏差分析所需的资料，从而有利于费用控制人员及时采取针对性措施，加强控制；表格处理可借助于计算机，从而节约大量数据处理所需的人力，并大大提高速度。

(3)曲线法。在项目实施过程中，以上三个参数可以形成三条曲线，即计划工作预算费用(BCWS)、已完工作预算费用(BCWP)、已完工作实际费用(ACWP)曲线，如图 5-3 所示。

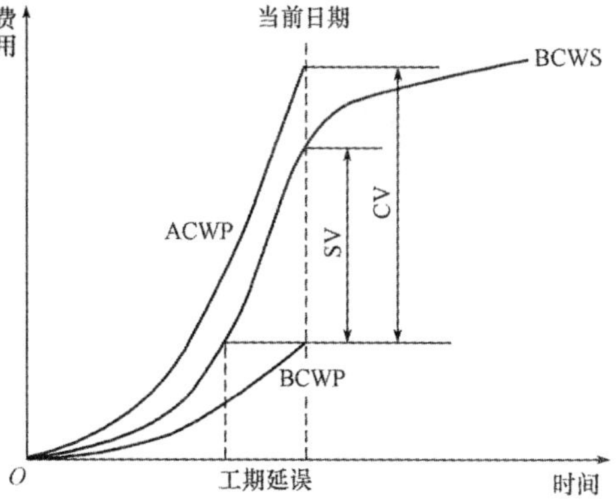

图 5-3　赢得值曲线

4. 偏差原因分析与纠偏措施

(1)偏差原因分析。偏差分析的一个重要目的就是要找出引起偏差的原因，从而有可能采取有针对性的措施，减少或避免相同原因的再次发生。

(2)纠偏措施。纠偏措施包括寻找新的、更好更省的、效率更高的设计方案；购买部分产品，而不是采用完全由自己生产的产品；重新选择供应商，但会产生供应风险，选择需要时间；改变实施过程；变更工程范围；索赔，如向业主、承(分)包商、供应商索赔以弥补费用超支。

赢得值法是对项目费用和进度的综合控制，可以克服过去费用与进度分开控制的缺陷，即当我们发现费用超支时，很难立即知道是由于费用超出预算还是由于进度提前。相反，当我们发现费用低于预算时，也很难立即知道是由于费用节省还是由于进度拖延。而采用赢得值法就可以定性定量的判断进度和费用的执行效果。

【例 5-1】 某土方工程总挖方量为 4 000 m^3，计划用 10 天完成，每天完成 400 m^3，预算单价为 45 元/m^3，该挖方工程预算总费用为 180 000 元。开工后第 7 天早晨刚上班时业主项目管理人员前去测量，取得了两个数据：已完成挖方 2 000 m^3，支付给承包单位的工程进度款累计已达 120 000 元。

(1)计算已完工作预算费用(BCWP)：

BCWP＝45 ×2 000＝90 000 (元)

从这里可以看出，实际完成工作预算成本(BCWP)与项目进度没有直接关系，只与实际完成的工作量有关。

(2)计算计划工作预算费用(BCWS)：

开工后第6天结束时，承包单位应得到的工程进度款累计额为BCWS＝108 000元。

(3)计算完成工作的实际费用(ACWP)：

本案例的ACWP直接给出了，ACWP＝120 000元。

(4)费用偏差，也称成本偏差：

CV＝BCWP－ACWP＝90 000－120 000＝－30 000元，表明承包单位已经超支。

(5)进度偏差：

SV＝BCWP－BCWS＝90 000－108 000＝－18 000元，表明承包单位进度已经滞后。表示项目进度滞后，较预算还有相当于18 000元的工作量没有做。18 000元/(400×45)＝1天的工作量，所以，承包单位的进度已经滞后1天。

另外，还可以使用费用绩效指数CPI和进度绩效指数SPI测量工作是否按照计划进行。

CPI＝BCWP/ACWP＝90 000/120 000＝0.75

SPI＝BCWP/BCWS＝90 000/108 000＝0.83

CPI和SPI都小于1，给该项目亮了黄牌。

从上面可以看出，CV和CPI是一组指标，SV和SPI是一组指标。

四、施工阶段投资控制的措施

(一)合同管理

1. 加强合同预算管理，增创工程预算收入

深入研究招标文件、合同内容，正确编制施工图预算。在编制施工图预算的时候，要充分考虑可能发生的成本费用，包括合同规定的属于包干(闭口)性质的各项定额外补贴，并将其全部列入施工图预算，然后通过工程款结算向甲方取得补偿。凡是政策允许的，要做到该收的点滴不漏，以保证项目的预算收入。但有一个政策界限，不能将项目管理不善造成的损失也列入施工图预算，更不允许违反政策向建设单位高估冒算或乱收费。

2. 把合同规定的“开口”项目，作为增加预算收入的重要方面

一般来说，按照设计图纸和预算定额编制的施工图预算，必须受预算定额的制约，很少有灵活伸缩的余地；而“开口”项目的取费则有比较大的潜力，是项目创收的关键。比如合同规定，预算定额缺项的项目，可由乙方参照相近定额，经监理师复核后报甲方认可。这种情况，在编制施工图预算时是常见的，需要项目预算员参照相近定额进行换算。在定额换算的过程中，预算员就可根据设计要求，充分发挥自己的业务技能，提出合理的换算依据，以此来摆脱原有定额偏低的约束。

3. 根据工程变更资料，及时办理增减账

随着工程的变更，必然会带来工程内容的增减和施工工序的改变，从而也必然会影响成本费用的支出。因此，项目承包方应就工程变更对既定施工方法、机械设备使用、材料供

应、劳动力调配和工期目标等的影响程度，以及为实施变更内容所需要的各种资源进行合理估价。及时办理增减账手续，并通过工程款结算从建设单位取得补偿。

(二)施工项目策划与施工方案的优化

项目策划书是指导性文件，将项目的成本策划纳入项目策划书中，突出以成本管理为中心，以施工生产为主线开展各项工作，有助于项目成本管控能力提升。策划书内容更具体、更全面，应严格执行，使其真正起到指导施工、控制成本的作用。

施工方案主要包括施工方法的确定、施工机具的选择、施工顺序的安排和流水施工的组织。施工方案不同，工期就会不同，所需机具也不同，因而发生的费用也会不同。因此，优化施工方案是降低成本的关键所在。例如，在项目实施过程中可以对工期进行优化，进而降低成本，见例5-1。

(三)现场管理

1. 工程变更

在施工过程中，如果发生设计变更，将对施工成本产生很大的影响。因此，应尽量减少设计变更，如果必须对设计进行变更，应尽量提前，变更发生得越早损失越小，反之就越大，尤其对影响过程造价的重大设计变更，更要用先算账后变更的方法解决，使工程造价得到有效控制。否则，现场施工技术人员只顾施工，对于施工中的工程项目或工程量增减未能与业主及时办理变更委托手续或手续模糊等，都给结算带来很多麻烦。

2. 节流降低成本措施

(1)采取组织措施控制成本。

1)建立健全项目成本责任控制体系，明确项目部机构。项目部经理为第一责任人，下设职能科室科，各部门各司其职，精心组织、为降低成本尽责尽职。

2)制定管理制度和办法。制定管理制度和办法包括工作制度、责任制度、工程技术标准和规程以奖惩制度等。

(2)采取技术措施控制成本。

1)制订合理先进的施工方案。制订合理先进的施工方案包括施工工艺和方法、机具的选择、施工顺序的安排、合理布置施工现场。

2)采用提高工效的新机具、新工艺、新技术、新材料等。

3)严把质量关。加强施工过程中的质量检查制度，杜绝质量事故，防止返工，节约开支，降低质量成本。

4)注重工期成本，在保证项目质量的情况下，尽量缩短工期。

(3)采取管理措施控制成本。

1)人工费控制。改善劳动组织，减少窝工浪费；实行奖惩制度，加大技术教育和培训工作；加强劳动纪律，压缩非生产用工和辅助用工。

2)材料费控制。改进材料的采购、运输、收支和保管工作，减少各个环节的损耗；结合施工进度和料场能力，合理安排材料进场时间；推行三级收料和限额领料制度。

3)机械费控制。正确选配和合理利用机械设备，做好机械设备的保养和维修，提高机械的完好率和使用率；尽量减少施工中所消耗的机械台班量，降低机械台班价格。

4)企业管理费的控制管理。精简机构，减少非生产人员，合理确定管理幅度与管理层次，节约施工管理费等。

5)积极采用降低成本的新管理技术和方法，如系统工程、价值工程等。

3. 做好现场的签证工作

在工程项目实施过程中，由于施工过程的复杂和设计深度、质量等方面原因，经常会出现工程量、地质和进度的变化，工程承、发包双方在执行合同中需要修改变动的部分，须经双方同意，并采用书面形式予以记录。合同、预算中未包括的工程项目和费用，应及时办理现场签证，以免事后补签而造成结算困难。

(四)索赔管理

施工索赔是一项复杂的、系统性很强的工作，在索赔工作中施工单位要充分理解施工图纸、技术规范、签订的合同、补充协议及与业主、监理的各项往来文件，必须依合同、重证据、讲技巧、树信誉，踏踏实实地做好索赔管理基础工作，严格按程序办事。施工索赔是项目管理的重要内容，是施工单位赢取利润的重要手段，只有把索赔工作处理好，才能切实维护企业的合法权益，取得效益最大化。

施工中常见的索赔问题主要有以下几个方面。

1. 施工现场条件变化索赔

施工现场条件变化的含义是：在施工过程中，承包商“遇到了一个有经验的承包商不可能预见到的不利的自然条件或人为障碍”，因而导致承包商为完成合同要花费计划外的额外开支。

施工现场的条件变化主要是指施工现场的地下条件(即地质、地基、地下水水及土壤条件)的变化，给项目实施带来严重困难。这些地基或土壤条件，同招标文件中的描述差别很大，或在招标文件中根本没有提到。至于水文气象方面原因造成的施工困难，如特大暴雨、洪水对施工带来的破坏或经济损失，则属于投标施工的风险问题，而不属于施工现场条件变化的范畴。在施工索赔中处理的原则是：一般的不利水文气象条件，属于承包商的风险；特殊反常的水文气象条件，即通常所谓的“人力不可抵御的”自然力，则属于业主的风险。

(1)不利现场条件的类型。在工程承包施工中，把不利的施工现场条件分成两类，作为处理施工索赔的重要根据。

1)第一类不利的施工现场条件，是指招标文件描述条件失误。即在招标文件中对施工现场存在的不利条件虽然已经提出，但严重失实，或其位置差异极大，或其严重程度差异极大，从而使承包商误入歧途。这一类不利的现场条件是指：在开挖现场挖出的岩石或砾石，其位置高程与招标文件中所述的高程差别甚大；招标文件钻孔资料注明是坚硬岩石的某一位置或高程上，出现的却是松软材料；设计指定的取土场或采石场开采出来的土石料，不能满足强度或其他技术指标要求，而要更换料场；实际遇到的地下水水位、水量、水质等与招标文件中的数据相差悬殊；地表高程与设计图纸不符，导致大量的挖填方量；需要压实的土壤的含水率数值与合同资料中给出的数值差别过大，增加了碾压工作的难度或工作量等。

2)第二类不利的施工现场条件，是指在招标文件中根本没有提到，而且按该项工程的一般施工实践完全是出乎意料地出现的不利现场条件。这种意外的不利条件，是有经验的承包商难以预见的情况，即在开挖基础时发现了古代建筑遗迹、古物或化石；遇到了高度腐蚀性的地下水或有毒气体，给承包商的施工人员和设备造成意外损失；在隧洞开挖过程中遇到强大的地下水流，这是类似地质条件下隧洞施工中罕见的情况等。

(2)处理原则。上述两种不同类型的施工现场不利条件，无论是招标文件中描述失实的，还是招标文件中根本未曾提及的，都是一般施工实施中承包商难以预料的，给承包商的施工带来严重困难，从而引起施工费用大量增加或工期延长。从合同责任上讲，不是承包商的责任，因而应给予相应的经济补偿和工期延长。

2. 工程范围变更索赔

工程范围变更索赔是指业主和工程师指令承包商完成某项工作，而承包商认为该项工作已超出合同的工作范围，或超出他投标时估计的施工条件，因而要求补偿其附加开支，即新增开支。

超出原合同规定范围的新增工程，在合同语言上被称为“额外工程”。这部分工程是承包商在投标报价时没有考虑的工作。它在招标文件的“工程量表”(BOQ)中及其“施工技术规程”中都没有列入，因而承包商在采购施工设备和制定施工进度计划时都没有考虑。因此，对这种额外工程，承包商虽然应遵照业主和工程师指令必须予以完成，但理应得到报酬，包括得到经济补偿以及工期延长。

3. 工程拖期索赔

工程拖期索赔是指承包商为了完成合同规定的工程花费了较原计划更长的时间和更大的开支，而拖期的责任不在承包商方面，因而承包商要求补偿。

工程拖期索赔的前提是：拖期是由于业主的责任或由于客观条件的影响，而不是承包商的责任。

工程拖期索赔通常在下列情况下发生：

(1)由于业主的原因，如未按规定时间向承包商提供施工现场或施工道路，干涉施工进展，大量地提出工程变更或额外工程，提前占用已完工的部分建筑物等。

(2)由于工程师的原因，如修改设计、不按规定时间向承包商提供施工图纸、图纸错误引起返工等。

(3)由于客观原因，而且是业主和承包商都无力扭转的，如特殊恶劣的气候、不可预见的现场不利自然条件等。

在工程施工索赔工作中，通常把工期延误分成两类：

1)可原谅的拖期。对承包商来说，这类工期延误不是承包商的责任，承包商是可以被原谅的，这就是指由于业主原因或客观影响引起的工程拖期。

2)不可原谅的拖期。这一类工期延误是由于承包商的原因引起的，如施工组织不好，工效不高，设备材料供应不足，以及由承包商承担风险的工期延误(如一般性的天气不好，影响了施工进度)。对于不可原谅的拖期，承包商是无权索赔的。

4. 加速施工索赔

当工程项目的施工遇到可原谅的拖期时，采用什么措施应由业主来决定。这里有两种选择：给承包商延长工期，容许整个工程项目的竣工日期相应拖后；或者要求承包商采取加速施工的措施，宁可增加工程成本，也要按计划工期建成投产。

业主在决定采取加速施工时，应向承包商发出书面的加速施工指令，并对承包商拟采取的加速施工措施进行审核批准，并明确加速施工费用的支付问题。承包商为加速施工所增加的成本开支，将提出书面的索赔文本，这就是加速施工索赔。

(1)加速施工的成本开支。采取加速措施时，承包商要增加相当大的资源投入量，使原定的工程成本大量增加，形成了附加成本开支。这些附加成本开支主要包括以下几个方面：

1)购或租赁原施工组织设计中没有考虑的新的施工机械和有关设备。

2)增加施工的工人数量，或采取加班施工(每天两班制，甚至三班制连续作业)。

3)增加建筑材料供应量、生活物资供应量。

4)用奖励制度，提高劳动生产率。

5)地管理费增加等。

由于加速施工必然导致工程成本开支大量增加，因此，承包商在采取加速措施之前一定要取得业主的正式认可，否则不宜正式开始加速施工。因为有时工程师虽然口头要求承包商加速施工，但认为这是承包商的责任，要使工程项目按合同规定的日期建成，因此不谈论已经形成施工拖期的责任归属。这就为将来的加速施工索赔埋下了合同纠纷的种子。

(2)处理原则。

1)确定工期延误的责任。在发生工期拖后时，合同双方要及时研究拖期的原因，具体分析拖期的责任，确定该延误是“可原谅的”或是“不可原谅的”。有时，合同双方一时难以达成一致的见解，难以确定责任者。在这种情况下，如果业主决心采取加速施工措施，以便工程按期建成时，便应发出加速施工指令，及时扭转施工进度继续拖后的事实。至于加速实施的费用及责任问题，可留待日后解决。

2)定加速施工的持续天数。如果工程拖期是由于施工效率降低引起，而效率降低是由客观原因造成时，业主则应给承包商相应天数的“工期延长”。这个“工期延长”就可同该工程项目的“计划工期”及其“实际工期”相联系考虑。

3)确定加速施工费用的计算方法。加速施工在合同上属于工程变更范畴，故按工程变更计价办法办理。有时，经双方协商一致，也可采取“加速施工奖金”的办法，由业主支付一次性的奖金解决。

(五)工程价款的结算

工程价款结算是指承包商在工程实施过程中，依据承包合同关于付款条款的规定和已经完成的工程量，按照规定的程序向建设单位收取工程价款的一项经济活动。

1. 我国现行工程价款结算的主要方式

我国现行工程价款结算根据不同情况，可采取多种方式。

(1)按月结算。实行旬末或月中预支、月终结算和竣工后清算的办法。跨年度竣工的工程，在年终进行工程盘点，办理年度结算。我国现行建筑安装工程价款结算中相当一部分实行按月结算方式。

(2)竣工后一次结算。建设项目或单项工程全部建筑安装工程建设期在 12 个月以内，或者工程承包合同价值在 100 万元以下的，可以实行工程价款每月月中预支、竣工后一次结算的方式。

(3)分段结算。分段结算即当年开工、当年不能竣工的单项工程或单位工程按照工程形象进度，划分不同阶段进行结算。分段结算可以按月预支工程款。

(4)以单元工程验收结算。以单元工程验收结算即在工程合同中，将承包工程的内容分解成不同的控制界面，以业主验收控制界面作为支付工程价款的前提条件。也就是，将合同中的工程内容分解成不同的验收单元，当承包商完成单元工程内容并经业主(或其委托人)验收后，业主支付构成单元工程内容的工程价款。

(5)结算双方约定的其他结算方式。

2. 建筑工程价款结算的内容

(1)工程预付款。承包人承包工程，一般都包工包料，这就需要有一定数量的备料周转资金。在工程承包合同条款中，实行工程预付款的，双方应当在专用条款内约定发包方向承包方预付工程款的时间和数额，开工后按约定的时间和比例逐次扣回。

(2)工程进度款的支付。承包人在施工过程中，按逐月(或形象进度、或控制界面等)完成的工程数量计算各项费用，向发包人(业主)办理工程进度款的支付(即中间结算)。

(3)工程保修金(尾留款)的预留。按有关规定，工程项目总造价中应预留出一定比例的尾留款作为质量保修费用(又称保留金)，待工程项目保修期结束后再拨付。

(4)工程竣工结算。工程竣工结算是指承包人按照合同规定的内容全部完成所承包的工程，经验收质量合格并符合合同要求之后，向发包人进行的最终工程价款结算。

第六节　投资控制应用措施

一、项目成本控制的关键环节

项目管理的投资控制最明显的缺点是成本控制的各个环节没有相应的控制措施或是措施不到位。其后果是工程项目在建设过程中无法进行投资偏差分析与控制。

下面以项目开发的各个阶段来粗略说明项目成本控制的要点。

(一)投资决策阶段的成本控制

1. 加强项目可行性研究

要利用足够的时间按照正常程序细心进行项目可行性研究报告的编制工作，打破只是将报告作为资料报建、存档的传统习惯。

在此期间，需要充足的相关数据资料和工作时间，并对其进行细致的分析和优化，其中包括市场调查、技术方案、投资估算、融资方案、财务评价、风险分析等方面的内容。

2. 科学开展项目投资估算的编制与审核工作

投资估算是拟建工程编制项目建议书、可行性研究报告的重要组成部分，同时是项目决策的重要依据之一。

(二)设计阶段的成本控制

1. 公开择优选择设计单位

选择设计技术力量优秀的设计组织和确定经验丰富、综合技能全面的设计项目负责人。公开招标设计单位，脱离当地设计界的人事关系网。

2. 提高设计的经济合理性

(1)推行标准设计与限额设计，做好设计方案的优选工作。依据可行性报告中的投资估算额来控制初步设计，利用初步设计概算审定投资额和工程量并分解到各个专业，再分解到各个单位工程和分部工程，每个专业在保证功能的前提下，按照上阶段分配下来的投资限额控制各阶段的设计；施工图设计是最后的细化阶段，更是需要上阶段分配下来的投资限额进行细致的设计，设计深度应达到施工工艺和建筑材料优选合理的程度。

(2)做好设计概算的编制与审核工作。设计概算是从最基本的单位工程概算编制开始逐级汇总而成的，分为单位工程概算、单项工程综合概算、建设工程总概算三级(图 5-4)。总概算是从项目立项开始到竣工交付使用整个过程的全部建设费用。

(3)完成施工图预算的编制与审核工作。施工图预算是设计阶段的最后一道关口，其编

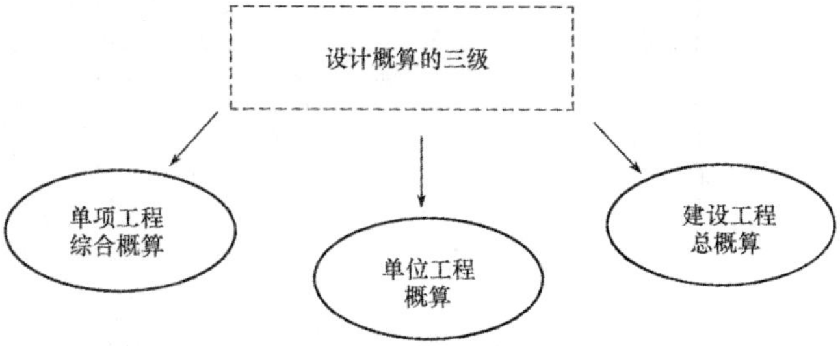

图 5-4　设计概算的三级

制深度细化到不仅需工程量准确、材料分析正确，而且还要在审核过程中由各个相关单位、部门进行综合会审、优选，反复调整后最终定稿。其中，包括各个专业之间的融合度审核、各个定价材料的品牌及价格、拟专业分包项的预算与审核等，为以后各个环节的成本控制打下基础。

建议施工图预算时间一般不要少于两个月的时间(相对于一个十万平方米的一般商业住宅项目来说)。

(三)招投标阶段的成本控制

1. 招投标环节的成本控制要点

招投标环节的成本控制涉及工程、设计、审算、销售等多个部门的实际运作，在程序上没有太多变数，但具体内容特别是招投标评审委员的选择，需要有很强的针对性。这个环节成本控制的难点在于标书的制订，重点在于评标。

招投标环节成本控制的三个要点归纳见表 5-3。

表 5-3　招投标环节成本控制

控制要点	控制什么	怎么控制	谁来控制
投标单位的选择	资质； 管理水平； 技术力量； 历史记录； 资金实力； 合作经历	建立承建商、工程监理、材料及设备供货商名册及资料库； 从公司认可名册中的承建商、供货商、监理公司中选择投标单位； 主办部门推荐五家投标单位报招投标工作组	工程部负责工程监理招投标合同； 设计部负责设计、环境、装修招投标合同； 审算部负责材料设备招投标合同； 销售部负责营销、包装招投标合同
		招投标工作小组审核、考察、评估、筛选三家以上投标单位报招投标评审委员会及主管领导	招投标评审委员会审核，主管领导批准

续表

控制要点	控制什么	怎么控制	谁来控制
招投标文件内容	工期； 工程造价或取费标准； 质量要求； 付款方式； 招标范围； 结算方式； 验收标准； 投标注意事项； 废标条件（投标书必须加盖投标单位法人印章）； 接标时间； 开标时间； 定标方法； 投标单位补充意见； 标准合同条文； 图纸、其他要求等	主办部门起草、制订招投标标准文本	工程部负责工程监理招投标合同； 设计部负责设计、环境、装修招投标合同； 审算部负责材料设备招投标合同； 销售部负责营销、包装招投标合同
		招投标工作组审核	招投标评审委员会审核，主管领导批准
评标和定标	技术性评标和定标； 经济性评标定标	优先顺序： 技术评标； 经济评标； 合作经历	技术部门负责技术评标； 审算部负责经济标书的评标； 财务部负责审核广告包装费
		综合审核投标单位； 评定中标单位	招投标评审委员会审核、评定； 主管领导批准

2. 施工招标阶段的成本控制

（1）编制符合工程实际的标底价格。标底价格依据项目施工图预算为基础进行编制，打破“秋后算账”的无计划、无预算的初级无意识管理模式，取消缺点相对较多的综合取费方式。

（2）合理使用固定总价、固定单价及可调总价的方式。

1）对于工期短、工程量较小的单项工程，尽可能使用固定总价的方式。

2）对于工期长、工程量大的项目，采用固定单价或可调总价的方式；拟分包项目，在总承包合同中明确规定、注明，合理规避以后的合同风险。

3）对于施工工艺简单、工期短、工程量难以确定、现场签证工作较多的项目，采取成本加酬金的方式；尽可能少用现在常用的综合取费定总价的方式。

（3）做好项目组织和项目经理选择。现在，很多项目管理组织还继续延续以往的挂靠管理形式，表面上是一个管理正规的名牌大公司，实质上组织当中占相当一部分的是挂靠的民间小包工队，利用靠、托、赖等不正当的方式进行竞争。企业必须采取招标前期加大项目组织考察认定(以项目管理组织为主、公司资质为次的考察管理理念)和从项目开工到竣工期间始终如一的正规项目组织管理程序，严格把关。

承包合同的各项条款要细化、再细化，特别是容易发生纠纷和索赔的条款更要细化。

(四)开工前期的成本控制

将工程费用以外的工程建设其他费用(如土地使用费、建设单位管理费、勘察设计费、监理费、临设费等)详细归类划分，采用控制什么、怎么控制、谁来控制、什么时间进行、在什么地方控制、控制到什么程度的形式进行预算管理。

(五)施工期间的成本控制

1. 设置专业知识全面的项目现场负责人

项目现场负责人应由以综合专业技术技能为基础、合同管理经验丰富、具有十年独自运作项目管理阅历的人员来承担，并相应采取项目经理负责制、项目组织待遇与项目利润挂钩等激励措施。

2. 工程进度款审定的流程再造

现在，许多建设单位在工程预算管理方面是在被动地等着承包方送交进度预算后再进行审核，而且还是采取内部估算的方式，不负责任地将大量工作放到了工程竣工决算审计环节。在工程进度值审定流程再造方面，不但要调整审计模式，还要增加监理方、工程部前期预审的环节。

3. 附加工程变更价款增减度预算

项目进行当中或多或少地会出现变更，在变更下达中应随即附加变更价款在工程总值中的增减额度预算，将被动的事后控制变为事前控制。

4. 合理规避建设单位的索赔风险

(1)工程进度资金不到位时的索赔风险控制。首先，合同签订时，约定进度款支付超期时如何进行费用计算的条款，不按照合同中的通用条款进行，提前以合同的形式签订有利于建设单位的不平等条约。

(2)在项目进行当中，及时根据现场进展情况与合同偏差值进行纠偏，签订相应的补充条款，以免事件发生时间较长，出现相互之间难以分清责任而发生不利于建设单位的“扯皮”现象。

(3)工程变更和现场签证的成本控制。变更内容尽可能控制在变更项目实施前，在实施过程中的变更分项严格按照约定时限和程序进行。

(4)设计、监理、审计等项目合同费用计算和索赔控制。现在，许多公司内的服务合同项目中关于服务方的违约条款没有进行量化或量化不细致，导致对对方提供的服务质量难以进行评定，对服务质量到位程度难以量化，最终的费用只能按照合同额支付并另加索赔额。

例如，对设计单位采取图纸审查和图纸会审时设计单位认可的失误数量超过合同约定数量，按照违反强制性条文和一般性条文分别计算扣款数额；对监理单位采取人员考勤制度，并且在合同中约定监理费和出勤数量的比例及总监理工程师、总监理工程师代表、监理员的比例。监理人员应严抓中间阶段的过程控制，以免由于工程工期延长，监理费支付延期等原因造成建设单位不必要的损失；对审计单位采取按照重复审计额度比例扣减审计费用等措施。

（六）项目竣工结算期间的成本控制

竣工结算上报审计的流程调整应增加重复审计环节。采取将竣工决算审计调整为“监理→工程部→预算部→设计部→首次外审→第二次外审”的六次挤压过程一次审计完成的做法。

有较多专业分包工程的项目将综合审计与单项审计合并汇总，预防重复计算的发生。在分包项目较多的工程竣工决算中，很容易发生施工项目重复计算的事情，如专业分包项目又在总承包项目决算当中出现、建设单位供材款在决算当中重复计算等。

单位工程结算完成后，要首先在相关控制部门建立会签制度，让其在最终的成本控制环节发挥作用；然后，是财务部门的财务决算，系统地对项目从立项到竣工交接所发生的各项费用进行统计汇总、对比。

（七）项目物业管理前期的成本控制

工程竣工交接后出现的质量问题和维修费用，往往是管理者出于各种人情关系和责任难以分清而无法或不能全额从工程保修金当中扣除，导致建设单位的直接与间接损失。工程的保修在签订施工合同时应附加细致的补充条款，特别是常出现的工程质量问题的解决流程、措施、扣款额度、项目使用过程中的正常维护以及如何及时进行等。由财务部严格把关保修金支付控制流程，避免资金流失。

二、某工程项目造价控制与预决算管理要点

目前在建设工程中普遍实行全过程造价控制，全过程造价控制是要把成本控制观念渗透到各项设计和施工技术措施之中，为领导做好经济参谋，提高工程投资效益。

为有效控制工程造价，根据当前造价管理体制模式的发展方向，在各建设项目中能合理地使用人力、物力、财力，取得较好的投资效益和社会效益，应实行建设全过程造价控制。建设全过程造价控制就是在投资决策阶段、设计阶段、建设项目发包阶段、建设实施阶段和竣工决算阶段，事先主动进行工程相关经济指标的预算、估算，积极参与项目建设的全过程，正确处理技术先进与经济合理两者之间的对立统一关系，把控制工程造价观念渗透到各项设计和施工技术之中，为领导层在投资决策、设计和施工等过程做好经济参谋，保证项目

管理目标的实现，提高工程投资效益。

(一)投资决策阶段：尽可能准确地计算项目全过程费用

本阶段主要取决于领导的经验与战略眼光，相关职能部门所起的作用相对有限，但工程造价部可以配合财务部或前期筹建部等相关部门尽可能准确地计算出包含土地成本、前期规费、工程造价、资金成本及管理费用(含建设单位管理费、设计费、监理费)等可能发生的工程项目全过程费用，做好项目经济评价，主动发挥“经济参谋”的作用，让决策层事先了解完成该项目需策划的资金规模、估算投入、产出及经济效益，为决策层做好正确的投资决策服务。

(二)设计阶段：可采用限额设计控制造价

在项目做出投资决策后，控制造价的关键在于设计，这也是工程造价控制的重点。据有关资料分析，设计费一般占建设工程全寿命费用的1%左右，但对工程造价的影响度占75%以上。目前的实际情况是：设计单位及个人对工程质量负有明确而重大的责任。而设计保守(在不影响功能的前提下)既可以减少工作量，又可避免被追究责任，因此较易产生，从而造成投资浪费的情况。可采用限额设计，与设计单位签订限额设计责任书。工程造价管理人员的具体工作有：

(1)由工程造价管理人员短时间内对每个设计方案作出经济估算与评价，在此基础上推选最佳的设计方案。

(2)确定设计方案后，由造价管理人员根据相关资料(尽可能收集当地的造价相关资料，如之前曾做过的同类项目的经济指标)提出合理的限额设计指标，供公司与设计单位确定设计限额时参考。

(3)工程造价管理人员参与图纸会审的工作，并对不影响功能而降低造价提出合理化建议。

(4)由于种种原因，还存在着边设计边施工的现象，甚至因施工质量不高，而导致设计更改、联系单较多、工程造价人为失控的现象，工程造价管理人员应全过程有针对性地加以监控。

(三)项目发包阶段：编制科学的预算标底进行招投标

1. 招投标可能会出现的两种情况

(1)所选单位并非真正的最低报价单位，而是选中报价低于成本价而希望今后在施工过程中通过各种手段、方法取得弥补的单位(容易引起“扯皮”而影响工期及造价失控)。

(2)招投标文件、合同文件等不够严密、明确，在决算时造成分歧或让施工单位“钻空子”。

2. 招投标阶段工程造价管理人员的工作要点

(1)参与施工招投标文件的编制及招投标的组织管理。

(2)编制合适的施工预算标底(或工程量清单)。

(3)详细分析各投标单位的投标书，详细列出各投标书中存在的明显低于市场价、漏项或标书中不明确的内容。询标时，明确优惠条件及今后决算口径，并详细了解投标单位漏项及明显低于市场价项目的弥补方式或消化途径(否则可能成为造价控制的隐患)，在此基础上推荐真正低价并可行的中标单位。

(4)参与招标答疑时尽可能明确今后将要采取的一些控制措施，如甲供材料、分包项目及相应的经济责任，减少索赔隐患。

(5)参与合同谈判与施工经济条款的起草，避免由于合同未明确或不严密等原因而造成造价失控现象。

(四)施工阶段：进行施工组织设计的合理优化

1. 施工中可能出现的情况

(1)设计变更偏多。一般而言，变更越多造价越容易失控。

(2)无价材料价格签证偏高，依据不明造价越不易控制。

(3)隐蔽工程验收不到位，甚至存在弄虚作假现象。

(4)监理单位监管不力，甚至与施工方共同作弊。

(5)联系单的签证存在不明确、内容界限超合同，甚至出现不真实的情况。

2. 施工阶段工程造价管理人员的工作重点

(1)从造价角度帮助承包、发包双方进行施工组织总设计的合理优化，选择技术上可行、经济上合理的施工方案进行施工。

(2)当施工过程中出现各种变化，如地质条件的变化、材料的代换、工程量的增减、设计的变更等，造价工程师应根据实际发生的变化充分深入施工现场，争取第一手资料(隐蔽工程资料、实际施工记录等)，包括联系单上的签署意见，为日后的索赔处理、决算提供依据(建议：造价部对所有联系单进行经济分析、签署意见并附相关计算稿，公司管理层应明确未经造价人员签署意见，项目经理不得签署肯定意见)。

(3)参与无价材料的市场考察，并提出建议供项目部或公司参考。

(4)为业主制订合理的资金使用计划，既要保证工程建设有足够的资金，不致因资金不足或资金提供不及时而影响工程建设进度，又要做到尽可能不占用过多的资金，减少利息支出，降低资金筹措的难度。

(5)为业主做好承包商月报资料的复核工作，既能使承包商正常施工，又要防止过早、过多支付工程款。

(五)竣工决算阶段：做好工程造价决算审核

决算阶段的主要工作是对数据进行汇总和确认。工程造价管理人员的工作重点如下：

(1)做好工程造价决算审核、施工决算编制工作。

(2)做好建设项目后评估工作，在竣工决算审核的基础上，将项目的有关造价资料及分析结果汇总并建立数据库，为后续工程提供参考，也可作为公司考核项目部绩效的依据。会同项目各部门总结并找出本项目工程造价控制过程中存在的经验教训，提出今后工作中的改进方案，便于今后加强管理。

(3)在工程竣工决算时，建设单位的审核人员应坚持按合同办事，对工程预算处的费用严格控制。对于未按图纸要求完成的工作量及未按规定执行的施工签证一律核减费用；凡合同条款明确包含的费用、属于风险费包含的费用，未按合同条款履行的一律核减费用，严格把好审核关。

(4)对工程量的审核应根据施工承包合同要求，对施工过程中出现的设计变更、现场签证等进行审核，不能多算或不按规则计算。在要求施工企业报送相应的工程计算式和材料用量明细表的同时，建设单位也要编制一份完整的决算书和材料用量明细，这样比照审核，才能做到客观、公正、合理、准确。在决算审核中，还应注意审核项目的单价、决算书中分项的正确性及程序的准确性，结合现场的实际情况分项计算。

要注意的是，对工程量清单招标工程的决算，投标人的综合单价一次包死，不做调整。决算时，实际发生的招标时所依据的施工图纸以外的工程量变更和由于建设单位原因造成的工程量清单漏项或计算误差应预先作调整。在工程量调整时的决算中，工程量清单中原有的项目，应按保价中的综合单价确定；工程量清单中有类似的项目，应参照类似工程项目报价中的综合单价商定；工程量清单中没有的项目，按现行预算定额及有关规定计算。

三、某房地产公司施工阶段工程造价控制措施

房地产项目建设进入施工阶段后，由于工程设计已完成，工程量已完全具体化，因而影响项目投资的可能性只有5%～10%，节约投资的可能性已经很小。但工程项目投资额却主要发生在这一阶段，浪费投资的可能性很大。可以说，项目施工管理水平的高低直接影响建设工程造价，做好施工阶段的投资控制也是整个建设项目投资控制的重要组成部分。

(一)项目施工阶段的投资控制

1. 认真做好施工组织设计的审查工作

工程项目的施工组织设计应提出工程施工中进度控制、质量控制、投资控制、安全控制、现场管理等目标以及技术组织措施。

施工组织设计的基本内容包括工程概况和施工条件分析、主要工程的施工方案、施工进度计划和施工平面图(图5-5)。它是施工阶段全局性的技术经济文件。对施工组织进行优化的主要目的之一，就是使投资与工期、投资与质量之间的关系能够得到正确处理。要正确处理质量、工期和投资三者之间的关系，不能一味地要求缩短工期而以较大的投资作为代价。要督促施工单位做好施工进度计划网络图的设计和优化，在保证工程质量和满足工期的前提下，尽可能降低工程造价。

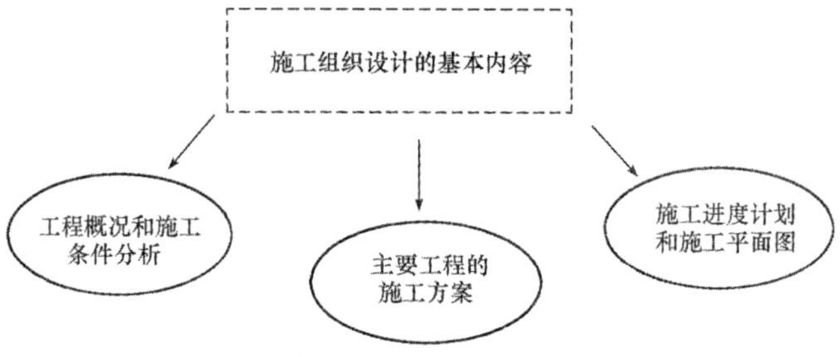

图 5-5　施工组织设计的基本内容

2. 严格工程变更及现场签证的审查与控制

在工程项目的实施过程中，由于多方面的情况变化，经常出现工程量变化、施工进度变化以及发包方与承包方在执行合同中的争执等许多问题。由于工程变更所引起的工程量的变化、承包方的索赔等，都有可能使项目投资超出原来的预算投资。进行必要的设计变更应做到以下几个要点：

(1)进行工程量和投资增减分析，论证变更的重要性。

(2)所有设计变更均需经发包方代表或发包方委托进行项目管理的监理工程师同意。

(3)当设计变更超过原设计标准或已批准的建设规模时，均应经原项目审批部门和其他有关部门的审查批准。

(4)严格控制施工现场的签证。对于因施工条件或无法预见情况的发生所引起的工程量变化，需进行现场签证。

现场签证一般涉及工程量的增减、施工方案的变更和施工时间的改变。在工程建设管理过程中，要建立完备的现场签证手续，签证必须达到量化要求，签证的工作量应主要为现场实测、实量或清点的实物量，如长度、高度、深度、宽度、规格等，避免出现建设单位工程管理人员只管签证不算经济账的现象，造成投资失控的严重后果。在工程造价方面，变事后被动控制为事前主动控制。

3. 强化施工合同和索赔的管理

(1)必须做好日常例会及处理技术问题、进度问题及其他重大问题等会议记录，为避免索赔提供依据。

(2)在处理索赔时应仔细研究合同中每一条款的内容，分清双方的风险和责任，谨慎处理索赔。凡不属于自己责任范围内的，一概不得批准对方的索赔要求。

加强施工合同的费用控制，是施工阶段投资控制的一项重要内容。积累一切可能涉及索赔论证的资料、加强索赔工程造价管理，是一门集经济、技术、管理于一体的具有前瞻性的学问，对可能引起的索赔应当有所预测，及时采取补救措施，有效避免索赔事件的发生。

4. 做好竣工决算审核

建设项目竣工决算的审核，是控制工程造价的最后一个环节。在施工中经常会出现各种变化，如地质条件的变化、材料的代换、工程量的增加等。开发商要通过对竣工决算的管理，使决算价款不仅能符合合同的约定，而且能够真实地反映业主对工程所作的变更。

5. 控制工程直接费用

人工费可采用承包分解管理，材料费可通过量化包干进行控制，机械使用费应通过提高机械设备的完好率和利用率来控制，应贯彻谁使用谁保管和节奖超罚的原则。同时，要注重合同约束，注重阶段性考核，进行有效的目标控制和过程控制。

当然，施工组织安排得合理有序，工期紧凑、不窝工，工作有条不紊，则施工必定高效，成本控制自然会好；如因质量返工，既造成材料设备的浪费，也会使人工消耗加大，还会影响后续工序，成本肯定无法降低；同样，安全文明施工也很重要。如果没有安全，就没有保证；没有效益，成本自然会加大。

(二)项目施工期间的成本控制

1. 加强现场管理

现场项目管理负责人应由有综合专业技术技能、合同管理经验丰富、具有十年独立运作项目管理经验的人员来承担；采取项目经理负责制、项目组织待遇与项目利润挂钩等激励措施。严格督促施工方按图施工，严格控制设计变更及材料代用，对必要的变更要做到先算账后花钱，做好现场各种施工记录，做好材料进料抽检工作，及时掌握各种材料的市场价格信息，在保证质量的前提下尽可能将工期提前。

2. 实行效益奖励制度，调动现场管理人员的积极性

施工过程中，如有人发现施工图设计错误或不合理，在确认的情况下可以根据其节约效益给予适当奖励。

3. 严格控制施工进度款的拨付

现在，很多建设单位在工程预算管理方面是在被动地等着承包方送交进度预算后再进行审核，与“三算”对比的管理方式差之甚远，而且还是采用内部估算值的方式，不负责任地将大量的工作放到了竣工决算审计环节。在工程进度值审定流程再造方面，不但要调整审计模式，还要增加监理方、工程部前期预审的环节。

对工程量的审核，要做到不多算、不重算，谁签字谁负责。另外，对定额取费的选择要根据施工合同进行严格查核，对就高不就低的项目要坚决纠正。

4. 工程变更价款的确定

项目进行当中或多或少地会出现变更，在变更下达中应随即附加变更价款在工程总值中的增减额度预算，将被动的事后控制变为事前主动控制。

5. 合理规避索赔风险

(1)工程进度资金不到位时的索赔风险控制。首先，在合同签订时，约定进度款支付超期时如何进行费用计算的条款；其次，在项目进行中，及时根据现场进展情况与合同偏差值进行纠偏，签订相应的补充条款，以免事件发生时间较长，出现相互之间难以分清责任而发生不利于建设单位的“扯皮”现象。

(2)工程变更和现场工程签证的成本控制。变更内容尽可能控制在变更项目实施以前，在实施过程中的变更分项严格按照约定时限和程序进行。

(3)设计、监理、审计等服务项目合同费用计算和索赔控制。现在，公司内的服务合同项目中关于服务方的违约条款没有进行量化或量化不细致，导致对对方付出的服务质量难以进行评定，对服务质量到位程度难以量化，最终的费用只能按照合同额支付并另加索赔额，吃亏的是开发商。比如，在设计单位采取图纸审查和图纸会审时，设计单位认可的失误数量超过合同约定数量，要按照违反强制性条文和一般性条文分别计算扣款数额。

对监理单位采取人员考勤制度，并且在合同约定中约定监理费和出勤数量的比例及总监理工程师、总监理工程师代表、监理员的出勤比例，提高监理人员的工作质量，严抓中间阶段的过程控制，以免由于工期延长、监理费支付延期等原因造成建设单位不必要的损失。

四、某房地产公司采购成本控制要点

材料及设备采购环节，成本控制的核心要素是计划和信息，通过明确而科学的流程，就可以最大限度地减少在该环节出现损失的概率，达到成本控制的目的。

材料及设备采购成本控制要点见表 5-4。

表 5-4　材料及设备采购成本控制要点

控制要点	控制什么	怎么控制	谁来控制
材料进场计划	采购招投标及订立合同时间	与工程部及时沟通	工程部
	生产周期	与工程进度相配合	
	运输周期	具体与采购点远近相对应	
	安装、验收周期	与工程进度相配合	
	交叉作业时间	与工序安排相对应	
材料的性能价格比	市场信息	日常搜集市场信息，建立材料市场信息库	审算部
	技术参数	材料设备的技术参数由设计部确定	设计部
	招投标	必须招投标的材料设备要制订招投标计划。不需招投标的材料设备，采用三家以上厂家报价选择	审算部
材料款支付	材料款支付方式； 材料款支付进度； 保修款	预付款限额控制； 首次验收后付款总额进度控制； 保修款一般不低于合同总价的 5%； 依据合同中约定付款	经办部门(工程部或设计部)

续表

控制要点	控制什么	怎么控制	谁来控制
材料验收	数量验收	几方共同确认现场到货数量	甲方工地代表或专业工程师负责监控验收
	质量验收	外观质量的验收	工程部
		安装后质量的验收	
		投入使用后的质量验收	物业公司
材料保管与维修	材料保管	在合同中明确货物的卸货和保管的责任承担者	工程部
	材料保修	用合同的方式明确保修责任和保修期	

五、某房地产公司施工成本控制要点

施工环节的成本控制主要应注意两大方面：一个是因各种变更带来的费用，另一个是材料、工程款的支付。由于市场变化与市场把握的原因，施工阶段因各种情况不可避免地要对施工计划和内容进行变动，而在变更时明确目的和遵循原则都是必需的。这一阶段进行成本控制时，要注意各部门的及时沟通和良好合作。

施工成本控制要点见表 5-5。

表 5-5　施工成本控制要点

控制要点	控制什么	怎么控制	谁来控制
设计变更环节	变更评估	项目前期规划、定位要全面、准确，尽量避免在施工中的对重大设计调整； 加强施工前的审核工作，全面考虑工程造价，对可能发生变更的地方有预见性，并予以事先约定； 各部门全面评估变更带来的各种变化，为审批提供参考依据	审算部负责计算变更费用(含可能引起的索赔)； 甲方项目代表执行修改的工期评估； 审算部成本管理员负责计算变更后的成本现状
	变更的审核签认	根据变更原因将设计变更分成四类，不同类别按相应的审核签认流程进行	具体经办部门
		设计变更通知单	发生变更项目的负责人
		变更必须由设计单位、设计部、工程部、监理单位和施工单位共同签字后才能生效	经办部门
	变更的审批	主管总经理审批后方可进行变更	主管总经理
施工现场签证	签证的必要性	现场签证的确认应严格按照合同中所约定的条款执行	经办部门(设计部或工程部)
	签证的时限	现场签证确需发生，应坚持当时发生当时签证的原则	

续表

控制要点	控制什么	怎么控制	谁来控制
施工现场签证	签证的工程量	认真核对签证的工程量，并保证准确； 签证的内容、原因、工程量应清楚、准确、无涂改、编号准且全，并有监理工程师的签字确认	经办部门（设计部或工程部）
	签证的审批	施工洽商通知单	发生变更项目的负责人
		必须遵循“先洽后干”的原则。在确认签证前，应按相应审批程序报审，通过后方可正式签证	主管总经理
	签证的反馈	对工程变更应定期进行分类汇总统计分析，并根据统计资料对控制工程变更提出改进意见	资料工程师
审图	扩初图会审； 施工图会审； 分项、分部图纸会审； 各专业技术图纸会审	图纸多层次会审会签及审批制度； 各专业互审互签制度； 力争在开工前将图纸中的问题修改完	甲方技术负责人
总分包配合费	分包方式； 分包内容； 分包的责任界定	通过投标确定配合费； 应避免在施工过程中修改分包方式、分包内容、范围而增加工程成本	甲方代表
材料供应	选型	施工所用的各项材料的选型应在材料招标前确定	设计部
	材料供应方式	先确定材料的供应方式，通过招标确定相关费用	审算部组织 工程部参加
	材料计划	限时编制材料计划；材料计划签认	甲方代表
	预留时间	要考虑可能出现的问题，留出相应的时间	经办部门
工程款的支付	付款进度； 工程进度	按合同约定执行付款； 按进度款付款； 多层次、多角度审核工程进度	甲方代表与监理工程师审核完成工程进度部分； 预算人员审核工程价值量
	付款的审批	根据情况由不同级别人员最终审批	主管副总或总经理

第六章　房地产建设项目质量控制

第一节　房地产项目质量管理概述

一、建设项目工程质量的定义

建设项目工程质量简称工程质量，这里是指工程项目实施过程中的实体质量。

工程质量是指工程满足建设单位需要的，符合国家法律、法规、技术规范标准、设计文件及合同规定的特性综合。

建设工程项目作为一种特殊的产品，除具有一般产品共有的质量特性，如性能、寿命、可靠性、安全性、经济性等满足社会需要的使用价值及其属性外，还具有特定的内涵。

建设工程项目质量要求主要表现在以下六个方面：

(1)适用性。适用性是指工程满足使用目的的各种性能。

(2)耐久性。耐久性是指即满足规定功能要求使用的年限，也就是工程竣工后的合理使用寿命周期。

(3)安全性。安全性是指工程建成后在使用过程中保证结构安全、保证人身和环境免受危害的程度。

(4)可靠性。可靠性是指工程在规定的时间和规定的条件下完成规定功能的能力。

(5)经济性。经济性是指工程从规划、勘察、设计、施工到整个产品使用寿命周期内的成本和消耗的费用。

(6)与环境的协调性。与环境的协调性是指工程与其周围生态环境协调，与所在地区经济环境协调以及与周围已建工程相协调，以适应可持续发展的要求。

二、建设工程项目质量的特点

建设工程项目质量的特点是由建设工程本身及其施工的特点决定的。

1. 建设工程(产品)及其施工的特点

(1)建设产品具有固定性，施工具有流动性；

(2)建设产品具有多样性，施工具有单件性；

(3)建设产品形体庞大、投入高、周期长，具有风险性；

(4)建设产品具有社会性，生产具有外部约束性。

2. 工程项目质量的特点

(1)影响因素多。如决策、设计、材料、机具设备、施工方法、施工工艺、技术措施、人员、工期、工程造价、地形、地质、水文、气象等，这些因素都直接或间接地影响工程项目质量。

(2)质量幅度大，易产生质量变异。由于建筑生产的单件性和流动性，工程质量容易产生波动且波动大。同时，由于影响工程质量的偶然性因素和系统性因素比较多，其中任一因素发生变动，都会使工程质量产生波动。如材料规格、品种使用错误，施工方法不当，操作未按规定进行，机械设备过度磨损或出现故障，设计计算失误等，都会导致质量波动，从而导致系统的质量变异，造成工程质量事故。

(3)质量隐蔽性。建设工程施工过程中，由于工序交接多、中间产品多、隐蔽工程多，因此质量存在隐蔽性。若不及时进行质量检查，事后只能从表面上检查，就很难发现内在的质量问题，这样就容易产生第二判断错误。也就是说，容易将不合格的产品误认为是合格的产品。反之，若不认真检查，测量仪器不准，读数有误，就会产生第一判断错误。因此，在质量检查时应特别注意。

(4)终检局限性大。工程项目终检验收时难以发现工程内在的、隐蔽的质量缺陷，对工程质量应重视事前控制、事中监督，防患于未然，将质量事故消灭于萌芽之中。

(5)评价方法的特殊性。工程项目质量的检查评定及验收是按检验批、分项工程、分部工程、单位工程进行的。检验批的质量是分项工程乃至整个工程质量检验的基础，其是否合格主要取决于主控项目和一般项目抽样检验的结果。隐蔽工程在隐蔽前要检查合格后验收，对涉及结构安全的试块、试件以及有关材料，应按规定进行见证取样检测。对涉及结构安全和使用功能的重要分部工程，要进行抽样检测。

三、房地产项目质量控制的含义

质量控制是质量管理体系标准的一个质量术语。质量控制是质量管理的一部分，是致力于满足质量要求的一系列相关活动；质量管理是指确立质量方针及实施质量方针的全部职能及工作内容，并对其工作效果进行评价和改进的一系列工作。因此，二者的区别在于质量控制是在明确的质量目标条件下通过行动方案和资源配置的计划、实施、检查和监督来实现预期目标的过程。

房地产项目从本质上说，是一项拟建的建筑产品，质量要求一般体现在工程合同、设计文件、规范标准等几个方面。由于房地产项目是由开发商(投资者或项目法人)提出明确的需求，然后再通过一次性承包、发包生产，即在特定的地点建造特定的项目。因此，工程项目的质量总目标是通过项目策划，即项目的定义、建设规模、系统构成、使用功能和价值、规格档次标准等的定位策划和目标决策来提出的。

工程项目质量控制包括勘察设计、招标投标、施工安装、竣工验收等阶段，均应致力于满足房地产开发商要求的质量总目标而展开。

四、工程建设的不同阶段对项目质量的影响

工程建设的不同阶段对项目质量的影响如下：

(1)项目可行性研究阶段。在此阶段，需要确定房地产项目的质量要求，并与投资目标相协调。项目的可行性研究直接影响项目的决策质量和设计质量。

(2)项目决策阶段。项目决策阶段主要是确定工程项目应达到的质量目标和水平。

(3)工程勘察、设计阶段。工程的勘察使得质量目标和水平具体化，为施工提供直接依据。工程的设计质量是决定工程质量的关键环节，设计的严密性、合理性决定了工程建设的成果，是建设工程的安全、适用、经济与环境保护等措施得以实现的保证。

(4)工程施工阶段。工程施工活动决定了设计意图能否体现，它直接关系到工程的安全可靠、使用功能的保证，以及外表观感能否体现建筑设计的艺术水平。在一定程度上，工程施工是形成实体质量的决定性环节。

(5)工程竣工验收阶段。工程竣工验收是保证最终产品质量的关键阶段。

工程建设项目质量的形成是一个系统的过程，是可行性研究、项目决策、工程勘察和设计、工程施工和竣工验收各阶段质量的综合反映。

五、建设工程项目质量控制基本原理

1. PDCA 循环原理

PDCA 循环原理是项目目标控制的基本方法，也同样适用于工程项目质量控制。实施 PDCA 质量控制循环原理时，将质量控制全过程划分为计划 P(Plan)、D 实施(Do)、检查 C(Check)、A 处理(Action)四个阶段。

(1)计划 P(Plan)。计划即质量计划阶段，明确目标并制订实现目标的行动方案。

(2)实施 D(Do)。组织对质量计划或措施的执行计划行动方案的交底和按计划规定的方法与要求展开工程作业技术活动。

(3)检查 C(Check)。检查采取措施的效果，包括作业者的自检、互检和专职管理者专检。各类检查都包含两大方面：一是检查是否严格执行了计划的行动方案；实际条件是否发生了变化；不执行计划的原因。二是检查计划执行的结果，即产出的质量是否达到标准的要求，对此进行确定和评价。

(4)处理 A(Action)。总结经验，巩固成绩，对于检查所发现的质量问题或质量不合格，及时进行原因分析，采取必要的措施予以纠正，保持质量形成的受控状态。

PDCA 循环的关键不仅在于通过 A(Action)去发现问题，分析原因，予以纠正及预防，更重要的在于对于发现的问题在下一个 PDCA 循环中的某个阶段，如计划阶段，予以解决。于是，不断地发现问题，不断地进行 PDCA 循环，使质量不断改进、不断上升，如图 6-1 所示。

PDCA 循环的特点是：四个阶段的工作完整统一，缺一不可；大环套小环，小环促大

环，阶梯式上升，循环前进，如图 6-2 所示。

PDCA 循环的 8 个步骤以及相应的方法见表 6-1。

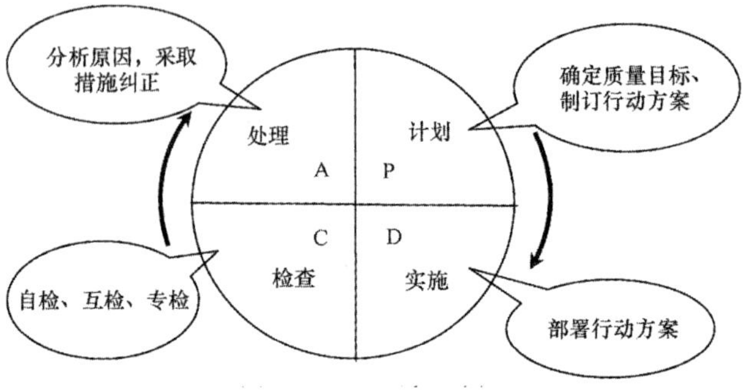

图 6-1　PDCA 循环过程

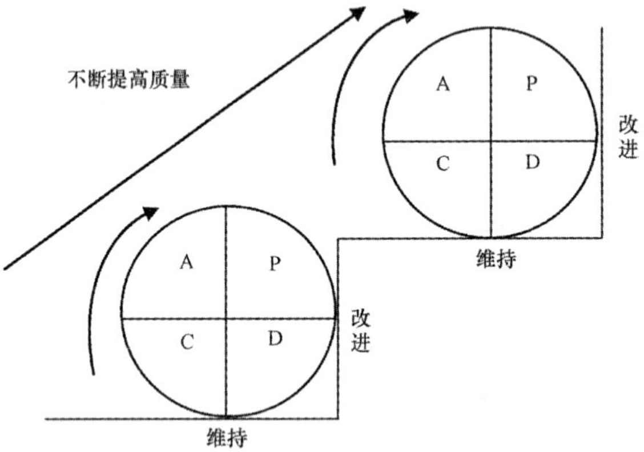

图 6-2　PDCA 循环示意

表 6-1　PDCA 循环的步骤

阶段	步骤	方法
P	1. 分析现状，找出问题	排列图，直方图，控制图
	2. 分析各种影响因素或原因	因果图
	3. 找出主要影响因素	排列图，相关图
	4. 针对主要原因，制定措施计划	回答“5W1H”的问题： 为什么制定该措施(Why)? 达到什么目标(What)? 在何处执行(Where)? 由谁负责完成(Who)? 什么时间完成(When)? 如何完成(How)?

续表

阶段	步骤	方法
D	5. 执行、实施计划	
C	6. 检查计划执行结果	排列图，直方图，控制图
A	7. 总结成功经验，制定相应标准	制定或修改工作规程、检查规程及其他有关规章制度
	8. 将未解决或新出现的问题转入下一个 PDCA 循环	

2. 三阶段控制原理

三阶段控制包括事前质量控制、事中质量控制和事后质量控制。这三阶段控制构成了质量控制的系统控制过程。

(1)事前质量控制。事前质量控制即在正式施工前进行的事前主动质量控制，通过编制施工质量计划，明确质量目标，制定施工方案，设置质量管理点，落实质量责任，分析可能导致质量目标偏离的各种影响因素，针对这些影响因素制定有效的预防措施，防患于未然。

(2)事中质量控制。事中质量控制是指在施工质量形成过程中，对影响施工质量的各种因素进行全面的动态控制。事中控制首先是对质量活动的行为约束，其次是对质量活动过程和结果的监督控制。事中控制的关键是坚持质量标准，控制的重点是工序质量、工作质量和质量控制点的控制。

(3)事后质量控制。事后质量控制也称为事后质量把关，以使不合格的工序或最终产品(包括单位工程或整个工程项目)不流入下道工序、不进入市场。事后控制包括对质量活动结果的评价、认定和对质量偏差的纠正。控制的重点是发现施工质量方面的缺陷，并通过分析提出施工质量改进的措施，保持质量处于受控状态。

上述三大环节之间构成有机的系统过程，实质上也就是 PDCA 循环具体化，并在每一次滚动循环中不断提高，达到质量管理或质量控制的持续改进。

3. 全面质量控制原理

全面质量控制是指生产企业的质量管理应该是全面、全过程和全员参与的。此原理对工程项目管理以及施工项目管理的质量控制，同样有理论和实践的指导意义。

(1)全面质量管理。全面质量管理是指对工程(产品)质量和工作质量以及人的质量的全面控制，工作质量是产品质量的保证，工作质量直接影响产品质量的形成，而人的质量直接影响工作质量的形成。因此，提高人的质量(素质)是关键。

(2)全过程质量管理。全过程质量管理是指根据工程质量的形成规律，从源头抓起，全过程推进。

(3)全员参与管理。全员参与管理从全面质量管理的观点看，无论组织内部的管理者还是作业者，每个岗位都承担着相应的质量职能。一旦确定了质量方针目标，就应组织和动员全体员工参与到实施质量方针的系统活动中去，发挥自己的角色作用。

全面质量管理的特点是把过去的以事后检验和把关为主转变为以预防和改进为主；把过去的以就事论事、分散管理转变为以系统的观点进行全面的综合治理；从管结果转变为管因素，将影响质量的因素查出来，抓住主要方面，发动全面、全过程和全员参与的质量管理，使生产（作业）的全过程都处于受控制状态。

第二节　建设工程项目质量控制

一、建设工程项目质量控制的过程

从工程项目质量的形成过程可知，要控制工程项目的质量，就应按照基本建设程序依次控制各个阶段的工程质量。

1. 项目决策阶段的质量控制

在房地产项目决策阶段，要使项目的质量要求和标准符合房地产开发建设意图，并与投资目标相协调，使建设项目与所在周边环境相协调，为项目的长期使用创造良好的运行条件和环境。

2. 工程设计阶段的质量控制

(1)要选择好设计单位，通过设计招标、组织设计方案竞赛等措施，从中选择能保证设计质量的设计单位；

(2)要保证各部分的设计符合决策阶段确定的质量要求；

(3)要保证各部分设计符合有关技术法规和技术标准的规定；

(4)要保证各专业设计部分之间的协调；

(5)要保证设计文件、图纸符合现场和施工的实际条件，其深度应能满足施工的要求。

3. 工程施工阶段的质量控制

(1)要开展施工招标，择优选择施工单位，认真审核投标单位标书中关于保证工程质量的措施和施工方案，将能否保证工程质量作为选择承包商的重要依据；

(2)严格监督施工单位按设计图纸进行施工，并最终形成符合合同文件规定质量要求的最终产品。

二、建设工程项目质量计划编制与实施

1. 建设工程施工质量计划的概念

建设工程施工质量计划是指确定施工项目的质量目标和如何达到这些质量目标的组织管

理、资源投入、专门的质量措施、必要的工作过程。

2. 建设工程施工质量计划的内容

(1)质量目标和质量要求。

(2)质量管理体系和管理职责。

(3)质量管理与协调的程序。

(4)法律法规和标准规范。

(5)质量控制点的设置与管理。

(6)项目生产要素的质量控制。

(7)实施质量目标和质量要求所采取的措施。

(8)项目质量文件管理。

3. 建设工程施工质量计划的实施

质量计划一旦批准生效，必须严格按计划实施。在质量计划实施过程中要及时监控、了解计划执行的情况、偏离的程度、纠偏措施，以确保计划的有效性。施工项目质量计划实施的工作内容有以下几项。

(1)质量管理人员应按照分工控制质量计划实施，并应按规定保存控制记录。

(2)当发生质量缺陷或事故时，必须分析原因、分清责任、进行整改。

(3)技术负责人应定期组织具有资格的质量检查人员和内部质量审核员验证质量计划的实施效果。当项目质量控制中存在问题或隐患时，应提出解决措施。

(4)对重复出现的不合格问题和质量问题，责任人应按照规定承担责任，并应依据验证评价的结果进行处理。

三、建设工程项目质量影响因素及控制

在工程项目建设各个阶段，影响质量的因素主要有人、材料、机械设备、工艺方法和环境五大方面。因此，事前对这五方面的因素严格予以控制，是保证建设项目工程质量的关键。

1. 人的因素

在工程项目建设中，影响工程项目质量的人是指直接参与工程建设的决策者、组织者、指挥者和操作者。

(1)对人的要求：工程实施过程中应充分调动人的积极性，发挥人的主导作用；为避免失误，应调动人的主观能动性、增强人的责任感和质量观，达到以工作质量保证工序质量、保证工程质量的目的。

(2)应采取的措施：加强职业道德教育、劳动纪律教育、专业技术知识培训，健全岗位责任制，改善劳动条件，进行公平、合理的激励；根据工程项目的特点，从确保质量出发，本着适才适用、扬长避短的原则来控制人的使用。

2. 材料因素

在工程项目建设中，材料泛指构成工程实体的各类建筑材料、构配件、半成品等。

对材料的要求：材料是工程建设的物质条件，是工程质量的基础，将直接影响工程的结构刚度和强度，影响工程的观感、使用功能及使用安全。因此，材料的选用要合理，各类构件产品要合格，材质需经过检验，保管使用要得当等。

3. 机械设备因素

工程项目建设中的机械设备是指各类施工机械设备。

(1)对机械设备的要求：机械设备要满足功能、合理装备、配套使用、有机联系，充分发挥建筑机械的效能，力求获得较好的综合经济效益。

(2)应采取的措施：综合考虑施工现场条件、建筑结构形式、机械设备性能、施工工艺和方法、施工组织与管理、建筑技术经济等各种因素，参与承包单位机械化施工方案的制订和评审。

4. 工艺方法因素

(1)工程项目建设中的工艺方法是指施工现场采用的施工方案，其包括以下内容：

1)技术方案，如施工工艺和作业方法。

2)组织方案，如施工区段空间划分及施工流向顺序、劳动组织等。

(2)对工艺方法的要求：施工方案要合理、施工工艺要先进、施工操作要正确。

工艺方法是实现工程建设的重要手段，方案的制订、工艺的设计、施工组织设计的编制、施工顺序的开展和操作要求等，都必须以确保质量为目的，严加控制。

(3)应采取的措施：结合工程实际，从技术、组织、管理、工艺、操作、经济等方面进行全面分析、综合考虑，力求方案技术可行、经济合理、工艺先进、措施得力、操作方便，有利于提高质量、加快进度、降低成本。

5. 环境因素

(1)工程项目建设中的环境因素是指对工程质量特性起重要作用的环境条件。其包括以下几点：

1)工程技术环境，如工程地质、水文、气象、工程管理环境、质量管理制度等；

2)劳动环境，如劳动组合、劳动工具、工作面等。

(2)对环境因素的要求：在雨期、风季、炎热、冬期季节施工中，应针对工程的特点，尤其是对混凝土工程、土方工程、深基础工程、水下工程及高空作业等，必须拟定季节性施工保证质量和安全的有效措施，以免工程质量受到冻害、干裂、冲刷、坍塌的危害；要不断改善施工现场的环境和作业环境，加强对自然环境和文物的保护，尽可能减少施工所产生的危害对环境的污染；健全施工现场管理制度，合理布置，使施工现场秩序化、标准化、规范化，实现文明施工。

(3)应采取的措施：环境因素对工程质量的影响具有复杂而多变的特点。因此，加强环境管理、改进作业条件、把握好技术环境、辅以必要的措施，是控制环境对质量影响的重要保证。

四、建设工程项目质量控制的基本方法

1. 审核有关技术文件、报告或报表

审核是项目经理对工程质量进行全面管理的重要手段，其具体审核内容包括对有关技术资质证明文件、开工报告、施工单位质量保证体系文件、施工方案和施工组织设计及技术措施、有关文件和半成品机构配件的质量检验报告、反映工序质量动态的统计资料或控制图表、设计变更和修改图纸及技术措施、有关工程质量事故的处理方案、有关应用“新技术、新工艺、新材料”现场试验报告和鉴定报告、签署的现场有关技术签证和文件等的审查。

2. 现场质量检查

(1)现场质量检查的内容包括：开工前的检查，主要检查是否具备开工条件，开工后是否能够保持连续正常施工，能否保证工程质量；工序交接检查，对于重要的工序或对工程质量有重大影响的工序，应严格执行“三检”制度，即自检、互检、交接检。未经监理工程师(建设单位技术负责人)检查认可，不得进行下道工序施工；隐蔽工程的检查，施工中凡是隐蔽工程必须检查认证后方可进行隐蔽掩盖；停工后复工的检查，因客观因素停工或处理质量事故等停工复工时，经检查认可后方能复工；分项分部工程完工后，应经检查认可，并签署验收记录后，才能进行下一工程项目的施工；成品保护的检查，检查成品有无保护措施以及保护措施是否有效、可靠。

(2)现场质量检查的方法主要有目测法、实测法和试验法等。

1)目测法。目测法即凭借感官进行检查，也称观感质量检验，其方法可概括为“看、摸、敲、照”四个字。所谓看，就是根据质量标准要求进行外观检查。如清水墙面是否洁净，混凝土外观是否符合要求等。摸，就是通过触摸手感进行检查、鉴别，如油漆的光滑度等。敲，就是运用敲击工具进行音感检查。如对地面工程应进行敲击检查。照，就是通过人工光源或反射光照射，检查难以看到或光线较暗的部位。如管道井、电梯井等内部的管线等。

2)实测法。实测法就是通过实测数据与施工规范、质量标准的要求及允许偏差值进行对照，以此判断质量是否符合要求。其手段可概括为“靠、量、吊、套”四个字。所谓靠，就是用直尺、塞尺检查诸如墙面、地面、路面等的平整度。量，就是指用测量工具和计量仪表等检查断面尺寸、轴线、标高、湿度、温度等的偏差。如对混凝土坍落度的检测等。吊，就是利用托线板以及线坠吊线检查垂直度。如对砌体垂直度检查等。套，是以方尺套方，辅以塞尺检查。如对阴阳角的方正、门窗口及构件的对角线检查等。

3)试验法。试验法是指通过必要的试验手段对质量进行判断的检查方法，主要包括理化试验和无损检测。

理化试验：工程中常用的理化试验包括物理力学性能方面的检验和化学成分及其含量的

测定等两个方面。

无损检测：利用专门的仪器仪表从表面探测结构物、材料、设备的内部组织结构或损伤情况。常用的无损检测方法有超声波探伤、X射线探伤、γ射线探伤等。

五、建设工程项目质量控制的数理统计方法

建设工程项目质量控制用数理统计方法可以科学地掌握质量状态，分析存在的质量问题，了解影响质量的各种因素，达到提高工程质量和经济效益的目的。建筑工程上常用的统计方法有排列图法、因果分析法、直方图法、控制图法、相关图法、散点图法、统计调查法、分层法。

1. 排列图法

排列图又称主次因素排列图法或巴雷特图法。其作用是寻找主要质量问题或影响质量的主要原因以便抓住提高质量的关键，取得好的效果。

排列图由两个纵坐标，一个横坐标，几个长方形和一条曲线组成。左侧的纵坐标是频数或件数，右侧的纵坐标是累计频率，横轴则是项目(或影响因素)，按项目频数大小顺序在横轴上自左而右画长方形，其高度为频数，并根据右侧纵坐标，画出累计频率曲线，又称巴雷特曲线。根据累计频率把影响因素分成3类：A类因素，对应于累计频率0～80%，是影响产品质量的主要因素；B类因素，对应于累计频率80%～90%，为次要因素；C类因素，对应于累计频率90%～100%，为一般因素。运用排列图便于找出主次矛盾，以利于采取措施加以改进。如图6-3所示。

现以砌砖工程为例，按有关规定对项目进行检查测试，然后将收集的数据，按不合格的大小依次排列，计算出各自的频数，据此绘制排列图。如图6-4所示，影响砌砖质量的主要因素是门窗孔洞偏差和墙面的垂直度。所以，在砌砖时应在门窗孔洞砌筑和墙面的垂直度方面主动采取措施，以确保砌砖工程的质量。

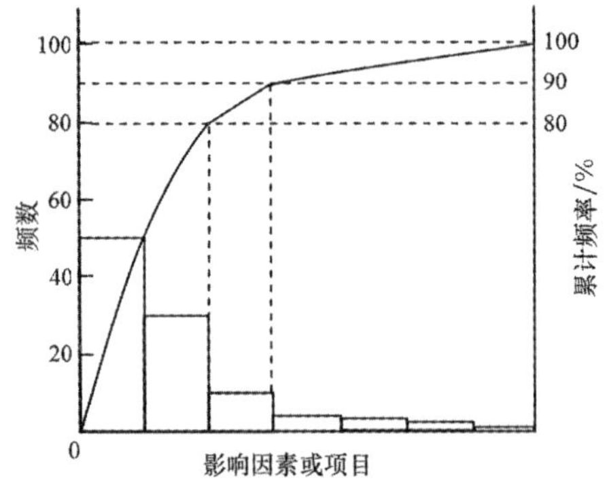

图6-3 排列图

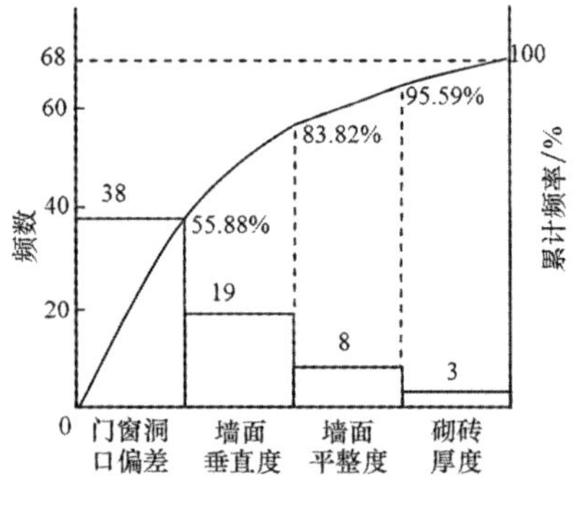

图6-4 砌砖工程不合格项目大小次序排列图

2. 因果分析图法

因果分析图又称特性要因图，因其形状像树枝或鱼骨，故又称鱼骨图、鱼刺图、树枝图。

因果分析图法就是分析质量问题产生原因的有效工具。通过排列图，找到影响质量的主要问题(或主要因素)，但找到问题不是质量控制的最终目的，目的是搞清产生质量问题的各种原因，以便采取措施加以纠正。因果分析图的作法是将要分析的问题放在图形的右侧，用一条带箭头的主杆指向要解决的质量问题，一般可以从人、机械设备、材料、方法、环境 5 个方面进行分析，这就是所谓的大原因。对具体问题来讲，这 5 个方面的原因不一定同时存在。要找到解决问题的方法，还需要对上述 5 个方面进一步分解，这就是中原因、小原因或更小原因，它们之间的关系也用带箭头的线段表示。找出影响质量的因素以后，有效列出对策，并落实到解决问题的人和时间，限期改正。见表 6-2。

表 6-2　混凝土质量问题对策计划

<table>
<tr><th>项目</th><th>序号</th><th>问题原因</th><th>采取对策</th><th>负责人</th><th>期限</th></tr>
<tr><td rowspan="2">人</td><td>1</td><td>基本知识差</td><td>(1)对新工人进行教育；
(2)做好技术交底工作；
(3)学习操作规程及质量标准</td><td></td><td></td></tr>
<tr><td>2</td><td>责任心不强、
工人干活有情绪</td><td>(1)加强组织工作，明确分工；
(2)建立工作岗位责任制，采用挂牌制；
(3)关心职工生活</td><td></td><td></td></tr>
<tr><td rowspan="2">工艺</td><td>3</td><td>配比不准</td><td>试验室重新适配</td><td></td><td></td></tr>
<tr><td>4</td><td>水胶比控制不严</td><td>修理水箱、计量器</td><td></td><td></td></tr>
<tr><td rowspan="2">材料</td><td>5</td><td>水泥量不足</td><td>对水泥计算进行检查</td><td></td><td></td></tr>
<tr><td>6</td><td>砂、石含泥量大</td><td>组织人清洗过筛</td><td></td><td></td></tr>
<tr><td>机械</td><td>7</td><td>振捣器、搅拌机常坏</td><td>增加设备、及时修理</td><td></td><td></td></tr>
<tr><td rowspan="2">环境</td><td>8</td><td>场地狭窄</td><td>清理现场、增加空间</td><td></td><td></td></tr>
<tr><td>9</td><td>气温低</td><td>准备草袋覆盖、保温</td><td></td><td></td></tr>
</table>

现以某工程在施工过程中发现混凝土强度不足的质量问题为例，绘制因果分析图，分析可能出现的原因，如图 6-5 所示。

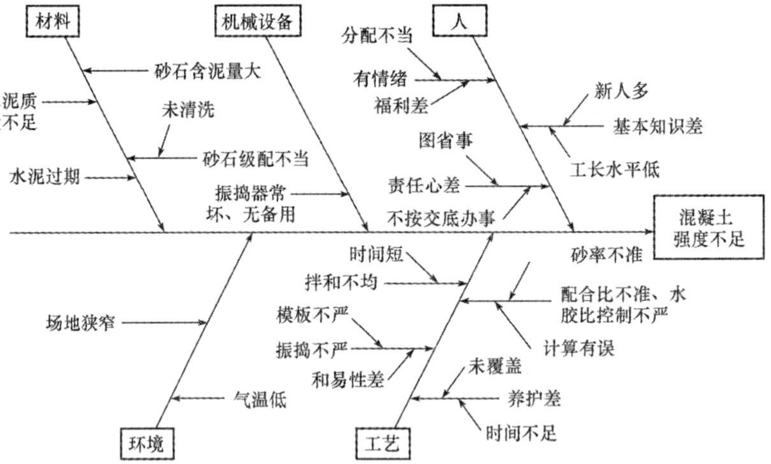

图 6-5　混凝土强度不足因果分析图

3. 直方图法

直方图法即频数分布直方图法，它是将收集到的质量数据进行分组整理，绘制成频数分布直方图，用以描述质量分布状态的一种分析方法，所以又称质量分布图法。通过直方图的观察与分析，可以了解统计数据的分布特征，即数据分布的集中或离散状况，从而掌握质量能力状态，并且可以观察分析生产过程质量是否处于正常、稳定和受控状态以及质量水平是否保持在公差允许的范围内。

正常直方图呈正态分布，其形状特征是中间高、两边低、成对称。正常直方图反映生产过程质量处于正常、稳定状态。数理统计研究证明，当随机抽样方案合理且样本数量足够大时，在生产能力处于正常、稳定状态，质量特性检测数据趋于正态分布。

(1)位置观察分析是指将直方图的分布位置与质量控制标准的上下限范围进行比较分析，如图 6-6 所示。

(2)生产过程的质量不仅要正常、稳定和受控，还必须在公差标准上、下界限范围内达到质量合格的要求。只有这样的正常、稳定和受控，才是经济、合理的受控状态，如图 6-6(a)所示。

(3)图 6-6(b)质量特性数据分布偏下限，易出现不合格，在管理上必须提高总体能力。

(4)图 6-6(c)质量特性数据的分布宽度边界达到质量标准的上下界限，其质量能力处于临界状态，易出现不合格，必须分析原因，采取措施。

(5)图 6-6(d)质量特性数据的分布居中且边界与质量标准的上下界限有较大的距离，说明其质量能力偏大，不经济。

(6)图 6-6(e)、(f)的数据分布均已出现超出质量标准的上下界限，这些数据说明生产过程存在质量不合格，需要分析原因，采取措施纠偏。

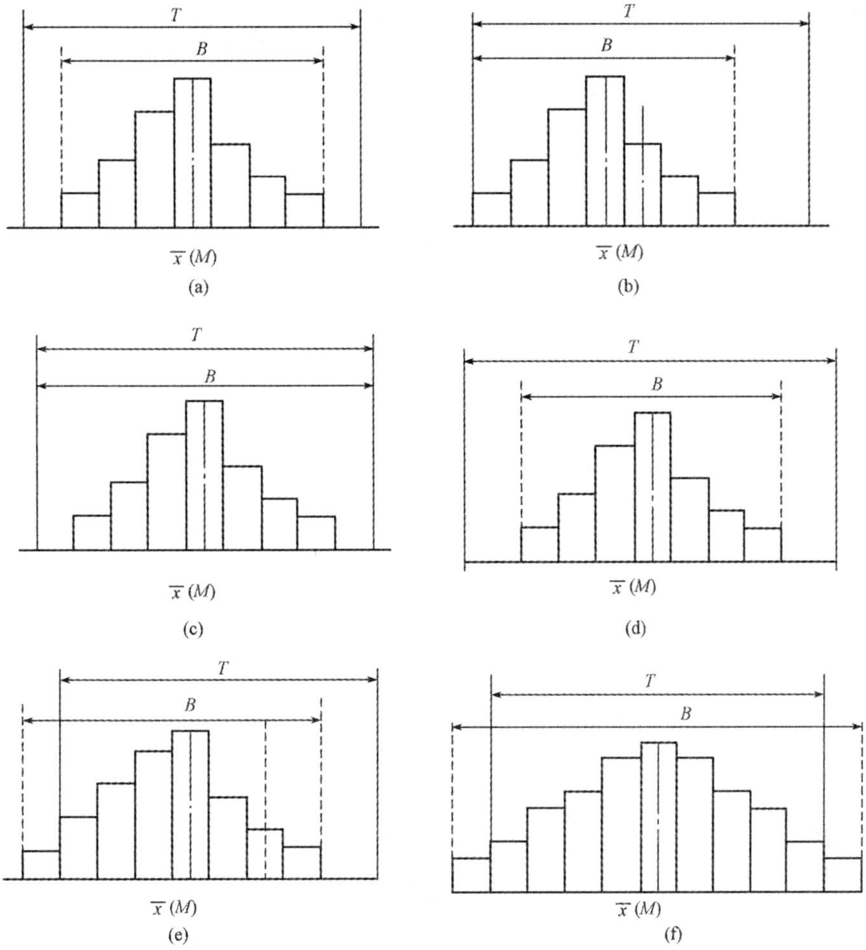

图 6-6　直方图与质量标准上下限

T—表示质量标准要求界限；

B—表示实际质量特性分布范围

4. 控制图法

控制图又叫作管理图，是能够表达施工过程中质量波动状态的一种图形。

在控制图中，横坐标为样本(子样)序号或抽样时间，纵坐标为被控制对象，即被控制的质量特性值。控制图上一般有三条线：在上面的一条虚线称为上控制界限，用符号 *UCL* 表示；在下面的一条虚线称为下控制界限，用符号 *LCL* 表示；中间的一条实线称为中心线，用符号 *CL* 表示。中心线标志着质量特性值分布的中心位置，上下控制界限标志着质量特性值允许波动范围。如图 6-7 所示。

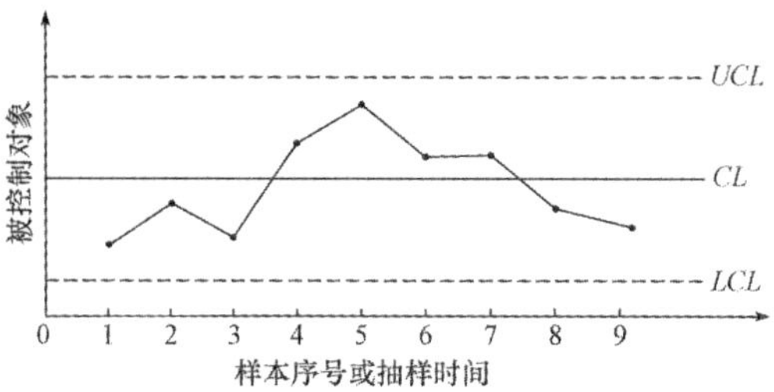

图 6-7　控制图示意

控制图的主要用途有两个：一是过程分析，即分析生产过程是否稳定；二是过程控制，即控制生产过程质量状态。

在生产过程中通过抽样取得数据，将样本统计量描在图上来分析判断生产过程状态。如果点子随机地落在上、下控制界限内，则表明生产过程正常处于稳定状态，不会产生不合格品；如果点子超出控制界限或点子排列有缺陷，则表明生产条件发生了异常变化，生产过程处于失控状态。

当控制图同时满足以下两个条件：一是点子几乎全部落在控制界限内；二是控制界限内的点子排列没有缺陷，可以认为生产过程基本处于稳定状态。如果点子的分布不满足其中任何一条，都应判断生产过程异常。

(1)点子几乎全部落在控制界线内，是指应符合下述三个要求：

1)连续 25 点以上处于控制界限内。

2)连续 35 点以上仅有 1 点超出控制界限。

3)连续 100 点中不多于 2 点超出控制界限。

(2)点子排列没有缺陷，是指点子的排列是随机的，而没有出现异常现象。

5. 相关图法

相关图又叫作散布图，其不同于前述各种方法之处在于它不是对一种数据进行处理和分析，而是对两种测定数据之间的相关关系进行处理、分析和判断。其也是一种动态的分析方法。工程施工中，工程质量的相关关系有 3 种类型：第一种是质量特性和影响因素之间的关系，如混凝土强度与温度的关系；第二种是质量特性与质量特性之间的关系；第三种是影响因素与影响因素之间的关系。

通过对相关关系的分析、判断，可以给人们提供对质量目标进行控制的信息。分析质量结果与产生原因之间的相关关系，有时从数据土比较容易看清楚，但有时从数据上很难看清，这就必须借助于相关图进行相关分析。

6. 散点图法

散点图是将两个变量之间的相关关系用直角坐标系表示的图标。

它是根据影响质量特性因素的各对数据，用点的形式描述在直角坐标图上，以观察判断两个质量特性值之间的关系，从而对产品或工序进行有效控制。

7. 统计调查表法

统计调查表又称检查表、核对表、统计分析表，它是用来记录、收集和累计数据并对数据进行整理和粗略分析。

8. 分层法

分层法又称分类法或分组法，就是将收集到的质量数据，按统计分析的需要进行分类整理，使其系统化，以便于找到产生质量问题的原因，并及时采取措施加以预防。

分层的结果使数据各层之间的差异突出地显示出来，减少了层内数据的差异。在此基础上，再进行层间、层内的比较分析，可以更深入地发现和认识产生质量问题的原因。

分层法的关键是调查分析的类别和层次划分，根据管理需要和统计目的，通常可按照以下分层方法取得原始数据：

(1)按施工时间分，如月、日、上午、下午、白天、晚间、季节；

(2)按地区部位分，如区域、城市、乡村、楼层、外墙、内墙；

(3)按产品材料分，如产地、厂商、规格、品种；

(4)按检测方法分，如方法、仪器、测定人、取样方式；

(5)按作业组织分，如工法、班组、工长、工人、分包商；

(6)按工程类型分，如住宅、办公楼、道路、桥梁、隧道；

(7)按合同结构分，如总承包、专业分包、劳务分包。

第三节　工程建设各主体单位的质量责任和义务

一、建设单位的质量责任和义务

(1)建设单位应当将工程发包给具有相应资质等级的承包施工单位，不得将建设工程肢解发包。肢解发包是指建设单位将应当由一个承包单位完成的建设工程分解成若干部分，发包给不同的承包单位的行为。这一规定的目的在于，限制建设单位发包工程的最小单位。

1)工程发包权是建设单位最重要的权力之一，建设单位要使用好这一权力，将工程发包给具有相应资质等级的单位来承担，是保证建设工程质量的基本前提。

2)根据国家及地方有关管理规定，工程的勘察、设计必须委托给持有相应资质等级证书的勘察、设计单位；工程的施工必须发包给持有营业执照和相应资质等级证书的施工单位。

3)建设单位不得将建设工程肢解发包。建设单位发包工程时，应该根据工程特点，以有利于工程的质量、进度、投资控制为原则，合理划分标段，不得肢解发包工程。

按照惯例，建设单位在组织实施建设工程时，一般要确定一个总包单位来协调各分包的关系，或确定一个项目管理公司来协调各承包单位的关系，很少有建设单位把工程的设计分别委托给几个单位，或把工程的施工分别发包给几个单位实施的。在我国建设市场中，有一些建设单位按性质和技术联系应当由一个承包单位整体承包的工程肢解成若干部分，分别发包给几个承包单位。由于建设单位一般不具备工程管理的专业知识和经验，使得整个工程建设在管理和技术上缺乏应有的统筹协调，往往造成施工现场秩序的混乱，严重影响工程建设质量，出了问题也很难找到责任方。因此，我国《建设工程质量管理条例》对建设单位禁止将建设工程肢解发包作了强制性规定。

(2)建设单位应当依法对工程建设项目的勘察、设计、施工、监理以及与工程建设有关的重要设备、材料等的采购进行招标。

建设单位采取招标方式选择承包单位和材料供应单位的必要性在于：

1)招标单位通过对各投标竞争者的技术方案、以往业绩和其他条件进行比较，从中选择技术力量强、质量保证体系可靠、具有良好信誉的承包单位和材料供应单位，与其签订合同。这有利于选择到优秀的承包单位和供应单位。

2)通过对施工投标单位的报价和设计单位的方案进行比较，能够选择到既能保证工程质量且报价又较低的承包单位和供应单位，有利于降低成本。

3)招标投标活动要求依照法定程序公开进行，有利于堵住工程发包活动中的行贿受贿等腐败和不正当竞争行为的黑洞，创造一个公平竞争的市场环境。

(3)建设单位必须向有关的勘察、设计、施工、工程监理等单位提供与建设工程有关的原始资料，原始资料必须真实、准确、齐全。

1)原始资料是勘察单位、设计单位、施工单位、工程监理单位进行勘察作业、设计作业、施工作业、工程监理作业的基础性材料。建设单位作为建设活动的总负责方，向有关的勘察单位、设计单位、施工单位、工程监理单位提供原始资料，并保证这些资料的真实、准确、齐全，是其基本的责任和义务。

一般情况下，建设单位根据委托任务必须向有关单位提供如下原始资料：

①向勘察单位提供如勘察任务书、项目规划总平面图、地下管线、地下构筑物、地形地貌等在内的基础资料。

②向设计单位提供上级有关部门批准的项目建议书、可行性研究报告等立项文件，设计任务书，有关城市规划、专业规划设计条件，勘察成果及其他基础资料。

③向施工单位提供概算批准文件，建设用地的征用资料，能够满足施工需要的施工图纸及技术资料，建设资金和主要建筑材料、设备的来源落实资料，建设项目所在地规划部门批准文件，施工现场完成“三通一平”的平面图等资料。

④向工程监理单位提供的原始资料除包括给施工单位的资料外，还要有建设单位与施工单位签订的承包合同文本。

2)真实是就原始资料的合法性而言的，指建设单位提供的资料的来源、内容必须符合国家有关法律、法规、规章、标准、规范和规程的要求，即必须是合法的，不得伪造、篡改。

3)准确是就原始资料的科学性而言的，指建设单位提供的资料必须能够真实反映建设工程的原貌，数据精度能够满足勘察、设计、施工、监理作业的需要。数据精度是相对而言的，譬如有关地质、水文资料，只能依据现有规范、规程和科学技术水平得出相对精确的数据，不可能得出绝对精确的数据。

4)齐全是就原始资料的完整性而言的，指建设单位提供资料的范围必须能够满足进行勘察、设计、施工、监理作业的需要。因此，建设单位必须为勘察单位、设计单位、施工单位、工程监理单位提供为使其完成承包业务需要的原始资料，并保证这些资料的真实、准确、完整。对于因原始资料的不真实、不准确、不完整造成工作质量事故，建设单位要承担相应的责任。

(4)建设工程发包单位不得迫使承包方以低于成本价格竞标，不得任意压缩合理工期。

1)建设单位不得迫使承包方以低于成本价格竞标，这里的承包方包括勘察、设计、施工和工程监理单位。

2)建设单位不得任意压缩合理工期。合理工期是指在正常建设条件下，采取科学、合理的施工工艺和管理方法，以现行的建设行政主管部门颁布的工期定额为基础，结合项目建设的具体情况而确定的使投资方、各参建单位均获得满意的经济效益的工期。合理工期要以工期定额为基础确定，但不一定与定额工期完全一致，可依施工条件等作适当调整。这是因为定额工期反映的是社会平均水平，是经选取的各类典型工程经分析整理后综合取得的数据。

由于技术的进步，完成一个既定项目所需的时间会缩短，工期会提前。判断工期是否合理的关键，是使投资方、各参建单位都获得满意的经济效益。建设单位不能为了早日发挥项目的效益，迫使承包单位大量增加人力、物力投入，赶工期，损害承包单位的利益。实际工作中，盲目赶工期、简化工序、不按规程操作导致建设项目出现问题的情况很多，这是应该制止的。

3)建设单位不得明示或暗示设计单位或施工单位违反工程建设强制性标准。按照国家有关规定，保证结构安全和功能的标准大多数属强制性标准。其包括以下几点：

①工程建设勘察、规划、设计、施工(包括安装)及验收通用的综合标准和重要的通用的质量标准；

②工程建设通用的有关安全、卫生和环境保护的标准；

③工程建设重要的通用术语、符号、代号、量与单位、建筑模数和制图方法标准；

④工程建设重要的通用试验、检验和评定方法等标准；

⑤工程建设重要的通用信息技术标准；

⑥国家需要控制的其他工程建设通用的标准。

强制性标准是保证建设工程结构安全、可靠的基础性要求。若违反这类标准，必然会给建设工程带来重大质量隐患。

在实践中，一些建设单位为了自身的经济利益，明示或暗示承包单位违反强制性标准的要求，降低工程质量标准，如要求设计单位减小层高、增大容积率；要求施工单位采用建设单位采购的不合格材料设备等，这种行为是法律所不允许的。

强制性标准以外的标准是推荐性标准。对于这类标准，甲乙双方可根据情况选用，并在合同中约定。一经约定，甲乙双方在勘察、设计、施工中也要严格执行。

(5)建设单位应当将施工图设计文件报有关部门审查，未经审查批准的不得使用。

1)施工图设计文件是设计文件的重要内容，是编制施工图预算，安排材料、设备订货和非标准设备制作，进行施工、安装和工程验收等工作的依据。施工图设计文件一经完成，建设工程最终所要达到的质量，尤其是地基基础和结构的安全性就有了约束，因此，施工图设计文件的质量直接影响建设工程的质量。

实际工作中，设计单位常常受制于建设单位，违心地服从建设单位提出的不合理要求，违反国家和地方有关规定的强制性标准、规范。有的建设单位规划报批方案与施工图设计文件不符，边设计、边施工的现象也时有发生，这都会影响到实际的设计质量。而一旦发现设计的质量问题，往往已经开始施工甚至开始使用，这将带来巨大的损失。因此，对施工图设计文件开展审查，既能对设计单位的成果进行质量控制，也能纠正参与建设活动各方的不规范行为。而且，审查是在施工图设计文件完成之后、交付施工之前进行，这样就可以有效地避免损失，保证建设工程的质量。

2)施工图设计文件审查是基本建设的一项法定程序。建设单位必须在施工前将施工图设计文件送有关部门审查，未经审查或审查不合格的不准使用，否则将追究建设单位的法律责任。

(6)对于实行监理的建设工程，建设单位应当委托具有相应资质等级的工程监理单位进行监理，也可以委托具有工程监理相应资质等级并与被监理工程的施工承包单位没有隶属关系或者其他利害关系的该工程的设计单位进行监理。

监理工作要求监理人员有较高的技术水平和较丰富的工程经验，因此，国家对开展工程监理工作的单位实行资质许可。工程监理单位的资质反映了该单位从事某项监理工作的资格和能力，是国家对工程监理市场准入管理的重要手段。只有获得相应资质证书的单位，才具备保证工程监理工作质量的能力，因此，建设单位必须将需要监理的工程委托给具有相应资质等级的工程监理单位进行监理。

目前，工程监理主要是对工程施工质量进行监督，因设计人员对设计意图比较了解，对设计中各专业如结构、设备等在施工中可能发生的问题也比较清楚，而工程施工的质量保证也是对设计质量的肯定，因此，由具有监理资质的设计单位对自己设计的工程进行监理，对保证工程质量十分有利。

隶属关系是指设计单位与施工单位有行政上下级关系，其他利害关系主要是指设计单位和施工单位之间存在的可能直接影响设计单位监理工作公正性的非常明显的经济或其他利益关系。

(7)建设单位在领取施工许可证或者开工报告之前，应当按照国家有关规定办理工程质量监督手续。

施工许可制度是指建设行政主管部门依法对建筑工程是否具备施工条件进行审查，符合条件的准许其开始施工的一项制度。制定这一制度的目的是通过对建筑工程施工所应具备的基本条件的审查，避免不具备条件的工程盲目开工，给相关当事人造成损失和社会财富的浪费，保证建筑工程开工后的顺利建设。

建设单位在领取施工许可证或者开工报告之前，应当按照国家及地方有关规定，到工程质量监督机构办理工程质量监督手续。所需文件和资料如下：

1)工程规划许可证；

2)设计单位资质等级证书；

3)监理单位资质等级证书，监理合同及《工程项目监理登记表》；

4)施工单位资质等级证书及营业执照副本；

5)工程勘察设计文件及施工图设计文件审图意见及备案资料；

6)中标通知书及施工承包合同等。

工程质量监督机构收到上述文件和资料后进行审查，符合规定的，办理工程质量监督注册手续，签发监督通知书。建设单位在办理工程质量监督注册手续的同时，按照国家有关规定缴纳建设工程质量监督费用。办理工程质量监督手续是法定程序，不办理监督手续的不发施工许可证，工程不得开工。

(8)按照合同约定，由建设单位采购建筑材料、建筑构配件和设备的，建设单位应当保证建筑材料、建筑构配件和设备符合设计文件和合同要求。建设单位不得明示或者暗示施工单位使用不合格的建筑材料、建筑构配件和设备。

根据《中华人民共和国合同法》的规定，发包方可以按合同提供原材料。对于哪些材料和设备由建设单位采购，哪些材料和设备由施工单位采购，要在合同中约定。谁采购的材料，谁负责保证其质量。对建设单位供应的材料和设备，在使用前，承包单位要对其进行检验和试验；如果不合格，不得在工程上使用并通知建设单位予以退换。有些建设单位在得知其供应的材料设备不合格后，为了赶进度或降低采购成本，仍以各种明示或暗示的方式要求施工单位降低标准，在工程上使用。这种指示施工单位使用不合格的建筑材料、建筑构配件和设备的行为，是一种严重的违法行为。

(9)涉及建筑主体和承重结构变动的装修工程，建设单位应当在施工前委托原设计单位或者具有相应资质等级的设计单位提出设计方案，没有设计方案的不得施工。

1)对建筑工程进行必要的装修作业，是满足建筑工程使用功能和美观的重要施工活动。一般的装修工程，只是对小型、轻型材料和构件进行拆除和安装，不涉及建筑主体和承重结构的变动。但也有一些装修工程，为了满足特定的使用目的，要对结构主体和承重结构进行改动。对于这类装修工程的施工，如果没有法律法规约束，任何单位和个人都随意对建筑主体和承重结构变动和装修，并且又是在没有设计方案的前提下擅自施工，则必将给工程带来质量隐患或者质量问题，后果是十分严重的。因此，涉及建筑主体和承重结构的装修工程施工，必须依据设计方案进行。设计方案是施工依据，没有设计方案的不得施工，以保证安全。

建筑设计方案是根据建筑物的功能要求，具体确定建筑标准、结构形式、建筑物的空间和平面布置以及建筑群体的安排。涉及建筑主体和承重结构变动的装修工程，设计单位会根据结构形式和特点对结构受力进行分析，对构件的尺寸、位置、配筋等重新进行计算和设计。因此，建设单位应当委托该建筑工程的原设计单位或者具有相应资质条件的设计单位提出装修工程的设计方案。原设计单位对建设工程的情况、结构形式等比较熟悉，一般情况下应委托其进行该建设工程的装修设计。在难以委托原设计单位的情况下，应委托与原设计单位有同等或以上资质的设计单位承担设计任务。

2)房屋建筑使用者在进行家庭装修过程中，不得擅自变动房屋建筑主体和承重结构，如拆除隔墙、窗洞改门洞等都是不允许的。至于哪些部位是承重结构以及装修中应注意的其他事项，在建设单位提供给用户的《住宅使用说明书》中应作说明。

(10)建设单位收到建设工程竣工报告后，应当组织设计、施工、工程监理等有关单位进行竣工验收。

二、工程监理单位的质量责任和义务

国务院《建设工程质量管理条例》中，对监理单位的质量责任共有五条规定。监理单位对施工质量承担监理责任，主要有违法责任和违约责任两个方面。如果监理单位故意弄虚作假，降低工程质量标准，造成质量事故的，要按照《中华人民共和国建筑法》及《建设工程质量管理条例》的规定，承担相应的法律责任。

如果监理单位在责任期内，不按照监理合同约定履行监理职责，给建设单位或其他单位造成损失的，属违约责任，应当向建设单位赔偿。

工程监理单位受建设单位委托进行监督，其本身行为也应受到规范和限制。

(1)工程监理单位应当依法取得相应等级的资质证书，并在其资质等级许可的范围内承担工程监理业务。禁止工程监理单位超过本单位资质等级许可的范围或者以其他工程监理单位的名义承担工程监理业务。禁止工程监理单位允许其他单位或者个人以本单位的名义承担工程监理业务。

(2)工程监理单位应当客观地执行监理任务。监理单位必须实事求是，遵循客观规律，按工程建设的科学要求进行监理活动。公正地执行监理任务是指监理单位执行监理任务时要公平、正直，平等地对待各方当事人。没有偏私，真实、合理地进行监督检查，提出意见，为建设单位服务。这是对工程监理单位执行监理任务的基本要求。

(3)由于工程监理单位与被监理工程的承包单位以及建筑材料、建筑构配件和设备供应单位之间是一种监督与被监督的关系，为了保证工程监理单位能客观公正地执行监理任务，工程监理单位不得与被监理工程的承包单位以及建筑材料、建筑构配件和设备供应单位有隶属关系或者其他利害关系。

这里的隶属关系是指工程监理单位与被监理工程的承包单位以及建筑材料、建筑构配件和设备供应单位有母子公司关系等。其他利害关系是指其他经济利益关系如参股、联营等关系。当出现工程监理单位与被监理工程的承包单位以及建筑材料、建筑构配件和设备供应单位有隶属关系或者其他利害关系的情况时，工程监理单位在接受建设单位委托前应当自行回避。在接受委托后发现这一情况时，应当依法解除委托关系。

(4)建设单位将监理业务委托给工程监理单位，是建设单位对该工程监理单位的信誉和监理能力的信任，工程监理单位接受委托后，应当自行完成工程监理任务，不允许将工程监理任务转让委托给其他工程监理单位。

如果由于业务太多或其他原因，工程监理单位无法完成该工程监理业务时，工程监理单位应当依法解除委托关系，由建设单位将该建筑工程的监理业务委托给其他具有相应资质条件的工程监理单位。

(5)工程监理单位必须全面、正确地履行监理合同约定的监理义务，对应当监督检查的项目认真、全面地按规定进行检查，发现问题须及时要求施工单位改正。

如在工程质量控制过程中，工程监理单位应当对工程原材料、构配件及设备在使用前进行抽检或复试，其试验的范围应按有关规范、标准的要求确定；在分项工程施工过程中，应对关键部位随时进行抽检，抽检不合格的应通知施工单位整改等。只有这样，才能保证监理任务按合同约定完成。工程监理单位不按照委托监理合同的约定履行监理义务，对应当监督检查的项目不检查或者不按规定检查，给建设单位造成损失的，应当承担相应的赔偿责任。

(1)工程监理单位承担赔偿责任的两个条件。

1)违反合同，监理工作失职；

2)造成损失，包括直接损失和间接损失。

(2)工程监理单位的赔偿责任的范围和大小。

1)承担相应的赔偿责任，一是指在建设单位委托的范围内，由于监理单位过失造成损失的，工程监理单位均应当作出相应的赔偿；二是根据其过失责任的轻重、造成损失的大小，确定其因工作过失应赔偿的数额。

工程监理单位与承包单位均受建设单位的委托，从事监理活动和施工活动，两者应该严格按照建设单位与其签订的合同履行各自的义务，相互之间是一种监督与被监督的关系。

工程监理单位应客观、公正地按合同约定执行监理任务，不得与承包单位相互勾结，为承包单位谋取非法利益，造成建设单位损失。工程监理单位与承包单位串通，为承包单位谋取非法利益，是一种严重和故意违法行为，不仅要承担民事责任，而且要承担相应的行政责任、刑事责任。

2)工程监理单位与承包单位承担连带赔偿责任，是指建设单位可以对工程监理单位和承包单位中一个单位或两个单位同时或先后请求全部赔偿，其中一个单位承担全部赔偿责任时，另一个单位对建设单位则免除赔偿责任。当一个单位承担全部赔偿责任时，有权向另一个单位请求偿还应由另一个单位承担赔偿责任的费用。这样的规定有利于保护建设单位的合法权益。

三、勘察、设计单位的质量责任和义务

(1)从事建设工程勘察、设计的单位应当依法取得相应等级的资质证书，并在其资质等级许可的范围内承揽工程。禁止勘察、设计单位超越其资质等级许可的范围或者以其他勘察、设计单位的名义承揽工程。禁止勘察、设计单位允许其他单位或者个人以本单位的名义承揽工程。勘察、设计单位不得转包或者违法分包所承揽的工程。

(2)勘察、设计单位必须按照工程建设强制性标准进行勘察、设计，并对其勘察、设计的质量负责。注册建筑师、注册结构工程师等注册执业人员应当在设计文件上签字，对设计文件负责。

(3)勘察单位提供的地质、测量、水文等勘察成果必须真实、准确。

(4)设计单位应当根据勘察成果文件进行建设工程设计。设计文件应当符合国家规定的设计深度要求，注明工程合理使用年限。

(5)设计单位在设计文件中选用的建筑材料、建筑构配件和设备，应当注明规格、型号、性能等技术指标，其质量要求必须符合国家规定的标准。除有特殊要求的建筑材料、专用设备、工艺生产线等外，设计单位不得指定生产厂家、供应商。

(6)设计单位应当就审查合格的施工图设计文件向施工单位作出详细说明。

(7)设计单位应当参与建设工程质量事故分析，并对因设计造成的质量事故提出相应的技术处理方案。

四、施工单位的质量责任和义务

(1)施工单位应当依法取得相应等级的资质证书，并在其资质等级许可的范围内承揽工程。禁止施工单位超越本单位资质等级许可的业务范围或者以其他施工单位的名义承揽工程。禁止施工单位允许其他单位或者个人以本单位的名义承揽工程。施工单位不得转包或者违法分包工程。

(2)施工单位对建设工程的施工质量负责。施工单位应当建立质量责任制，确定工程项目的项目经理、技术负责人和施工管理负责人。

建设工程实行总承包的，总承包单位应当对全部建设工程质量负责；建设工程勘察、设计、施工和设备采购的一项或者多项实行总承包的，总承包单位应当对其承包的建设工程或

者采购的设备质量负责。

(3)总承包单位依法将建设工程分包给其他单位的，分包单位应当按照分包合同的约定对其分包工程的质量向总承包单位负责，总承包单位与分包单位对分包工程的质量承担连带责任。

(4)施工单位必须按照工程设计图纸和施工技术标准施工，不得擅自修改工程设计，不得偷工减料。施工单位在施工过程中发现设计文件和图纸有差错的，应当及时提出意见和建议。

(5)施工单位必须按照工程设计要求、施工技术标准和合同约定，对建筑材料、建筑构配件、设备和混凝土进行检验。检验应当有书面记录和专人签字，未经检验或者检验不合格的，不得使用。

(6)施工单位必须建立、健全施工质量的检验制度，严格工序管理，做好隐蔽工程的质量检查和记录。隐蔽工程在隐蔽前，施工单位应当通知建设单位和建设工程质量监督机构。

(7)施工人员对涉及结构安全的试块、试件以及有关材料，应当在建设单位或者工程监理单位监督下现场取样，并送具有相应资质等级的质量检测单位进行检测。

(8)施工单位对施工中出现质量问题的建设工程或者竣工验收不合格的建设工程，应当负责返修。

第四节　成品保护

一、结构阶段的成品保护

1. 钢筋工程成品保护

(1)在钢筋加工制作，焊接接头冷却时，不得接触积水或雨水，以防钢筋成品存在接头隐患。

(2)加工成型的钢筋在存放和吊运过程中，要选择合理的搁垫点或吊点，以防发生较大变形。

(3)钢筋绑扎完工后，将多余的钢筋、扎丝及垃圾清理干净，严禁踩踏已绑好的钢筋，在部分易踩踏部位的板面筋处设置支撑筋搁垫。

(4)接地及预埋等焊接不能有咬口、烧伤钢筋现象，梁柱节点等钢筋密集区在钢材加工制作前应编制详细的节点绑筋指导书，严禁私自烤弯及割断钢筋。

(5)后一道工序的模板支设不能随意割断及拆除钢筋。涂刷隔离剂不能污染钢筋，模板支设过程中及时清理作业面的垃圾。钢管、模板堆放时，不得直接压在成型钢筋上。

(6)现浇板面钢筋绑扎完成后，不得踩压钢筋。

(7)墙体模板涂刷隔离剂后要用棉丝将多余隔离剂擦除，顶板模板隔离剂采用水乳剂，防止污染钢筋。

(8)绑扎钢筋时，禁止碰动预埋件和预留洞口模板。

(9)安装专业管线时，不得随意切断钢筋。

(10)在钢筋绑扎过程中，注意与专业工种密切配合，安装预留套管时不得随意切断或碰撞钢筋。专业设备孔洞预留要齐全，位置要准确，避免事后剔凿混凝土。

(11)楼板钢筋绑扎后及时铺设马道，浇筑混凝土时设专人修筋，边浇混凝土边逐段拆除马道。为了防止在浇筑混凝土时污染柱内主筋，可采用塑料套管，预防钢筋混凝土污染。

2. 模板工程成品保护

(1)表面离层脱皮的胶合大模板不得使用。

(2)墙板及框架梁、柱模板支设前需先画出模板图，并由项目总工程师根据浇混凝土侧压计算确定模板加固方案。

(3)模板支设时不得在承重架和平台模板上集中堆放重物。模板支模成型后，及时清理干净板面多余材料。

(4)安装预留、预埋在支模时配合进行，不得随意在模板上开孔穿管。

(5)梁板底模板拆除时，经土建工程师核算混凝土强度符合规范要求后方能进行。不得从高空往下投掷，已组装好的模板不得受抛掷物或吊件冲击。

(6)浇筑混凝土时，不准用振捣棒撬动模板，以防模板变形或松动。

(7)模板安装成型后派专人保护，并在浇筑混凝土前检查复核模板安装质量，浇筑混凝土时水平运输道不得搁置在侧模上。

(8)采用泵送混凝土时，活动泵管不得直接靠压于框架模板上。连接泵管在管路弯折处加强支撑和拉结，以防过大冲击力撞坏模板。

(9)模板一律采用脱模剂，不得漏刷积液，在钢筋绑扎前涂刷均匀。

3. 混凝土工程成品保护

(1)混凝土浇筑完成后，及时清理模板及下层楼面散落的混凝土或砂浆。

(2)混凝土未达到规定强度时，不得上人作业。

(3)混凝土终凝后达到规定强度，楼面堆放材料应分散均匀，尽量轻放。

(4)混凝土强度达到规范要求后，方可拆除模板。

(5)混凝土施工时，遇到雨天需及时做好防范措施。

(6)夏季施工时为了防止混凝土水分蒸发、收缩产生裂缝，必须及时敷盖草袋，进行湿润养护，并且养护时间不少于 7 天。采取有效措施，确保大体积混凝土内外温差控制在 25 ℃以内。

(7)在混凝土结构拆模后，楼梯踏板可采用废旧的竹胶板或木模板保护，楼梯角处用

ϕ10 圆钢防止破损；门窗洞口、预留洞口、墙体及柱阳角在养护后采用废旧的竹胶板或木模板作护角保护。采用在柱角、墙角、楼梯踏步、门窗洞口处钉 50 mm×15 mm 的防护木板条。柱、墙防护高度为 1.5 m。

(8)混凝土浇筑完毕后，凝固之前严禁上人踩踏。

(9)混凝土强度达到 1.2 MPa 时，方可进行操作并安装支架和模板。

(10)操作时不得踩踏钢筋，如发生钢筋变形移位，要及时修好。

(11)拆模过程中要轻轻敲动模板表面使之松动，拆除后发现模板不平或存在缺陷要及时修理；脱模剂要涂刷均匀。

(12)楼板上不得集中堆放重物，施工荷载不得超过设计允许荷载。顶板模板支设时，底部要垫脚手板或长木方。顶板模板拆除时防止硬撬、硬砸，破坏楼面混凝土。

4. 脚手架工程成品保护

(1)在作业中，禁止随意拆除脚手架的基本构架杆件、整体性杆件、连接紧固件和连墙件。确因操作要求需要临时拆除时，必须经主管人员同意，采取相应弥补措施，并在作业完毕后及时予以恢复。

(2)在脚手架的作业完成后，必须将架上剩余材料物品移至上(下)步架或室内；每日收工前应清理架面，将架面上的材料物品堆放整齐，垃圾清运出去；在作业期间，应及时清理落入安全网内的材料和物品。在任何情况下，严禁在脚手架上向下抛掷材料物品和倾倒垃圾。

(3)冬期施工期间，在霜雪天过后要及时对脚手架进行清扫，并要采取防滑措施。

二、装修阶段的成品保护

1. 装饰工程成品保护

(1)抹灰前必须事先把门窗框与墙连接处的缝隙用水泥砂浆嵌塞密实，门口钉设木板保护。

(2)要及时清扫干净残留在门窗框上的砂浆。铝合金门窗框必须有保护膜，并保持到临近竣工需清擦玻璃为止。

(3)推小车或搬运东西时，要注意避免损坏口角和墙面。抹灰用的大杠和铁锹不要靠在墙上，严禁蹬踩窗台，防止损坏其棱角。

(4)拆除脚手架要轻拆轻放，拆除后材料码放整齐，不要撞坏门窗、墙角和口角。

(5)要保护好墙上的预埋件、窗帘钩、通风箅子等。墙上的电线槽、盒、水暖设备预备洞等不要随意抹死。

(6)抹灰层凝结前，应防止快干、水冲、撞击、振动和挤压，以保证灰层有足够的强度。

(7)要注意保护好楼地面面层，不得直接在楼地面上抹灰。

2. 腻子工程成品保护

(1)不能污染门窗油漆及已做完的饰面层。

(2)已完成的墙面应做好成品保护工作，防止其他工序对成品的污染及损坏。

(3)墙面检修时，应注意已安装好的电门、灯具等电气产品及设备管道的保护，严防刷浆时造成污染。

(4)为减少污染，应事先将门窗口保护起来再进行大面积涂刷。

(5)刷涂料前应对已完成的地面面层进行保护，严防涂料造成污染。

(6)油工的墙、地应事先进行遮盖和保护后再涂刷。

(7)移动浆桶等施工工具严禁在地面上拖动，防止损坏地面面层。

3. 门窗工程成品保护

(1)木门框安装后应用厚铁皮保护，其高度以手推车车轴中心为准。

(2)门窗框进场后应妥善保管、入库存放。其门窗存放架下面应垫起离开地面 30 cm 并垫平，按其型号及使用的先后次序码放整齐；露天临时存放时上面应用苫布盖好，防止日晒、雨淋。

(3)进场的木门窗框应将靠墙的一面刷木材防腐剂，其余各面刷一道清油，防止受潮后变形。钢门窗进场后，按规格、型号分类堆放，挂牌并标明其规格、型号和数量，用苫布盖好，严防乱堆乱放，防止钢窗变形和生锈。铝合金门窗要入库存放，下边要垫起、垫平，码放整齐。

(4)安装门窗时要轻拿轻放，防止损坏成品；休整门窗时不能硬撬，以免损坏扇料和五金。铝合金门窗保护膜要检查完整无损后再进行安装，安装后要及时将门框两侧用木板条捆绑好，并禁止从窗口运送任意材料，防止碰撞损坏。

(5)安装门窗扇时，注意防止碰撞抹灰口角和其他装饰好的成品面层。

(6)已安装好的门窗扇如不能及时安装五金，要派专人负责管理，防止刮风时损坏门窗及玻璃。

(7)严禁将窗框、窗扇作为架子的支点使用，防止搬动脚手板时砸碰和损坏门窗框、扇。

(8)小五金的安装型号及数量要符合图纸要求，安装后要注意成品保护，喷浆时要遮盖保护，以防污染。

(9)门窗装好后不得在室内推车，防止破坏和砸碰门窗。

(10)抹灰时，残留在钢门窗框扇上的砂浆要及时清理干净。

(11)铝合金门窗的保护膜应在交工前撕去，且注意轻撕，不可用开口铲，防止将表面划伤，影响美观。

(12)铝合金门窗表面如有胶状物时，应使用棉丝沾专用溶剂擦拭干净，如发现局部划痕，可用小毛刷沾染色液进行涂染。

(13)门窗运输应有可靠包装，装卸时保证不被损坏。

(14)门窗必须存放在库房，地面上垫方木，高度为 20 cm，按型号、规格分类编号放置整齐，并做好标识。

(15)铝合金门窗进场后，保护膜不得撕掉及损坏，以防止水泥砂浆的腐蚀和污染。

(16)木门框安装后，要在 1.2 m 以下用多层板将框周围包钉好，防止碰撞破坏。给木门刷油漆时应将五金件用纸胶带或塑料布包裹好，门套与墙面交接处贴纸胶带，以防止油漆对五金件及墙面造成污染，对滴在地面上的油漆要及时擦干净。涂刷油漆后、漆膜未干前要安排人看护，防止触摸。

(17)每天收工或在风天施工时要及时将门窗关闭好，以防止门窗玻璃被打碎和门窗框松动、变形。

4. 外墙保温工程成品保护

(1)施工中各专业工种应紧密配合，合理安排工序，严禁颠倒工序作业。

(2)对保温墙体做好保护层后，不得随意在墙体上开凿孔洞；如确实需要，应在聚合物改性砂浆保护层达到设计强度后方可进行，安装物件后其周围应恢复原状。

(3)应防止重物或尖物损伤破坏。

5. 水电安装工程成品保护

(1)管道工程施工完成后要及时进行灌水打压、调试。打压时派专人看管并准备水桶在滴漏处接漏，打压完成后用橡皮管有组织地排水。

(2)配电间施工完毕后及时安装门窗并上锁，设备仪表安装后用防潮铁箱进行封闭上锁，并派专人看管。暗装的配电箱首先安装其底座，其他库存保管，设备安装接线完毕应及时落锁。

(3)卫生间在交工前不得使用，土建完工后及时上锁，并在房间内贴警示标志。

(4)对于易丢失的元器件如启辉器、蓄电池、开关、插座等可暂不安装待后期统一安装，安装完毕及时与业主办理交接，另外，在未交接前应派专职人员 24 小时巡查。

(5)对于卫生洁具类用品，安装完后应用草袋或塑料纸等将其围护起来，以防后期施工中的人为损坏。

三、特殊部位的成品保护

1. 测量定位保护

定位桩采取桩周围浇筑混凝土的方法固定，搭设保护架，悬挂明显标志以提示，水准引测点尽量引测到周围旧建筑物上或围墙上，标识明显，不准堆放材料遮挡。

2. 土方工程成品保护

基槽开挖完毕后，为防止基层土层扰动，要尽快进行钎探，及时进行垫层和基础施工。

3. 楼地面工程成品保护

(1)整体楼地面工程施工时，要加强对水电的种类管线、木门框的核对验收，防止事后剔凿。

(2)整体楼地面面层压光后，要加强养护和封闭保护，养护期间严禁上人施工，强度未达到一定程度前严禁在其上面拌制砂浆。为防止墙面涂料、油漆对地面的污染，在其上层覆盖一层木屑进行成品保护。

(3)楼地面基层、面层施工时，地漏口要临时封闭，严防水泥砂浆和杂物掉入管内堵塞管道，影响排水。

(4)地面施工时，水泥砂浆不得污染已完工的地面或其他装饰；如发生水泥砂浆污染，应立即擦净。

(5)新铺设的地面要临时封闭通道，以防踩坏，并严禁在已完工的地面上拌和水泥砂浆或堆放水泥、砂、石等物料。

(6)楼梯施工完毕后，为保证踏步不缺楞掉角，要铺设木板进行保护。

(7)所有木梯、架子脚部均要包缠海绵，软脚落地，铁梯不准进入已装修好的楼地面。

4. 砌体成品保护

(1)砌块进场按要求堆放整齐，运输时轻拿轻放，缺棱掉角的砌块作半砖使用。

(2)墙体一次性砌筑高度不能大于规范要求，砌体完工后按要求进行养护，雨期施工按要求进行覆盖保护。

(3)管道安装及电线敷设，待墙体砌筑砂浆达75%以上设计强度方能开孔开槽。

(4)需预留、预埋的管道铁件、门框等与砌体有机配合，墙体因变更后开门洞须经土建工程师同意并采取有效加固措施后方可进行。

(5)设备吊装时严禁撞击墙体。砌体完成后应及时清理干净，保证外观质量，不得随意开槽打洞或用重物重锤撞击。

5. 顶棚抹灰成品保护

(1)合理安排施工顺序，应避免在顶棚抹灰后遭受施工撞击、振动和污染。

(2)管线安装配合，安装照明管线等项作业时，应小心细致，避免弹线钻孔错位。所用工具和材料应洁净，严禁抹灰后再猛打猛凿、开槽打洞。

(3)搭拆脚手架、跳板时，应小心轻放，不得碰撞顶棚或造成大的振动。

6. 墙面抹灰成品保护

(1)外墙抹灰在高温季节时应防止暴晒，造成抹灰脱水过快。在凝结过程中，面层遇雨应遮盖，将跳板移到脚手架外立柱方向斜靠，防止溅水污染。

(2)通道和进出口处的抹灰面层做好后，应采取围护措施，并不得在室内地面拌和砂浆，以免溅污墙面。高级抹灰污损的部位应使用塑料薄膜保护。

(3)清理垃圾时，应从垃圾道或盛在容器内向下转运，不得从窗口、阳台处向下倾倒。

(4)管道试水应派专人在试水完毕后拧紧全部开关。交工前清洗楼地面时，应使用拖把蘸水擦洗，不得用水管直接冲洗，以防污水四处漫流。

(5)拆除和转运脚手架时，应轻拆轻放，不得乱丢乱扔。

7. 外墙保护

(1)外墙装饰已完成，在室内装饰施工时，应采取粘贴报纸或挂板进行保护。

(2)若涉及外墙搭设架子，则应注意不得破坏外墙饰面材料，更不能碰撞玻璃幕墙；架子拆除时应清理外墙的垃圾油污，防止钢管划伤装饰面。

(3)室外吊运材料或设备时应采取必要的措施，并由专人指挥，严禁出现吊件撞墙事故。

8. 屋面工程成品保护

(1)保温层成品保护。保温层施工完成后，应及时铺抹找平层，以减少受潮和进水；尤其在雨期施工，要及时采取措施。

在已铺好的松散、板状或整体保温层上不得直接行走小车，应垫脚手板；保温层未干硬之前不得堆放重物或受冲击振动。

穿过保温层的管道、设备等应事先安装完毕并封闭严密，保温层完工后禁止在其上凿洞打眼。

(2)找平层成品保护。水泥砂浆找平层施工完成后，所有操作工具和剩余材料应及时运走，不得堆积在找平层上或天沟内。水泥砂浆找平层施工完成后、未凝固硬化前，表面不应踩踏。找平层完工后应对水落口、分格缝或排气孔、排气道等杂物予以清除，并应采取遮盖保护措施，以免堵塞或损坏。

(3)防水层成品保护。

1)应对铺贴好的防水层及时采取保护措施，防止损坏；施工遗留在屋面的杂物应及时清理。

2)操作人员不得穿带钉子的鞋作业；涂膜防水层施工后、未固化前不允许上人行走踏踩，以免损坏防水层，造成渗漏。

3)穿过屋面、地面、墙面等处已固定好的管根，应加以保护，施工过程中不得碰损变位。

4)地漏、落水口等处应保持畅通，施工中应采取保护措施。

5)清理屋面垃圾杂物时，应通过垂直运输设备装走，不得将杂物用铁铲往下抛撒，以免损坏和沾污饰面。

6)防水施工前要清扫干净，防止石粒和杂物将雨水口、雨水管堵塞。

7)防水施工完成后，要及时将防水保护层做好，防止破坏。

8)在施工中运送材料的手推车支腿应用遮布或胶皮包扎好，防止将防水层刮破，并安排防水人员随时检查，一旦发现有刮破，要及时进行修补。

9)在施工防水时，要注意防止对屋面及其他已做完墙面的污染。

10)落水口处在施工时，要做临时封闭，防止管内堵塞。

9. 卫生洁具成品保护

(1)卫生洁具安装时要与土建装修施工相交叉，因此，卫生洁具应在墙地面镶贴工程、吊顶工作、厕浴间门完成后进行安装。

(2)卫生洁具安装完成后，用塑料布和硬纸壳覆盖并用胶带封好，以防止施工人员的大、小便及建筑垃圾的浸入，防止其他工序施工时的污染和损坏；成品完成后移交给土建成品保护专职人员看护。

(3)卫生洁具安装完毕后，不准在上面蹬踏作业。

10. 其他项目成品保护

(1)栏杆扶手均包海绵保护，所有五金、墙上的开关线盒均贴胶带纸保护。

(2)严禁在窗台、窗框上铺设钢管、脚手板作业。

(3)在砌筑工程中，水电专业要及时配合预埋管线，防止事后剔凿墙面。

(4)灯具、面板、吊顶安装时要戴清洁的白手套，以保持墙面、顶棚的清洁。

(5)涂料、油漆施工前将地面清理干净，用塑料布或报纸将地面覆盖，并在门窗框与墙面和五金交界处粘贴纸胶带，防止污染。

11. 制成品保护

由厂家直接生产出厂运至工地的产品应保护，如电机、木门、金属构件及其他进场的装饰品。

(1)场地堆放要求。地基平整、排水良好，必要时采用横木搁置，或根据制成品本身要求，防潮存放。所有成品按指定位置堆放，以便于运输。

(2)成品堆放控制。各成品分类、分规格堆放整齐、平直，下枕垫木；对于可叠层堆放的构件堆放高度及搁置部位应符合图集及规范要求，保证构件水平且各搁置点受力均匀，以防变形损坏；侧向堆放除垫木外还需加设斜向支撑以防倾覆。成品堆放做好防霉、防污染、防锈蚀措施。

(3)成品运输。

1)成品运输时应计算好装车宽度、高度及长度，运输时捆扎牢固、开车平稳；装卸车时做到轻装轻卸。

2)吊运砂浆采用自卸吊桶，吊运砌块等采用吊箱。

3)钢筋吊运时合理布置吊点，防止吊件变形过大。

12. 半成品保护

(1)场地要求。地基平整、干净、牢固、干燥、排水通风良好、无污染；成品堆放地应做好防霉、防污染、防锈蚀措施；所有半成品应按方案指定的位置进行堆放，方便运输。

(2)成品堆放控制。分类、分规格堆放整齐、平直，下垫垫木；叠层堆放的，上、下垫木；水平位置上下应一致，防止变形损坏；侧向堆放除垫木外应加撑脚，防止倾覆。成品上不得堆放其他物件。

(3)成品运输。要做到车厢清洁、干燥，装车高度、宽度、长度符合规定，堆放科学合理；装卸车做到轻装轻卸，捆扎牢固，防止运输及装卸时散落、损坏成品。

第五节　常见的客户敏感质量问题

本节针对现有工程中一些常见问题作总结，以引起重视并方便一线管理者确定审查图纸的要点，杜绝出现设计中常见的错、漏、碰、缺等问题，提高设计施工质量，减少不必要的损失，提高住宅品质。

一、总平面设计

1. 标高

(1)道路标高坡向与雨水进水口位置不符。道路面层标高设计时应向雨水进水口方向找坡(0.5%～1%)，并在施工时多加注意。

(2)园路井盖高低不平和有缺损。园路、窨井要统一标高，使园路和窨井混凝土同时浇筑。

2. 流线设计

住宅出入口未设置人车分流专用通道，造成交通安全隐患；当住户大堂与流量大的商业服务空间临近时，问题尤其突出。

3. 间距

(1)建筑平面锯齿错位过大，影响采光。

(2)搭建的售楼处与住宅间距太近，影响采光。

4. 绿化

(1)种植树种过高，影响采光。

(2)前期环境部分设计时应考虑设计灌溉点，绿化设计选用的某些植物生长期短，物业为便于管理往往进行普遍更换。

5. 物业管理、垃圾收放点等附属用房设置

(1)未设置管理用房或太隐蔽。

(2)总图中未考虑垃圾收放点、垃圾中转站的设置；垃圾站附近应考虑上下水，以便清理。

(3)箱式变电在总图中要综合考虑，不要影响美观。

6. 儿童游戏场

儿童游戏场设计时未考虑的不安全因素如下：

(1)游戏场内的城堡及周边有坚硬的石头，儿童容易受伤。

(2)秋千设置不合理，没有考虑活动空间，儿童容易撞到硬物。

7. 道路

(1)小区内道路设计要一次到位，后加时易引起客户纠纷。

(2)园区内的道路应考虑搬家车辆能够进出。

(3)园区内的道路应设马路牙，否则草坪高于路面时，雨天泥水易流到路上。

(4)混凝土割缝不及时，造成道路裂缝——应根据温度、气候变化及时调整割缝时间。

(5)停车位出现下沉——应加强现场管理，开槽埋管后按规范要求进行，分层夯实。

(6)小区园路出现横向裂缝——园路施工应每隔 4～6 m 留伸缩缝。

(7)道路混凝土半角出现裂缝；窨井周边混凝土出现裂缝——应加设防裂钢筋和角隅钢筋。

(8)混凝土路面起砂、剥落——混凝土抹面时应严禁在混凝土表面洒水或撒水泥；对已出现的裂缝可采用 1∶2 水泥砂浆修补。

(9)机动车道上的排水沟沟盖板未选用带胶边的铸铁产品而采用水泥盖板，汽车开过时噪声大，并且易碎裂。

8. 其他问题

(1)化粪池、下水道位置距建筑主体太近，维修开挖时导致建筑沉降，维护成本高，设计时应考虑足够的间距。

(2)部分管线埋深过浅。

二、单元户型设计

1. 厨房

(1)厨房未设排烟道，油烟直接排入采光井或生活阳台，使洗衣机及晾晒的衣物受到污染，且油烟从窗户进入室内，影响居住环境。

(2)设有洗衣机位的厨房未设地漏，无法排水。

(3)厨房详图的布置未重点核对，橱柜、吊柜、洗菜池、炉灶、抽油烟机、排烟道、冰箱、地漏等的位置布置不合理，橱柜布置未遵循洗、切、炒的流线且与电气、给水排水、煤气的专业图纸不一致。

(4)厨房电器插座位置设计不当，且未考虑微波炉、消毒柜的位置。

(5)北方地区部分厨房未设采暖，或散热片位置与电器插座位置相矛盾，影响使用。

(6)烟道产品不过关，住户间互相串味；部分项目烟道为单风道设计，烟道本身尺寸过小，而止逆阀深入井道尺寸过大，排烟净空很小，造成排烟不畅；烟道的倒烟现象，应从烟道种类(单烟道和双烟道)、烟道止逆阀的选择、烟道尺寸给予考虑。

(7)煤气等管线设计不合理；中高档项目未设计管道井。

2. 卫生间

(1)卫生间漏水。

1)排水设计时将给水管明设在浴缸底部，浴缸周边硅胶脱落或浴缸堵塞会导致浴缸底部积水造成水管严重锈蚀、沙眼从而引起渗漏。

2)卫生间坡度不合理，且有反坡；地漏位置靠近门口，离浴缸或淋浴过远，造成积水。

3)浴缸下面未做防水层。

4)个别项目下沉式卫生间埋地给水管管材质量有问题，严重锈蚀、沙眼引起渗漏。下沉式卫生间设计增大检查漏水的难度，增加维修工作量，最好不要采用；如采用，则给水管管材采用新型管材。

5)下沉式卫生间楼地面混凝土未采用抗渗混凝土。

6)卫生间管道穿楼板的接口周围未用聚合物砂浆填实；防水膜不密实，有人为损伤现象，防水层面未做砂浆保护层；泛水处不够高，防水施工工艺操作不当；坡度不合理积水、原防水层开裂、粘接度低；面层施工时有损坏防水层的痕迹，造成楼板、墙角、边渗漏水严重。

(2)大户型卫生间设计面积过小，设施与户型档次不匹配且未考虑管井设计。

(3)暗厕未考虑通风道或通风道设计不合理，影响使用。

(4)座厕正下方是大梁，导致无法居中安装，整改需消耗大量人工。

(5)热水器设置在浴缸侧面中间，影响使用。

(6)热水器管道未保温。部分热水管过长，有的热水管从吊顶中铺设未作任何保温处理，每次使用即使将温度调到最高，仍需很长时间才有热水。

(7)复式顶层卫生间位于卧室上方，排水设计为下排，不符合规范。

(8)洗手台台面所用大理石的质地太差，断裂现象普遍。

(9)马桶安装不合理。国家规范要求：预留的大便器排水管，出楼地面的甩口不得低于10 mm，大便器自身排水管与预留排水管的口应紧密结合，允许误差为5 mm，部分项目实地检查偏差为6 cm。马桶配件差，马桶配件需全部更换，费工费时，损失极大。

(10)地漏反臭。卫生间、厨房的排水装置中地漏的排水管未设存水弯，防臭效果不好。

(11)洗衣机未设专用排水地漏；布置洗衣机的部位宜采用能防止溢流和干涸的专用地漏。

(12)卫生间吊顶高度设计不合理，吊顶后窗户不能开启。

(13)管线设计不合理，影响放置浴盆、淋浴房。

(14)卫生间毛巾杆、电器插座位置设计不合理或偏少，影响使用。

(15)下沉式卫生间水平溢流管未接至排水立管，造成溢流管流出的水污染外墙面。

(16)北方地区部分卫生间散热片位置不当或散热片位置与电器插座位置相矛盾，影响使用。

(17)PVC管线无消音措施，上下水管道噪声大。

(18)塑料泛水管穿墙埋设时，因高度不合理易被二次装修打穿漏水。

3. 楼梯

(1)进深小的楼梯间入口处梁的位置及高度设计不合理，易碰头。

(2)楼梯未考虑防滑措施。

(3)楼梯间内消火栓、电表箱位置不合理或两者位置相矛盾。

(4)楼梯间等处的落地窗未设护栏，有潜在安全隐患。

(5)北方地区部分项目楼梯间未设采暖，造成与之相连的内隔墙墙体结露。

4. 屋顶

(1)屋面渗漏。

1)屋顶未设保温隔热层，由于温差原因造成现浇钢筋混凝土变形，从而拉开防水卷材，造成屋顶有裂缝或渗水。

2)北方地区屋面保温不够，造成冻胀，产生水平力，将屋面板和墙体拉开。

3)北方地区冬期施工时易导致混凝土与砌体收缩不一致，温度应力造成屋面渗漏。

4)部分工程上人屋面在 APP 防水层上浇筑 40 mm 厚钢筋混凝土，整浇后再割分仓缝，易产生收缩裂缝；裂缝处进水使 APP 防水层长期浸泡在水中，APP 易老化且裂缝的开裂牵带使 APP 断裂，致使保温层积水无法排出，造成屋面渗水。

(2)雨水口数量不够或布置不合理，导致汇水面积过大、排水坡面过长、垫层过厚；雨水口过密则会造成浪费。

(3)北方地区出屋面排气管、人孔、竖井、阁楼侧墙未做保温，造成顶层房间顶棚、阁楼侧墙结露。

(4)屋顶楼梯间或水箱间没有设计铁爬梯。

(5)屋顶花池泄水管直接排向屋顶花园地面，影响使用。

(6)部分高层项目上人屋顶女儿墙高度不够，只有 900 mm；必须满足净高 1 200 mm(种植屋面应特别注意)。

5. 阳台

(1)北方地区生活阳台未设封窗，不便使用，且栏板及顶层阳台顶部未设保温措施，产生结露。

(2)大进深阳台挑梁高度过大，影响采光。

(3)北方地区外挑的封闭阳台底板未设保温措施，地面及室内墙角产生结露。

(4)顶层阳台未设顶板，使用不便。

(5)阳台地面坡度不合理，积水且有反坡现象。

(6)阳台门进水。铝合金平开门变形严重、密闭效果差、密封胶条不连续；铝合金推拉门防水功能较弱，进水量大。

(7)阳台门离楼地面距离未考虑留镶地板的高度，使室内完成面高于门框；影响美观且不防水。

(8)生活阳台未设计晾衣架或位置不合理，影响使用。

(9)地漏的位置不合理且与给水排水相矛盾。

(10)阳台栏杆过低且相邻阳台之间未考虑分隔栏板或栏板高度过低，互相可以走通，存在不安全因素。

(11)阳台栏杆设计未对栏杆锈蚀问题进行相应处理。

(12)阳台栏杆为横向设计，易被幼儿攀爬，存在安全隐患。

(13)高层阳台使用玻璃栏板时未充分考虑安全性。

6. 门

(1)门未设门垛，不便装修且易引起墙体裂缝。

(2)阳台门开向室内，不防风。

(3)住户首层外檐门窗未考虑防盗设施。

7. 窗

(1)大居室窗面积小，房间采光不够。

(2)凸窗窗台高度小于 450 mm，且未设安全防护。

(3)未设阳台的起居厅大窗开启扇只有一扇，不便空调室外安装。

(4)窗户设计时考虑外观整体形象较多，而忽视实际居住的感受，且有的无法安纱窗；窗户可开启面积过少，不利通风。

(5)凸窗设计时未考虑风向因素，开启不便且易漏水。

(6)凸出窗套混凝土体渗水。外墙凸出窗套是后加混凝土体，不密实，混凝土中掺有杂物，后加混凝土体与外墙接缝处未作防水处理，打开后有孔洞、裂缝，给雨水提供了渠道。

(7)窗框与凸混凝土体结合处渗水。窗框与凸混凝土体结合的施工缝未用防水砂浆填实、有杂物，特别是在凸窗台底板部及窗角处易渗水。

(8)窗体本身渗水。窗体本身铝材拼缝超过 0.3 mm 未打胶，密封胶条和密封胶局部不连续、不密闭，螺钉连接处局部未打胶；窗型较特殊，拼接较多且突出于外墙面，拼缝处处理不当易渗水；硅胶槽预留方向及框、墙间填嵌未按国家行业标准执行，框、墙间填嵌的砂浆在门窗开启震动时易产生裂缝。

(9)北方地区通向未封阳台门没有选用保温门，产生结露。

(10)北方地区凸窗上、下封板未设保温，与墙体交接处产生结露。

(11)未设窗台板的窗台未留装修贴砖用的空隙。

(12)窗檐滴水设计不当，造成平开窗开启碰撞。

8. 空调

(1)空调位问题。

1)若空调位距离窗户过远，则安装困难大，不安全。

2)空调位尺寸偏小，不便安装。对于面积较大、复式的房间，业主有可能选用大功率空调，应提供较大尺寸的空调位，电源插座也应有相应设计；空调室外机位的大小应与市场最大的空调机匹配相符合，否则会使业主选购设备范围受限制。

3)空调室外主机安装位设计不合理。部分空调室外主机位设在凸窗的窗台板下面，只能从铝窗的活动窗扇口将空调室外主机抬出去，外墙悬空，且安全绳没处拴；空调机位狭窄，安装、维护、保养、操作难度极大；空调主机本应用四个地脚螺丝加以固定，但往往只能固定外面两个，存在严重的安全隐患。有的空调板设于卫生间外墙，只能由卫生间的窗户出去安装空调主机，造成不便。

(2)外墙空调板的位置与空调孔、空调插座的位置不一致。

(3)空调室内机位于床头对面，风向不合理。

(4)采光槽内开窗未留空调孔的位置，导致空调管穿玻璃或穿行另一间房；部分项目空调管走卫生间吊顶内，安装完成调管后，扣板吊顶不易安装平整。

(5)阳台推拉门到墙边未留门垛，空调管只能穿玻璃伸出。

(6)空调管孔洞外高内低(反坡)，导致雨水流进室内。

(7)部分户型空调插座与空调洞分布于对立墙面，不在同一方位，无法安装；另有部分户型空调插座和空调洞距离很远，空调管在室内转几道弯才能穿出墙，虽然也能使用，但极大地影响美观。

(8)大面积起居厅未考虑柜机机位及冷凝水的排放；部分项目柜式空调室内机位置与推拉门冲突。

(9)未设计室外机排水管，外机滴水，水从空调板直接流下；流量大时，下层无法开窗。

(10)北方地区部分项目空调器的冷凝水管插入雨水管中，出现倒流现象；雨水管冬季结冰严重，且雨水管出室内处直角弯平卧地下，易堵塞管道。

(11)空调外机设置在封闭阳台内，夏季不散热，易死机，噪声大。

(12)低档项目未考虑窗机的安装。

9. 插座及内部设施

(1)可视对讲、门铃离入户门边太近，不便装修。

(2)互联网接口设在起居厅，书房没有接口，位置设计不合理。

(3)电视线、电话插座位设置不合理。客厅电话线与电视线插座设在同一方位，电话机只能与电视机放在一起，理想的设置应是两者互在对立墙面，便于使用；书房没有电话线。

(4)高档项目起居厅未考虑音响线的埋设。

(5)电气开关插座布置在可能摆放家具的位置。

(6)建筑平面门窗的位置及开启方向与其他专业不一致，导致电气开关插座位置不合理、排水管挡住外窗或排气扇孔等问题。

10. 墙体

(1)墙体开裂。

1)部分墙体设计时采用小型空心砌块，间距长且中间不设加强柱，整体墙面刚度不够；

有的空心砌块收缩率大，造成墙体开裂。

2)北方地区墙体保温不够，造成冻胀，产生水平力，将屋面板和墙体拉开。

3)北方地区冬期施工易导致混凝土与砌体收缩不一致，温度应力造成墙体开裂。

4)施工时浇注混凝土不实及温度应力造成梁、柱、墙体交接处开裂。

5)施工时抹灰砂浆配合不当、不达标或抹灰过厚造成墙体表面龟裂。

6)墙体保温层内置，保温层表面未进行处理就直接抹灰，造成墙体表面龟裂。

7)部分项目为有利于业主购房时的感观效果，在抹灰层表面进行了胶水加轻钙粉批光处理，但时间长了表面很容易产生不规则裂缝；或业主进行装修时未将轻钙粉面层铲除直接刷涂料，则涂刷的涂料易产生卷皮、脱落。

(2)墙体渗漏、结露。

1)小方块形的外墙体瓷砖易粘贴不饱满、空鼓，瓷砖勾缝局部不密实，勾缝表面有小孔或裂缝，雨水进入墙体易造成渗水。

2)外墙混凝土体螺杆洞渗水。在墙体抹灰之前没有将洞填密实，也没有作防水处理。

3)墙体外保温设计不妥，特别是凸出墙体的重点部位未设保温，产生冷桥，局部结露；如进行装修时，墙面潮气没有排尽，结露现象则更为严重。

(3)部分项目分户隔墙采用砌块厚度小于 150 mm，隔声效果不好。

三、公共空间设计

1. 电梯

(1)电梯大小、数量不能满足居住人流量要求，且速度慢，等候时间过长。

(2)密闭的电梯间没有良好的通风抽湿设施。

(3)选用和安装高速电梯时，未注意电梯井道的气流噪声对靠近电梯的住户造成的影响；电梯机房也未进行减噪处理且未考虑通风散热。

(4)北方地区部分项目电梯机房未设采暖保温，造成顶层住户屋顶结露。

2. 车库

(1)地下车库或坡道净高过小，停放面包车困难；设计时一定要考虑管道的实际净高且预留施工误差量及横坡的高度。

(2)车库车位的实用数常常少于设计数，有些车位不方便或根本无法使用。

(3)车库的进出口坡道表面的粗糙程度不够，经常造成刮底盘、打滑。

(4)坡道上的排水沟沟盖板未选用带胶边的铸铁产品而采用水泥盖板，汽车开过后噪声大，并且易碎裂。

(5)雨水沟标高设计不合理，排水沟直接接入市政管道，不但排不了雨水，反而会导致市政管道的水倒流。

(6)车库照明设计未采用区域控制，照度过大，造成浪费。

(7)兼做人防的地下车库，入口处防护密闭门设计不合理，或通过防护单元隔墙的通道过小，造成汽车进出不便。

(8)地下车库分隔防火单元的防火卷帘门位置不合理或高度过小，导致汽车通过困难；经常开启的防火卷帘门未采用轻质产品，易变形，难以关闭。

(9)北方地区地下车库部分项目未设计采暖，造成冬季汽车难以发动，首层地面结露。

(10)地下车库无上下水，不便保洁。

(11)地下车库未考虑货车流线，给装修管理带来困难。

3. 设备及设备用房

(1)屋顶稳压装置设置在住户顶板上，低频噪声干扰十分严重。

(2)发电机房未设计排水或排水未采用明沟，发电机房上部房间地面未进行防水设计，因排水管堵塞或上部房间漏水造成的损失将十分严重。

(3)屋顶正压送风风机未选用低噪声的型号，低频噪声干扰十分严重；供应商业用房空调主机设置不合理，对相邻住户造成噪声和热气等干扰。

(4)未设集中空调也没有考虑空调机位，后期增加困难。

(5)部分项目中央空调冷却塔控制方式设计不合理。

(6)水表房未设排水地漏和门槛。如果维修或突然爆管，水量大且无处排放，顺着楼层过道进入电梯井或业主家里将造成严重损失。

(7)设备房有低频噪声，地面、墙面、顶棚未采用隔声材料；应尽量独立，脱离住宅或采用隔声材料。

(8)变频供水设备选用不合理，由于远端压力迅速减小，楼上的住户水压太小，而楼下的水管已经压力过大，造成爆裂或漏水。

(9)对于备有多台变压器的项目，未考虑使用联络柜；如采用联络柜，可根据具体用电量，在可能的情况下报停闲置的变压器，节约开支。

(10)公共走廊未选用节能灯泡，公共走道的电灯也未采取感应开关。

(11)集中安装于热水器进水管的止回阀在每次截止时，该阀内的截水阀片对向截止撞击阀体发出清脆的响声，通过管网传到室内，直接影响人的休息。

(12)集中供冷空调补水箱采用铸铁材料，锈蚀严重，影响制冷效果且箱壁易被锈穿；建议采用不锈钢或玻璃钢材料。

(13)园区电表设置少，用电划分难度大；园区照明线路分支少，整体控制，浪费能源。

(14)变频供水系统水压稳定系数差。住宅室内给水系统最低配水点的静水压力宜为300～350 kPa；大于400 kPa时，应采取竖向分布。

4. 采光井、管井

(1)管井未设检查口，维修不便。

(2)采光井底层未设检查通道，不便清扫。

(3)高层管线设计未集中布置，部分项目弱电未设管井，维修不便。

5. 首层入口

(1)未设坡道，不便残疾人、婴儿车通行及用户搬运。

(2)单元入口处各种立管太多，影响美观。

(3)单元入口处未设雨篷，影响使用。

(4)部分项目入户门宽度过小，使用不便。

(5)北方地区首层大厅部分项目采暖温度不够。

(6)首层入户大堂墙面应采用可擦洗材料。

6. 游泳池

(1)有的项目游泳池设计为埋地处理，未做管沟或柔性套管，管道多次断裂，造成检修不便。

(2)游泳池的深度普遍偏深，造成水的浪费，室内温水池还造成能量浪费；由于小区游泳池无跳水要求，建议水深以 1.3～1.5 m 为宜。

(3)游泳池供水管未设保护措施，容易因沉降而造成水管破裂。

7. 会所

(1)会所功能设置未根据使用者的组成考虑，一味求全或设置华而不实的项目，应突出特点以提高利用率。

(2)由于气氛不足，健身房使用率普遍低，而棋牌室、乒乓球台的使用率较高。

(3)大型会所未设计厨房，不便开展商务会议或业主租用开聚会。

8. 底商

(1)底商餐厅未设专用排烟管道，油烟无处排放，对上层住户干扰极大。

(2)底层商铺未设集中空调或无空调位，商家入驻后，只能露天安装空调，则噪声大且影响美观。

(3)底层商铺未设计专用的货运通道，货流与住户人流交叉，造成交通隐患。

9. 其他问题

(1)北方地区采用电热膜采暖时，室内潮气过大，易引起结露。

(2)高层每层未设垃圾间或垃圾间没有清洁用水龙头、地漏，不便使用及清洗。

(3)项目的外墙标志未设照明，不利于夜间识别。

(4)排水管线过长、转弯过多，有的为锐角，造成排水不畅。

(5)首层住宅排水未自成系统，与楼上共同使用，易造成堵塞。

(6)公共走道的检修口未设或太小，检修困难。

(7)每户只应安装一个水表，否则会在管理上造成困难或有违地方政策。

第七章　房地产建设项目进度控制

第一节　房地产建设项目进度控制概述

一、进度控制与进度目标

1. 进度控制的定义

进度控制是指在房地产项目建设实施过程中，运用系统、科学的方法和手段，对项目建设各阶段的工作内容、工作程序、持续时间和衔接关系根据进度总目标及资源优化配置的原则编制计划并付诸实施；在进度计划的实施过程中，检查实际进度是否偏离计划进度，对出现的偏差进行分析，采取补救措施或调整、修改原计划后再付诸实施；如此循环，直到工程竣工验收交付使用。

施工阶段是建设项目的实施阶段，进度控制是该阶段重点控制内容之一，直接影响着工期目标的实现和建设项目计划系统的有效执行。

2. 进度目标的实现条件

进度目标按期实现的首要前提是要有一个科学、合理的进度计划，这就要求必须对施工单位的进度计划进行审核，如各阶段的工期目标是否满足施工合同的要求，是否与建设方供图进度、供货进度、提供施工场地的时间等内容相一致，进度计划编制得是否合理、科学和具有可操作性等。

进度目标按期实现的另一前提是进度控制，如果项目建设进度不能按审批后的计划实施及进行有效的控制，建设单位前期预定的工期、质量及投资目标等均将难以实现。

3. 建设项目的进度、质量和投资三大目标控制的关系

建设项目的进度、质量和投资三大目标控制的关系是相互影响和统一的。

在一般情况下，加快进度、缩短工期将会引起投资的增加(当在合理、科学施工组织的情况下，投资将不增或少增)，但由于建设项目提前竣工，就可尽早获得预期的效益；对质量标准的严格控制极有可能影响进度，但对质量严格控制而不致返工，不仅保证了建设进度，也保证了工程的质量标准及对投资费用的有效控制。

在工程实施过程中，项目的进度受许多因素的影响，不管进度计划的周密程度如何，毕竟只是人们的主观设想，必然会因为新情况的产生、各种干扰因素和风险因素的作用而发生变化，使人们难以执行原定的进度计划。为此，进度控制人员必须掌握动态控制原理，在计划执行过程中不断检查建设工程实际进展情况，并将实际状况与计划安排进行对比，从中得出偏离计划的信息。然后在分析偏差及其产生原因的基础上，通过采取组织、技术、经济等措施，维持原计划，使之能正常实施。如果采取措施后不能维持原计划，则需要对原进度计划进行调整或修正，再按新的进度计划实施。这样在进度计划的执行过程中进行不断的检查和调整，可以保证工程建设进度得到有效的控制。

二、影响工程建设进度的因素

由于房地产建设项目具有规模庞大、工程结构与工艺技术复杂、建设周期长及相关单位多等特点，决定了工程进度将受到许多因素的影响。要想有效地控制工程进度，就必须对影响进度的有关因素进行全面、细致的分析和预测。这样，一方面可以促进对有利因素的充分利用和对不利因素的妥善预防；另一方面也便于事先制定预防措施，事中采取有效对策，事后进行妥善补救，以缩小实际进度与计划进度的偏差，实现对建设工程进度的主动控制和动态管理。

影响工程建设进度的不利因素有很多，如人为因素，技术因素，设备、材料及构配件因素，机具因素，经费因素，水文、地质与气象因素以及其他自然与社会环境等方面的因素。

在工程建设过程中，常见的影响工程进度的因素有以下几点：

(1)建设单位因素。如因建设单位使用要求改变而进行设计变更；应提供的施工场地条件不能及时提供或所提供的场地不能满足工程正常需要；不能及时向施工单位或材料供应商付款等。

(2)勘察、设计因素。如勘察资料不准确，特别是地质资料错误或遗漏；设计内容不完善，规范应用不恰当，设计有缺陷或错误；设计对施工的可能性未考虑或考虑不周；施工图纸供应不及时、不配套或出现重大差错等。

(3)施工条件因素。在施工过程中一旦遇到气候、水文、地质及周围环境等方面的不利因素，必然会影响到施工进度。此时，承包单位应利用自身的技术组织能力予以克服，建设单位应积极疏通关系，协助承包单位解决问题。

(4)施工技术因素。如不合理的施工方案、施工安全措施不当、不可靠技术的应用等。

(5)社会环境因素。如外单位临近工程对施工的干扰，节假日交通、市容整顿的限制，临时停水、停电、断路等。

(6)组织管理因素。如向有关部门提出各种申请审批手续的延误；合同签订时遗漏条款、语言表述不当；计划安排不周密，组织协调不力，导致停工待料、相关作业脱节；领导不力，指挥不当，使参加工程建设的各个单位、各个专业、各个施工过程之间交接、配合上发生矛盾等。

(7)材料、设备因素。如材料、构配件、机具、设备供应环节的差错，品种、规格、质量、数量、时间不能满足工程的需要；特殊材料及新材料的不合理使用；施工设备不配套、选型不当、安装失误、有故障等。

(8)经费因素。工程施工的顺利进行必须有足够的经费做保障。一般来说，经费的影响主要来自建设单位没有及时给足工程预付款，或者是拖欠了工程进度款，这些都会影响施工单位流动资金的周转，进而殃及施工进度。

正是由于上述因素的存在影响了施工进度，才使得施工阶段的进度控制显得非常重要。当然，上述某些影响因素，如自然灾害等是无法避免的，但在大多数情况下是可以通过有效的方法而得到控制的。

三、工程建设进度控制的任务

施工阶段工程建设进度控制的主要任务是通过完善工程建设控制性进度计划、审查施工单位施工进度计划、做好各项动态控制工作、协调各单位关系、预防和处理好工期索赔，以求实际施工进度达到计划施工进度的要求。

为完成施工阶段进度控制任务，应当做好以下工作：

(1)根据施工招标和施工准备阶段的工程信息进一步完善建设工程控制性进度计划，并据此进行施工阶段进度控制。

(2)审查施工单位施工进度计划，确认其可行性并满足建设工程控制性进度计划要求。

(3)制订建设方材料和设备供应进度计划并进行控制，使其满足施工要求。

(4)审查施工单位进度控制报告，督促施工单位做好施工进度控制。

(5)对施工进度进行跟踪，掌握施工动态。

(6)研究制订预防工期索赔的措施，做好处理工期索赔工作。

(7)在施工过程中，做好对人力、材料、机具、设备的投入控制工作以及转换控制工作、信息反馈工作、对比和纠正工作，使进度控制定期连续进行。

(8)召开进度协调会议，及时协调有关各方关系，使工程施工顺利进行。

四、工程建设进度控制的措施

工程建设项目的各个阶段都与进度控制有着密切联系，就工程建设的全过程来看，进度控制的重点是项目的实施阶段。为此，必须根据工程建设项目的具体情况，认真制订控制措施，以确保工程建设项目进度目标的实现。工程建设进度控制措施具体又分为组织措施、技术措施、经济措施和合同措施。

1. 组织措施

组织措施是指从目标控制的组织管理方面采取的措施，如落实目标控制的组织机构和人员，明确各级目标控制人员的任务和职能分工、权力和责任，改善目标控制的工作流程等。组织措施是其他措施的前提和保障，而且一般不需要增加什么费用，只要运用得当就可以收到良好的效果。这类措施可能成为首选，故应引起足够的重视。

进度控制的组织措施主要包括以下内容：

(1)建立进度控制目标体系，明确建设工程现场组织机构中进度控制人员及职责分工。

(2)建立工程进度报告制度及进度信息沟通网络。

(3)建立进度计划审核制度和进度计划实施中的检查分析制度。

(4)建立进度协调会议制度，包括协调会议举行的时间、地点，协调会议的参加人员等。

(5)建立图纸审查、工程变更和设计变更管理制度。

2. 技术措施

技术措施不仅对解决工程建设实施过程中的技术问题是不可缺少的，而且对纠正目标偏差也有相当重要的作用。任何一个技术方案都有基本确定的经济效果，不同的技术方案就有着不同的经济效果。因此，运用技术措施纠偏的关键，一是要提出多个不同的技术方案；二是要对不同的技术方案进行技术经济分析。在实践中，要避免仅从技术角度选定技术方案而忽视对其经济效果的分析论证。

进度控制的技术措施主要包括以下内容：

(1)审查承包商提交的进度计划，使承包商能在合理的状态下施工。

(2)编制进度控制工作细则，指导相关人员实施进度控制。

(3)采用网络计划技术及其他科学适用的计划方法，并结合电子计算机的应用，对工程进度实施动态控制。

3. 经济措施

经济措施是最易被人接受和采用的措施。需要注意的是，经济措施绝不仅仅是审核工程量及相应的付款和结算报告，还需要从一些全局性、总体性的问题上加以考虑，这样往往可以取得事半功倍的效果。另外，经济措施不应仅仅局限在已发生的费用上，通过偏差原因分析和未完工程投资预测，可发现一些现有和潜在的问题将引起未完工程的投资增加，对这些问题应以主动控制为出发点，及时采取预防措施。

进度控制的经济措施主要包括以下内容：

(1)及时办理工程预付款及工程进度款支付手续。

(2)对应急赶工给予合理的赶工费用。

(3)在保证质量的前提下对工期提前给予奖励。

(4)对工程延误收取误期损失赔偿金。

(5)加强索赔管理，公正地处理索赔。

4. 合同措施

由于工程建设要以合同为依据，因此，合同措施就显得尤为重要。对于合同措施要从广义上理解，除拟订合同条款、参加合同谈判、处理合同执行过程中的问题、防止和处理索赔等措施外，还要确定对目标控制有利的工程建设组织管理模式和合同结构，分析不同合同之间的相互联系和影响，对每一个合同进行总体和具体分析等。这些合同措施对目标控制具有全局性的影响，其作用也更大。另外，在采取合同措施时要特别注意合同中所规定的各个合同主体的义务和责任。

进度控制的合同措施主要包括以下内容：

(1)推行工程建设管理承、发包模式，对工程建设实行分段设计、分段发包和分段施工。

(2)加强合同管理，协调合同工期与进度计划之间的关系，保证合同中进度目标的实现。

(3)严格控制合同变更，对各方提出的工程变更和设计变更应严格审查后再补入合同文件。

(4)加强风险管理，在合同中应充分考虑风险因素及其对进度的影响以及相应的处理方法。

在采取进度控制措施时，要尽可能采取可对投资目标和质量目标产生有利影响的进度控制措施。如完善施工组织设计、优化进度计划等。相对于投资控制和质量控制而言，进度控制措施可能对其他两个目标产生直接的有利影响，应当予以足够的重视并加以充分利用，以提高目标控制的总体效果。

采取进度控制措施也可能对投资目标和质量目标产生不利影响。一般来说，局部关键工作发生工期延误但延误程度尚不严重时，通过调整进度计划来保证进度目标是比较容易做到的，例如，可以采取加班加点的方式，或适当增加施工机械和人力的投入。但这时就会对投资产生不利影响，而且由于夜间施工或施工速度过快，也可能对质量目标产生不利影响。因此，当采取进度控制措施时，不能仅仅保证进度目标的实现却不顾投资目标和质量目标，而应当综合考虑三大目标。

根据工程进展的实际情况和要求以及进度控制措施选择的可能性，有三种处理方式：一是在保证进度目标的前提下，将对投资目标和质量目标的影响减小到最低程度；二是适当调整进度目标(延长计划总工期)，前提是不影响或基本不影响投资目标和质量目标；三是介于上述两者之间。

五、工程建设进度控制的注意事项

1. 全过程控制

关于进度控制的全过程控制，要注意以下几个方面问题：

(1)在工程建设的早期应当编制进度计划。为此，首先要澄清将进度计划狭隘地理解为施工进度计划的模糊认识；其次要纠正工程建设早期由于资料详细程度不够且可变因素很多而无法编制进度计划的错误观念。

整个建设工程的总进度计划包括的内容很多，除施工外，还包括前期工作(如征地、拆迁、施工场地准备等)、勘察、设计、材料和设备采购、动用前准备等。由此可见建设单位的总进度计划对整个工程建设进度控制的重要性。工程建设早期所编制的建设单位总进度计划不可能也没有必要达到施工进度计划的详细程度，但应达到一定的深度和细度，而且应当掌握“远粗近细”的原则。对于远期工作，如工程施工、设备采购等，其进度计划就可以粗略一些，可以只反映分部工程，甚至只反映单位工程或单项工程；对于近期工作，如征地、拆迁、勘察设计等，进度计划就应该比较具体。而所谓“远”和“近”是相对概念，随着工程的进展，最初的远期工作就变成了近期工作，进度计划也应当相应深化和细化。

在工程建设早期编制进度计划，是早期控制思想在进度控制中的反映，越早进行控制，则进度控制的效果越好。

(2)在编制进度计划时要充分考虑各阶段工作之间的合理搭接。建设工程实施各阶段的工作是相对独立的，但不是截然分开的，在内容上有一定的联系，在时间上有一定的搭接。例如，设计工作与征地、拆迁工作搭接，设备采购和工程施工与设计搭接，装饰工程和安装工程施工与结构工程施工搭接等。搭接时间越长，建设工程的总工期就越短。但是，搭接时间与各阶段工作之间的逻辑关系有关，都有其合理的限度。因此，合理确定具体的搭接工作内容和搭接时间，是进度计划优化的重要内容。

(3)抓好关键线路的进度控制。进度控制的重点对象是关键线路上的各项工作，包括关键线路变化后的各项关键工作，这样可取得事半功倍的效果。由此也可看出工程建设早期编制进度计划的重要性。如果没有进度计划，就不知道哪些工作是关键工作，进度控制就没有重点，易导致精力分散；甚至可能对关键工作控制不力，而对非关键工作却全力以赴，结果事倍功半。当然，对于非关键线路的各项工作，要确保其不要在延误后变为关键工作。

2. 全方位控制

对进度目标进行全方位控制要从以下几个方面考虑：

(1)对整个建设工程所有工程内容的进度都要进行控制。除单项工程、单位工程外，还包括区内道路、绿化、配套工程等的进度。这些工程内容都有相应的进度目标，应尽可能将它们的实际进度控制在进度目标之内。

(2)对整个建设工程所有工作内容都要进行控制。建设工程的各项工作，如征地、拆迁、勘察、设计、施工招标、材料和设备采购、施工、动用前准备等，都有进度控制的任务。这里要注意与全过程的有关内容相区别。在全过程控制的分析中，对这些工作内容侧重从各阶段工作关系和总进度计划编制的角度进行阐述。而在全方位控制的分析中，则是侧重从这些工作本身的进度控制进行阐述，可以说是同一问题的两个方面。实际的进度控制，往往既表现为对工程内容进度的控制，又表现为对工作内容进度的控制。

(3)对影响进度的各种因素都要进行控制。工程建设的实际进度受到很多因素的影响，主要有以下几种：

1)施工机械数量不足或出现故障；

2)技术人员和工人的素质和能力低下；

3)建设经费缺乏，不能按时到位；

4)材料和设备不能按时、按质、按量供应；

5)施工现场组织管理混乱，多个承包商之间施工进度不够协调；

6)出现异常的工程地质、水文、气候条件等风险。

要实现有效的进度控制，必须对上述影响进度的各种因素都进行控制，采取措施减少或避免这些因素对进度的影响。

(4)注意各方面工作进度对施工进度的影响。任何工程建设最终都是通过施工将其建造起来，从这个意义上讲，施工进度作为一个整体，肯定是在总进度计划中的关键线路上，任何导致施工进度拖延的情况都将导致总进度的拖延。而施工进度的拖延往往是其他方面工作进度的拖延引起的。因此，要考虑围绕施工进度的需要来安排其他方面的工作进度。例如，根据工程开工时间和进度要求安排拆迁和设计进度计划，必要时可分阶段提供施工场地和施工图纸；根据结构工程和装饰工程施工进度的需要安排材料采购进度计划；根据安装工程进度的需要安排设备采购进度计划等。

六、工程建设进度计划的表示形式

工程建设进度计划的表示形式主要有横道图和网络图两种。

(一)横道图

1. 横道图的定义

横道图是直观反映施工进度安排的图表，是以横向线条结合时间坐标来表示工程实施过程中各个工作的施工起讫时间和先后顺序，整个计划由一系列的横道组成。横道图的左边按照施工的先后顺序，列出各项工作(可以是单位工程、分部工程、分项工程和施工过程)的名称；右边是施工进度表，用水平线段在时间坐标下画出工作进度线；右下方画出每天所需劳动力的(或其他物资资源)动态曲线，它是由施工进度表中各项工作的日劳动力需要量按时间叠加而得到的。

2. 横道图的优点

(1)较易编制，简单、明了、直观、易懂。

(2)因为有时间坐标，各项工作的施工起讫时间、作业持续时间、工作进度、总工期以及流水作业的情况等都表示得清楚明确、一目了然。

(3)对人力和资源的计算便于据图叠加。

3. 横道图的缺点

(1)不能全面地反映出各个工作之间的相互关系和影响。

(2)不便于进行各种时间计算。

(3)不能客观地突出工作的重点(影响工作的关键工作)。

(4)不能从图中看出计划的潜力所在。

(5)对改进和加强施工管理工作不利。

(二)网络图

1. 网络图的定义

网络图是由箭线和节点组成，用来表示工作流程的有向、有序的网状图形。按箭线和节点表示的含义不同，网络图又可分为双代号网络图和单代号网络图。双代号网络图的箭线表示工作及其进行的方向，节点表示工作之间的逻辑关系；单代号网络图中节点表示工作，箭线表示工作之间的逻辑关系。为直观起见，网络图可以根据时间坐标绘制成时标网络计划。

2. 网络图的优点

(1)把施工过程中的各有关工作组成一个有机的整体，能全面而明确地反映各工作之间的相互制约和相互依赖的关系。

(2)可以进行各种时间参数的计算，能在工作繁多、错综复杂的计划中找出影响工程进度的关键工作，便于抓主要矛盾，确保按期竣工，避免盲目抢工。

(3)通过利用网络计划中反映出来的各工作的机动时间，可以更好地运用和调配人力与设备，节约人力、物力，达到降低成本的目的。

(4)在计划的执行过程中，当某一工作因故提前或拖后时，能从计划中预见到它对其他工作及总工期的影响程度，便于及早采取措施充分利用有利条件或有效地消除不利的因素；可以利用计算机对复杂的计划进行计算、调整和优化。

3. 网络图的缺点

(1)从网络图上很难清晰地看出流水作业的情况。

(2)难以根据一般网络图算出人力及资源需要量的变化情况。

(3)时间参数计算及整个计划的优化调整较烦琐。

第二节　施工阶段进度控制的工作内容

在项目的实施过程中，建设单位除向施工单位提供所需指令、批准、图纸及履行其他约定的义务外，还应对施工进度状况实施控制。

一、编制施工进度控制方案

施工进度控制方案是在建设项目实施中由进度控制人员负责编制的具有实施性和操作性的业务文件。施工进度控制方案主要包括以下内容：

(1)施工进度控制目标分解图。

(2)实现施工进度控制目标的风险分析。

(3)施工进度控制的主要工作内容和深度。

(4)施工进度控制人员的职责分工。

(5)施工进度控制有关工作的时间安排及流程。

(6)施工进度控制的方法(包括进度检查周期、数据采集方式、进度报表格式、统计分析方法等)。

(7)施工进度控制的具体措施(包括组织措施、技术措施、经济措施及合同措施等)。

(8)尚待解决的有关问题。

二、编制或审核施工进度计划

为了保证建设项目施工任务按期完成，建设单位必须审核施工单位提交的施工进度计划。对于大型建设项目，由于单项工程多、施工工期长，在采取分期分批发包、又没有一个负责全部工程的总承包单位时，建设单位就要负责编制施工的总进度计划。总进度计划应确定分期分批的项目组成，各批工程项目的开工、竣工顺序及时间安排，全场性准备工作特别是首批准备工作的内容与进度安排等。

当建设项目有总承包单位时，只需对总承包单位提交的施工总进度计划进行审核即可；而对于单位工程施工进度计划，工程师只负责审核而不负责编制。

在审查施工进度计划时，特别需要注意以下几点：

(1)进度计划是否符合工程建设项目总进度计划中总目标和分目标的要求，是否符合施工合同中开、竣工日期的规定。

(2)进度计划中的主要项目是否有遗漏，分期施工是否满足分批动用的需要和配套动用的要求，总承包、分包单位分别编制的各单项工程施工进度计划之间是否相协调。

(3)对由建设单位提供的施工条件(资金、施工图纸、施工场地、采购物资等)，承包单位在施工进度计划中所提出的供应时间和数量是否明确、合理，是否有造成因建设单位违约而导致工程延期和费用索赔的可能。

(4)施工顺序的安排是否符合施工工艺的要求。

(5)劳动力、材料、构配件、设备及施工机具、水、电等生产要素的供应计划是否能保证施工进度计划的实现，供应是否均衡，需求高峰期是否有足够的能力实现计划供应。

如果在审查施工进度计划的过程中发现问题，应及时向承包单位提出书面修改意见(也称整改通知书)，并协助承包单位修改。

应当说明，编制和实施施工进度计划是承包单位的责任。承包单位之所以将施工进度计划提交给建设单位审查，是为了听取建设单位的建设性意见。因此，建设方对施工进度计划的审查或批准，并不能解除承包单位对施工进度计划的任何责任和义务。另外，对建设方来讲，其审查施工进度计划的主要目的是防止承包单位计划不当以及为承包单位保证实现合同规定的进度目标提供帮助。如果强制干预承包单位的进度安排或支配施工中所需要的劳动力、设备和材料，将是一种错误行为。

尽管承包单位向建设单位提交施工进度计划是为了听取建设性的意见，但施工进度计划经建设单位确认，即应当视为合同文件的一部分，它是以后处理承包单位提出的工程延期或费用索赔的一个重要依据。

三、发布工程开工令

工程开工令应根据双方关于工程开工的准备情况，选择合适的时机发布。工程开工令要尽可能及时发布，如因建设单位原因不能按照协议书约定的开工日期开工，工程师应以书面形式通知施工单位，推迟开工日期；建设单位应赔偿施工单位因延期开工造成的损失，并相应顺延工期。如因施工单位不能按时开工，应当在不迟于协议书约定的开工日期前7天，以书面形式向建设单位提出延期开工的理由和要求。建设单位应在接到延期开工申请后的48小时内以书面形式答复施工单位。建设单位在接到延期开工申请后48小时内不答复，视为同意施工单位延期开工的要求，工期相应顺延。建设单位不同意延期要求或承包人未在规定时间内提出延期开工要求，工期不予顺延。

四、监督、协助施工进度计划的实施

在工程建设项目进度计划的实施过程中，建设单位要随时了解在施工进度计划执行过程中所存在的问题，并帮助承包单位予以解决，特别是承包单位无力解决的内外关系协调问题；及时检查施工单位报送的施工进度报表和分析资料，进行必要的现场实地检查；核实所报送的已完项目时间及工程量，杜绝虚报现象。

在对工程实际进度资料进行整理的基础上，应将其与计划进度相比较，以判定实际进度是否出现偏差。如果出现进度偏差，应进一步分析此偏差对进度控制目标的影响程度及其产生的原因，以便研究对策、提出纠偏措施，必要时还应对后期工程进度计划作适当的调整。

五、组织现场协调会

建设单位应每月、每周定期或不定期地组织召开不同层级的现场协调会议，以解决工程施工过程中的相互协调配合问题。

在每月召开的协调会上，通报项目建设的重大变更事项，协商其后果及处理、解决各个承包单位之间以及业主与承包单位之间的重大协调配合问题。

在每周召开的协调会上，通报各自的进度状况、存在的问题及下周的安排，解决施工中的相互协调配合问题。通常包括各个承包单位之间的进度协调问题，工作面交接和阶段成品保护责任问题，场地与公用设施利用中的矛盾问题，某一方面停水、停电、断路、开挖要求对其他方面影响的协调问题以及资源保障、外协条件配合问题等。

在平行、交叉施工单位多，工序交接频繁且工期紧迫的情况下，需要每日召开现场协调会。在会上通报和检查当天的工程进度，确定薄弱环节，部署当天的赶工任务，以便为次日正常施工创造条件。

对于某些未曾预料的突发变故或问题，可以通过发布紧急协调指令、督促有关单位采取应急措施等来维护工程施工的正常秩序。

六、签发工程进度款支付凭证

建设单位现场工程师应对施工单位申报的已完分项工程量进行核实，在通过检查验收后，签发工程进度款支付凭证。

七、审批工程延期

造成工程进度拖延的原因有两个方面：一是承包单位自身的原因；二是承包单位以外的原因。前者所造成的进度拖延，称为工程延误；后者所造成的进度拖延，称为工程延期。

虽然上述两方面原因都使工程拖期，但性质不同，因而建设单位与承包单位所承担的责任也就不同。如果是属于工程延误，则由此造成的一切损失均应由承包单位承担，同时，建设单位还有权对承包单位实行误期违约罚款；如果是属于工程延期，则承包单位不仅有权要求延长工期，而且还有权向建设单位提出费用赔偿的要求，以弥补由此造成的额外损失。

(一)工程延期的审批

1. 导致工程延期的原因

由于以下原因导致工程拖期，承包单位有权提出延长工期的申请，建设单位应按合同规定，批准工程延期时间：

(1)因工程变更指令而导致工程量增加。

(2)合同所涉及的任何可能造成工程延期的原因，如延期交图、工程暂停、对合格工程的剥离检查及不利的外界条件等。

(3)异常恶劣的气候条件。

(4)由建设单位造成的任何延误、干扰或障碍，如未及时提供施工场地、未及时付款等。

(5)除承包单位自身以外的其他任何原因。

2. 工程延期的审批程序

工程延期的审批程序如图 7-1 所示。当工程延期事件发生后，承包单位应在合同规定的有效期内以书面形式(即工程延期意向通知书)通知建设单位，以便于建设单位尽早了解所发生的事件，及时做出减少延期损失的决定。随后，承包单位应在合同规定的有效期内(或建设单位可能同意的合理期限内)向建设单位提交详细的申述报告(延期理由及依据)。建设单位收到该报告后应及时进行调查核实，准确地确定出工程延期时间。

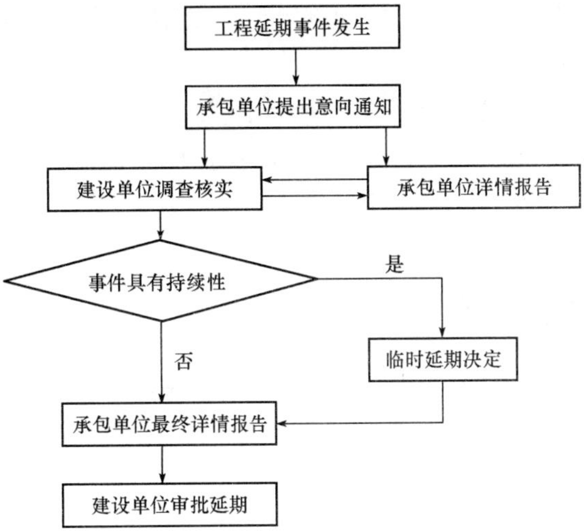

图 7-1　工程延期的审批程序

当延期事件具有持续性，承包单位在合同规定的有效期内不能提交最终详细的申述报告时，应先向建设单位提交阶段性的详情报告。建设单位应在调查核实阶段性报告的基础上，尽快做出延长工期的临时决定。临时决定的延期时间不宜太长，一般不超过最终批准的延期时间。

待延期事件结束后，承包单位应在合同规定的期限内向建设单位提交最终的详情报告，建设单位应复查详情报告的全部内容，然后确定该延期事件所需要的延期时间。

如果遇到比较复杂的延期事件，建设单位可以成立专门小组进行处理。对于一时难以得出结论的延期事件，即使不属于持续性的事件，也可以采用先做出临时延期的决定，然后再做出最后决定的办法。这样，既可以保证有充足的时间处理延期事件，又可以避免由于处理不及时而造成的损失。

3. 工程延期的审批原则

在审批工程延期时应当遵循下列原则：

(1)符合合同条件。批准的工程延期必须符合合同条件，也就是说，导致工期拖延的原因确实属于承包单位自身以外的，否则不能批准为工程延期。这是审批工程延期的一条根本原则。

(2)影响工期。发生延期事件的工程部位，无论其是否处在施工进度计划的关键线路上，只有当所延长的时间超过其相应的总时差时，才能批准工程延期。如果延期事件发生在非关键线路上，且延长的时间并未超过总时差时，即使符合批准为工程延期的合同条件，也不能批准工程延期。

应当说明，施工进度计划中的关键线路并非固定不变，它会随着工程的进展和情况的变化而变化。批准工程延期时应以承包单位提交的、经审核后的施工进度计划(不断调整后)为依据来决定是否批准工程延期。

(3)符合实际情况。批准的工程延期必须符合实际情况。为此，承包单位应对延期事件发生后的各类有关细节进行详细记载，并及时提交详细报告。与此同时，建设方也应对施工现场进行详细考察和分析，并做好有关记录，以便为合理确定工程延期时间提供可靠依据。

(二)工程延期的控制

发生工程延期事件，不仅影响工程的进展，而且会给建设单位带来损失。因此，建设单位应做好以下工作，以减少或避免工程延期事件的发生。

1. 选择合适的时机发布工程开工令

在发布工程开工令之前，应充分考虑前期准备工作是否充分。特别是征地、拆迁问题是否已解决，设计图纸能否及时提供，付款方面有无问题等，以避免由于准备不充分而造成工程延期。

2. 履行施工承包合同中所规定的职责

在施工过程中，建设单位应履行自己的职责，提前做好施工场地及图纸的提供工作，并能及时支付工程进度款，以减少或避免由此造成的工程延期。

3. 妥善处理工程延期事件

当延期事件发生后，应根据合同规定进行妥善处理。既要尽量减少工程延期时间及其损失，又要在详细调查研究的基础上合理批准工程延期时间。

4. 减少干预，加强协调

建设单位在施工过程中应尽量减少干预，加强协调，以避免由于自身的干扰和阻碍而导致延期事件的发生。

(三)工程延误的处理

如果由于承包单位自身的原因造成工程延误，而承包单位又未按照建设单位的指令改变延误状态时，通常可以采用下列手段进行处理：

1. 停止付款

当承包单位的施工活动不能使建设单位满意时，建设单位有权拒绝承包单位的支付申请。因此，当承包单位的施工进度拖后且又不采取积极措施时，建设单位可以采取停止付款的手段制约承包单位。

2. 索赔误期损失

停止付款一般是建设单位在施工过程中制约承包单位延误工期的手段，而误期损失赔偿则是当承包单位未能按合同规定的工期完成合同范围内的工作时对其的处罚。如果承包单位未能按合同规定的工期和条件完成整个工程任务，则应向建设单位支付投标书附件中规定金额的损失赔偿费。

3. 取消承包资格

如果承包单位严重违反合同，又不采取补救措施，建设单位为了保证合同工期的实现，有权取消其承包资格。例如，承包单位接到开工通知后，无正当理由推迟开工时间，或在施工过程中无任何理由要求延长工期；施工进度缓慢，又无视建设单位的书面警告等都有可能受到取消承包资格的处罚。

取消承包资格是对承包单位违约的严厉制裁。因为建设单位一旦取消了承包单位的承包资格，承包单位不但要被驱逐出施工现场，而且还要承担由此而造成的建设单位的损失费用。这种惩罚措施一般不轻易采用，而且在做出这项决定前，建设单位必须事先通知承包单位，并要求其在规定的期限内做好辩护准备。

第三节　施工进度计划的检查与调整

一、施工进度计划的检查

在施工进度计划的实施过程中，由于各种因素的影响，常常会打乱原始进度计划的安排而出现进度偏差。在实施过程中对进度计划进行检查，目的是要弄清楚进度计划执行的状况、进度是提前还是拖后，从中发现问题，寻找进度拖后的原因，以便采取纠偏措施。

1. 进度计划检查的内容

(1)工程形象进度的检查。检查工程现场的实际进度，并与计划进度对比，按进度管辖的组织系统，定期编写进度报告，逐级上报。

(2)施工图供应进度的检查。按施工进度的要求，检查供图单位各分部工程出图的进展情况，确定或估计供图进度是否满足施工进度的要求。

(3)材料、构件加工供应的检查。检查订货、加工运输等工作是否满足施工进度的要求。

2. 进度计划检查的程序

在项目的实施过程中，进度控制人员应经常地、定期地跟踪检查施工实际进度情况，主要是收集施工项目进度材料，进行统计管理和对比分析，确定实际进度与计划进度之间的关系。其主要工作包括以下几个方面内容：

(1)跟踪检查施工实际进度。跟踪检查施工实际进度是项目施工进度控制的关键措施，其目的是收集实际施工进度的有关数据。跟踪检查的时间和收集数据的质量直接影响进度控制工作的质量和效果。

一般检查的时间间隔与施工项目的类型、规模、施工条件和对进度执行要求程度有关，通常可以确定每月、半月、旬或周进行一次。若在施工中遇到天气、资源供应等不利因素的严重影响，检查的时间间隔可临时缩短，次数应频繁，甚至可以每日进行检查，或派人员驻现场督察。检查和收集资料的方式一般采用进度报表方式或定期召开进度工作汇报会的方式，为保证汇报资料的准确性，进度控制的工作人员要经常到现场察看施工项目的实际进度情况，从而准确掌握施工项目的实际进度。

(2)整理统计检查数据。收集到的施工项目实际进度数据要进行必要的整理，按计划控制的工作项目进行统计，形成与计划进度具有可比性的数据。一般可以按实物工程量、工作量和劳动消耗量以及累计百分比整理和统计实际检查的数据，以便与相应的计划完成量对比。

(3)对比实际进度与计划进度。将收集的资料整理和统计成具有计划进度可比性的数据后，用施工项目实际进度与计划进度的比较方法进行比较。通常采用的比较方法有：横道图比较法、S形曲线比较法、“香蕉”形曲线比较法、前锋线比较法和列表比较法等。通过比较可能得出实际进度与计划进度相一致、超前、拖后等某种情况。

(4)项目进度检查结果的处理。项目进度检查的结果，按照检查报告制度的规定，形成进度控制报告，向有关主管人员和部门汇报。

进度报告由计划负责人或进度管理人员与其他项目管理人员协作编写。报告时间一般与进度检查的时间相协调，也可按月、旬、周等间隔时间进行编写上报。

进度控制报告的内容主要包括项目实施概况、管理概况、进度概要，项目施工进度、形象进度及简要说明，施工图纸提供进度，材料、物资、构配件供应进度，劳务记录及预测，日历计划等。

3. 进度计划检查的方法

进度计划检查的主要方法是对比法，即将经过整理的实际进度数据与计划进度数据进行比较，从中发现是否出现进度偏差以及进度偏差的大小。

通过检查分析，如果进度偏差比较小，应在分析其产生原因的基础上采取有效措施，解决矛盾，排除障碍，继续执行原进度计划；如果进度偏差较大，经过努力确实不能按原计划实现时，再考虑对原计划进行必要的调整。

二、施工进度计划的调整

通过检查分析，如果发现原有进度计划已不能适应实际情况时，为了确保进度控制目标的实现或需要确定新的计划目标，就必须对原有进度计划进行调整，以形成新的进度计划，作为进度控制的新依据。

施工进度计划的调整方法主要有两种：一是通过压缩关键工作的持续时间来缩短工

期；二是通过组织搭接作业或平行作业来缩短工期。在实际工作中应根据具体情况选用。

1. 压缩关键工作的持续时间

这种方法的特点是不改变工作之间的先后顺序关系，通过缩短网络计划中关键线路上工作的持续时间来缩短工期，通常需要采取一定的措施来达到目的。其具体措施包括以下几点：

(1)组织措施。

1)增加工作面，组织更多的施工队伍；

2)增加每天的施工时间(如采用三班制等)；

3)增加劳动力和施工机械的数量。

(2)技术措施。

1)改进施工工艺和施工技术，缩短工艺技术间歇时间；

2)采用更先进的施工方法，以减少施工过程的数量(如将现浇框架方案改为预制装配方案)；

3)采用更先进的施工机械。

(3)经济措施。

1)实行包干奖励；

2)提高奖金数额；

3)对所采取的技术措施给予相应的经济补偿。

(4)其他配套措施。

1)改善外部配合条件；

2)改善劳动条件；

3)实施强有力的调度等。

一般来说，不管采取哪种措施，都会增加费用。因此，在调整施工进度计划时，应利用费用优化的原理选择费用增加量最少的关键工作作为压缩对象。

2. 组织搭接作业或平行作业

这种方法的特点是不改变工作的持续时间，只改变工作的开始时间和完成时间。对于大型建设工程，由于单位工程较多且相互间的制约较小，可调整的幅度较大，所以容易采用平行作业的方法来调整施工进度计划；而对于单位工程项目，由于受工作之间工艺关系的限制，可调整的幅度比较小，所以通常采用搭接作业的方法来调整施工进度计划。但不管是搭接作业还是平行作业，建设工程在单位时间内的资源需求量都会增加。

除可采用上述两种方法来缩短工期外，有时由于工期拖延得太多，采用某种方法进行调整、其可调整的幅度又受到限制时，还可以同时利用这两种方法对同一施工进度计划进行调整，以满足工期目标的要求。

三、成本与工期优化

1. 工期与成本的关系

工程成本由直接成本(直接费)和间接成本(间接费)构成，工程成本与工期的关系为直接成本随工期缩短而增加，间接成本随工期缩短而减少，这样就必然存在一个总成本最少的最佳工期，如图 7-2 所示。

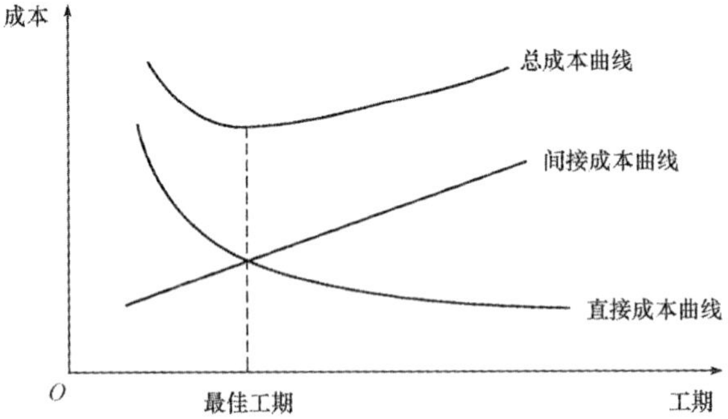

图 7-2　成本与工期关系曲线

2. 工期-成本优化法的步骤

(1)计算各活动时间参数，确定关键线路及正常工期；求正常工期下总直接成本、间接成本及总成本。

(2)计算各项活动的直接成本变化率 α。

(3)找出费用率(费用率组合)最小的活动进行压缩；并分析压缩工期时的约束条件，确定压缩对象可能压缩时间，计算新工期下的总成本。

(4)计算压缩工期能否满足要求，成本是否最低，否则按(1)～(4)再次压缩。

【例 7-1】 某工程项目网络计划如图 7-3 所示，其间接成本变化率为 10 千元/周。求满足工期要求的最低成本。箭线上为直接成本，箭线下为作业时间；括弧内为极限作业时间和直接成本，括弧外为正常作业时间和直接成本；直接成本单位：千元，工作时间单位：周。

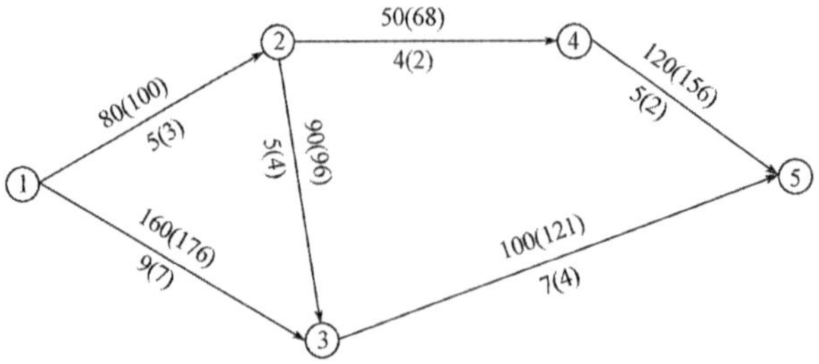

图 7-3　某工程项目网络计划图

解：(1)确定关键线路，计算成本，如图 7-4 所示。

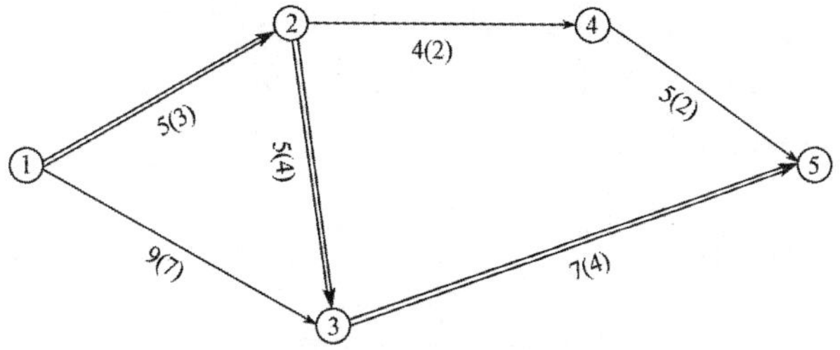

图 7-4　关键线路

正常工期 T_n＝17 周，此时：直接成本＝80＋50＋120＋160＋100＋90＝600(千元)；间接成本＝17×10＝170(千元)；总成本＝600＋170＝770(千元)。

(2)计算各项工作的直接成本变化率，其计算公式为

$$直接成本变化率\ \alpha=(C_c-C_n)/(D_n-D_c)$$

式中　C_c——在最短持续时间下作业所需的直接费用；

C_n——在正常持续时间下作业所需的直接费用；

D_n——作业的正常持续时间；

D_c——作业的最短时间；

α_{1-2}＝10 千元/周；α_{1-3}＝8 千元/周；α_{2-3}＝6 千元/周；α_{2-4}＝9 千元/周；α_{3-5}＝7 千元/周；α_{4-5}＝12 千元/周。

关键线路 1—2—3—5，工期为 17 周；第二条线路 1—3—5，工期为 16 周；第三条线路 1—2—4—5，工期为 14 周。

第一次压缩：压缩关键线路 1—2—3—5 ，可压缩的时间仅为 1 周。

压缩工作的选择：1—2 α_{1-2}＝10 千元/周；2—3 α_{2-3}＝6 千元/周；3—5 α_{3-5}＝7 千元/周；2—3 费用率最低，故选 2—3 压缩。

第一次压缩工作 2—3 工期 1 周，则总工期 T＝16 周。

直接成本：600＋1×6＝606(千元)

间接成本：16× 10＝160(千元)

总成本：766 千元

此时，关键线路有两条，如图 7-5 所示。

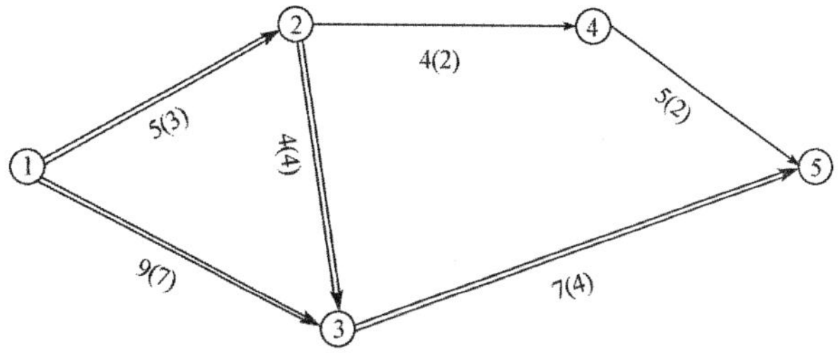

图 7-5　第一次压缩后的网络图

可压缩：1—2　18 千元/周，2 周；

1—3　18 千元/周，2 周；

3—5　7 千元/周，3 周。

第二次压缩：3—5，压缩 2 周，总工期 T=14 周。

直接成本：606+7×2=620(千元)

间接成本：14×10=140(千元)

总成本：760 千元

此时，三条线路均为关键线路，如图 7-6 所示。

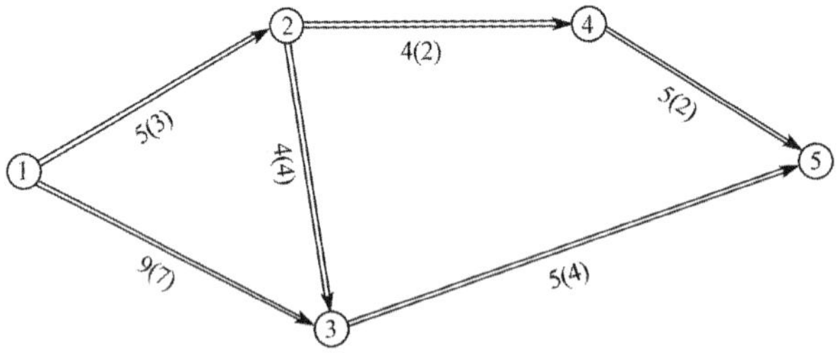

图 7-6　第二次压缩后的网络图

此时，如果再优化的话，直接成本率的增加值将高于间接成本率的降低值，方案已达到最优。

(3)结论：最优工期 T=14 周，最低成本=760 千元。

3. 压缩关键活动工期所受限制

(1)活动本身最短工期的限制。

(2)总时差的限制。关键线路上各活动压缩时间之和不能大于非关键线路上的总时差。

(3)平行关键线路的限制。必须在两条(或多条)关键线路上压缩相同的天数。

(4)紧缩关键线路的限制。工期不能再缩短，压缩任何活动时间都不会缩短工期而只会增加工程成本。

第四节　施工准备概述

一、施工准备工作的分类

(1)按准备工作范围划分。

1)全场性施工准备：其是指以一个建筑工地为对象而进行的各项施工准备，是为全场性施工服务，也是兼顾单位工程施工条件的准备。

2)单位工程施工条件准备：其是指以一个建筑物为对象而进行的施工准备，目的是为该单位工程施工服务，也是兼顾分部、分项工程和检验批作业条件的准备。

3)分部、分项工程和检验批作业条件准备：其是指以一个分部、分项工程和检验批或冬、雨期施工工程内容为对象而进行的作业条件准备。

(2)按工程所处施工阶段分。

1)开工前施工准备：其是指在工程正式开工前所进行的一切施工准备，目的是为正式开工创造必要的施工条件。

2)开工后施工准备：其是指在工程开工后在各个施工阶段正式施工之前所进行的施工准备，目的仍是为施工创造必要的施工条件。

二、施工准备工作的任务

施工准备工作的任务就是要按照施工准备工作的要求分阶段、有计划地全面完成施工准备的各项工作，保证拟建工程的施工能够连续、均衡、安全、顺利地进行，从而在保证工程质量和工期的前提下降低工程成本和提高施工效率。

1. 编制施工准备工作计划

(1)施工准备阶段要编制详细的计划，列出施工准备工作的内容、要求完成的时间、负责人等。由于各项准备工作之间有相互依存的关系，单纯的计划难以表达清楚，还可以编制施工准备工作网络计划，明确关系并找出关键工作。利用网络图进行施工准备期的调整，尽量缩短时间。

(2)施工准备工作计划应当在施工组织设计中予以安排，作为施工组织设计的基本内容之一；同时，要注重施工过程中的统筹安排。

(3)施工准备应与各有关单位协作配合，争取这些单位的大力支持。

2. 建立工作责任制与检查制度

由于项目多、范围广，有时施工准备工作的期限比正式施工期限还要长，因此必须有严格的责任制。要按计划将责任明确到有关部门甚至个人，以保证按照计划要求的内容及完成时间进行工作。同时，明确各级技术负责人在施工准备工作中应负的领导责任，以便推动和促使各级领导认真做好施工准备工作。

3. 做到四个结合

(1)设计与施工相结合。

1)设计与施工两方面的积极配合，对加速施工准备是非常重要的。双方互通情况，通力协作，为准备工作的快速、准确创造有利条件。

2)设计单位出图时，应尽可能按施工程序出图。对规模较大的工程和特殊工程，首先提供建筑总平面图、单项工程平面图、基础图，以便及早规划施工现场，提前现场准备；对于地下管道多的工程，先出主要的管网及交通道路的施工图，以利现场尽快实现“三通一平”(水通、电通、道路通、场地平整)，便于材料进场和其他准备工作。

(2)室内准备与室外准备相结合。室内准备与室外准备应同时并举，相互创造条件。室内准备工作主要有熟悉施工图纸和图纸会审，编制施工组织设计、设计概算、施工图预算等。室外准备工作要加紧对建设地区的自然条件和技术经济条件进行调查分析，尽快为室内准备工作提供充分的技术资料。同时，要做好现场准备工作、现场平面布置及临时设施等，施工组织设计确定一项就准备一项，以争取节约时间。

(3)土建工程与专业工程相结合。施工准备工作必须注意土建工程与专业工程相配合。在明确施工任务、拟定施工准备工作的初步规划以后，应及时通知水电设备安装等专业施工单位及材料运输等部门，组织研究初步规划，协调各方面的行动。为使准备工作规划更切合实际，各有关单位都应及时做好必要准备，以利互相配合。

(4)前期准备与后期准备相结合。由于施工准备工作周期较长，有一些是开工前所做的，有一些是在开工后交叉进行的。因此，既要立足于前期的准备工作，又要着眼于后期的准备工作，统筹安排，把握时机。

三、施工准备工作的主要工作内容

(一)施工条件调查

1. 气象、地形、地质和水文情况调查

气象、地形、地质和水文等情况调查的内容见表 7-1。

表 7-1　气象、地形、地质和水文情况调查

序　号	项目	调　查　内　容	调　查　目　的
1	气温	年平均温度，最高、最低、最冷、最热月的逐日平均温度，结冰期，解冻期，最大、最小冻结深度； 冬、夏室外计算温度； 小于或等于−5 ℃、0 ℃、5 ℃的天数、起止时间	防暑降温； 冬期施工； 混凝土、砂浆强度增长
2	降雨(雪)	雨期起止时间； 全年降雨(雪)量，月平均降雨(雪)量，昼夜最大降雨(雪)量； 全年雷暴日数	雨期施工； 工地排水、防洪； 防雷
3	风	主导风向及频率； 全年大于或等于 8 级风的天数、时间	布置临时设施； 高空作业及吊装措施
4	地下水	最高、最低水位及时间； 流向、流速及流量； 水质分析； 抽水试验	土方施工； 基础施工方案的选择； 降低地下水位； 侵蚀性质及施工注意事项

续表

序　号	项目	调　查　内　容	调　查　目　的
5	地面水	临近的江河、湖泊及距离； 洪水、平水及枯水时期水位、流量及航道深度； 流量、水位及航道深度； 水质分析	临时供水； 水工工程施工
6	地形	区域地形图； 该区的城市规划； 工程位置地形图； 控制桩、水准点的位置	选择施工用地； 布置施工总平面图； 现场平整土方量计算； 障碍物及数量
7	地质	钻孔布置图； 地质剖面图(土层特征及厚度)； 地质的稳定性、滑坡、流砂、冲沟； 物理力学指标：天然含水率，天然孔隙比，塑性指数，压缩试验； 最大冻结深度； 地基土强度结论； 地基土破坏情况，土坑、枯井、古墓、地下构筑物	土方施工方法的选择； 复核地基基础设计； 地基处理方法； 基础施工； 障碍物拆除计划
8	地震	地震等级、地震烈度	对地基影响； 施工措施

2. 交通运输条件调查

交通运输条件调查的内容见表 7-2。

表 7-2　交通运输条件调查

序号	项目	调查内容
1	铁路	邻近铁路专用线、车站至工地距离，运输条件； 车站起重能力，卸货线长度，站场存贮能力； 装载货物的最大尺寸； 运费、装卸费和装卸力量
2	公路	公路等级、路面构造、路宽及完好情况、允许最大载重量； 途经桥涵等级，允许最大载重量； 当地专业运输机构及附近农村能提供的运输能力，如汽车、人、畜力车数量及效率； 运费、装卸费和装卸力量； 有无汽车修配厂，至工地距离，道路情况，能提供的修配能力

续表

序号	项目	调查内容
3	水运	货源与工地至邻近河流、码头、渡口的距离，道路情况； 洪水、平水、枯水期，通航最大船只及吨位，船只保障情况； 码头装卸能力，最大起重量，增设码头的可能性； 渡口、渡船能力，同时可载汽车、马车数，每日次数，能为施工提供的能力； 每吨货物运价，装卸费和渡口费
4	空运	运输班次，运输能力； 运费、手续费、机场建设费

3. 能源条件调查

能源一般是指水源、电源、蒸汽、燃气等；能源资料可向当地城建、供电局、燃气公司、供水公司、电信局等进行了解，主要用作选择施工用临时供水、供电和供气的方式，提供经济分析比较的依据；其具体内容见表 7-3。

表 7-3　水、电、蒸汽、燃气等能源条件调查

序号	项　目	调　查　内　容	调 查 目 的
1	供、排水	工地用水与当地现有水源连接的可能性、接管地点、管径、材料、埋深、水压、水质及水费，至工地距离，沿途地形、地物状况； 自选临近江河水源的水质、水量、取水方式、至工地距离，沿途地形、地物状况；自选临时水井的位置、深度、管径、出水量和水质； 利用永久性排水设施的可能性，施工排水的去向、距离和坡度；有无洪水影响，防洪设施状况	确定施工及生活供水方案； 确定工地排水方案和防洪设施； 拟定供排水设施的施工进度计划
2	供电与通信	当地电源位置，引入的可能性，可供电的容量、电源、导线截面和电费；引入方向，接线地点及其至工地的距离；沿途地形、地物状况； 建设单位和施工单位自有的发、变电设备的型号、台数和容量； 利用邻近通信设施的可能性，电话、电报局等至工地的距离，可能增设通信设备、线路的情况	确定施工供电方案； 确定施工通信方案； 拟定供电、通信设施的施工进度计划
3	燃气、蒸汽	燃气和蒸汽来源、接管地点、管径、埋深、至工地的距离，沿途地形、地物状况、价格； 建设、施工单位自有锅炉的型号、台数和能力，所需燃料和水质标准； 当地或建设单位可能提供的压缩空气、氧气的能力，至工地的距离	确定施工及生活用气（汽）的方案； 确定压缩空气、氧气的供应计划

4. 主要材料调查

主要材料调查的内容包括水泥、钢材、木材、特殊材料和主要设备；这些资料一般向当地计划、经济等部门进行了解，可用作确定材料供应、储存和设备订货、租赁的依据；其具体内容见表 7-4。

表 7-4　主要材料调查

序号	项　目	调　查　内　容	调 查 目 的
1	三大材料	钢材订货的规格、数量和到货的时间； 木材订货的规格、等级、数量和到货的时间； 水泥订货的品种、强度等级、数量和到货时间	确定临时设施和堆放场地； 确定木材加工计划； 确定水泥储存方式和地点
2	特殊材料	需要的品种、规格、数量； 试剂加工和供应情况	制定供应计划； 确定储存方式
3	主要设备	主要工艺设备名称、规格、数量和供货单位； 分批和全部到货时间	确定临时设施和堆放场地； 拟定防雨措施

5. 地方资源及施工单位调查

地方资源一般向当地计划、经济及建设行政主管部门进行调查了解，可用作确定材料、构配件、制品等的货源、加工供应方式、运输计划和规划临时设施等。

(1)地方资源的调查内容。地方资源的调查内容见表 7-5，表中“材料名称”栏可按砂、块石、砾石、砖、石灰、工业废料(包括矿渣、炉渣、粉煤灰)等填列。

表 7-5　地方资源调查

序号	材料名称	产地	储藏量	质量	开采量	出厂价	开发费	运距	单位运价
1									
2									
…									

(2)地方施工单位和构件生产单位的调查内容。地方施工单位和构件生产单位的调查内容见表 7-6，表中“单位名称”栏可按木材厂、构件厂、金属构件加工厂、建筑设备厂、砖瓦厂、石灰厂等进行填列。

表 7-6 地方施工单位和构件生产单位调查

序 号	单位名称	产品名称	规格质量	单 位	生产能力	生产方式	出厂价格	运 距	运输方式	单位运价	供应能力
1											
2											
…											

6. 社会劳动力和生活设施调查

项目所在地社会劳动力和生活设施的调查就是了解当地的社会劳动力、生活条件和房屋设施情况。这些资料一般可向当地劳动管理部门、商业部门、文教管理部门进行了解。其具体内容见表 7-7。

表 7-7 项目所在地社会劳动力和生活设施调查

序号	项 目	调 查 内 容	调 查 目 的
1	社会劳动力	当地能支援施工的劳动力数量、技术水平和来源； 少数民族地区的风俗、民情、习惯； 上述劳动力的生活安排、居住远近	教育员工队伍，做好劳动力准备； 确定施工、生活临时设施； 决策后勤保障准备工作； 拟定施工力量计划
2	房屋设施	能作为施工用的现有房屋数量、面积、结构特征、位置、距工地的距离；水、暖、电、卫生设备情况； 上述建筑物的适用情况，能否作为宿舍、食堂、办公、生产等； 需在工地居住的人数和必需的户数	
3	生活条件	当地主、副食品商店，日常生活用品供应、文化、教育设施，消防、治安等机构情况；供应或需要的能力； 邻近医疗单位距工地的距离，可能提供服务的情况； 周围有无有害气体污染企业和地方性疾病	

7. 有关施工单位能力调查

对有关施工单位能力进行调查，可了解拟参加投标的各单位能力，以便做到心中有数。这些资料一般可向当地建设行政主管单位了解。其具体内容见表 7-8。

表 7-8 施工单位能力调查

序号	项 目	调 查 内 容	调查目的
1	工人	工人的总数、各专业工种的人数、能投入本工程的人数； 专业分工及一专多能情况； 定额完成情况	了解施工单位的技术、管理水平； 选择总包、分包单位； 为编制施工组织设计提供依据
2	管理人员	管理人员总数、各种人员比例及其人数； 工程技术人员的人数、专业构成情况	
3	施工机械	名称、型号、规格、台数及其新旧程度； 总装配程度、技术装备率和动力装备率； 拟增购的施工机械明细表	
4	施工经验	历史上曾经施工过的主要工程项目； 习惯采用的施工方法，曾采用过的先进施工方法； 科研成果和技术更新情况	
5	主要指标	劳动生产率指标，产值、产量，全员劳动生产率； 质量指标：产品优良率和合格率； 安全指标：安全事故频率； 利润成本指标：产值、资金利润率、成本计划实际降低率； 机械化、工厂化施工程度； 机械设备完好率、利用率和效率	

(二)技术资料的准备

技术资料的准备即通常所说的室内准备，即内业准备，其内容一般包括熟悉与会审图纸、签订施工合同、编制施工组织设计、编制施工图预算和施工预算。

1. 熟悉与会审图纸

(1)熟悉图纸。施工图一般包括总平面图、建筑图、结构图、给水排水图、电气图、电梯图、智能图、采暖通风图、动力图等。阅读图纸时，应重点熟悉掌握以下内容：

1)基础部分：核对建筑、结构、设备施工图中关于基础留洞的位置及标高，地下室排水方向，变形缝及人防出口做法，防水体系的包圈及收头要求等。

2)主体结构部分：各层所用的砂浆、混凝土强度等级，墙、柱与轴线的关系，梁、柱的配筋及节点做法，悬挑结构的锚固要求，楼梯间的构造，设备图和土建图上洞口尺寸及位置的关系。

3)屋面及装饰方向：屋面防水节点做法，结构施工时为装饰施工提供的预埋件和预留洞口，内外墙和地面等材料及做法。

在熟悉图纸的过程中，对发现的问题应做出标记和记录，以便在图纸会审时提出。

(2)图纸会审。一般由建设单位组织，设计单位、施工单位及监理单位参加。会审时，先由设计单位进行图纸交底，然后由各方提出问题。经过充分协商，统一意见，形成图纸会审纪要，由建设单位正式行文，参加会议的各单位盖章，作为与设计图纸同时使用的技术文件。图纸会审的主要内容如下：

1)图纸设计是否符合国家有关技术规范，且符合经济合理、美观适用的原则；

2)图纸及说明是否完整、齐全、清楚，图中的尺寸、标高是否准确，图纸之间是否矛盾；

3)施工单位在技术上有无困难，能否确保质量和安全，装备条件是否能满足；

4)地下与地上、土建安装、结构与装饰是否有矛盾，各种设备管道的布置对土建施工是否有影响；

5)各种材料、配件、构件等采购供应是否有问题，它们的规格、性质、质量等能否满足设计要求；

6)图纸中不明确或有疑问处，设计单位是否解释清楚；

7)设计、施工中的合理化建议能否采纳。

2. 编制施工组织设计

施工组织设计是规划和指导施工全过程综合性的技术经济文件，是一项重要的施工准备工作。

3. 编制施工图预算和施工预算

在设计交底和图纸会审的基础上，施工组织设计经监理工程师批准后，预算部门即可着手编制单位工程施工图预算和施工预算，以确定人工、材料和机械费用的支出，并确定人工数量、材料消耗数量及机械台班使用量。

(三)施工现场的准备

施工现场的准备即通常所说的室外准备(外业准备)，其包括拆除障碍物、“三通一平”、测量放线、搭设临时设施等内容。

1. 拆除障碍物

该工程一般由建设单位完成，也可委托给施工单位完成。拆除时，要弄清楚情况，尤其是原有障碍物复杂、资料不全时，应采取相应的措施，防止发生事故。

架空电线、埋地电缆、自来水管、污水管、煤气管道等的拆除，都应与有关部门取得联系并办好手续后，才可进行，一般由专业公司来拆除。场内的树木需报请园林部门批准后方可砍伐。房屋要在水源、电源、气源等截断后即可进行拆除。对坚实、牢固的房屋等采用定向爆破方法拆除时，应经有关主管部门批准，由专业施工队拆除。

2.“三通一平”工作

在工程施工范围内，平整场地和接通施工用水、用电管线及道路的工作，称为“三通一平”。这项工作，应根据施工组织设计中的“三通一平”规划来进行。

3. 测量放线

测量放线是确定拟建工程平面位置的关键，因此，在施测中必须保证精度、杜绝错误。

在测量放线前，应做好检验校正仪器、校核红线桩(规划部门给定的红线，在法律上起着控制建筑用地的作用)与水准点，制定测量放线方案(如平面控制、标高控制、沉降观测和竣工测量等)等工作。如发现红线桩和水准点有问题，应提请建设单位处理。

建筑物应通过设计图中的平面控制轴线来确定其轮廓位置，测定后提交有关部门和建设单位验线，以保证定位的准确性。沿红线的建筑物，还要由规划部门验线，以防止建筑物压红线或超红线。

4. 临时设施的搭设

现场所需临时设施，应报请规划、市政、交通、环保等有关部门审查批准。

为了施工方便、行人的安全，应用围墙将施工用地围护起来。围护的形式和材料应符合市容管理的有关规定和要求，并在主要入口处设置标牌，标明工地名称、施工单位、工地负责人等。

所有宿舍、办公用房、仓库、作业棚等，均应按批准的图纸搭建，不得乱搭乱建，并尽可能利用永久性工程。

(四)劳动力及物资的准备

1. 施工队伍的准备

包括建立项目管理机构和专业或混合施工队，组织劳动力进场，进行计划和任务交底等。

(1)项目管理人员的配备：应视工程规模和难易程度而定。一般单位工程，可设一名项目经理、施工员(工长)及材料员等人员即可；大型的单位工程或建筑群，需配备一套项目管理班子，包括施工、技术、材料、计划等管理班子。

(2)基本施工队伍的确定：根据工程特点，选择恰当的劳动组织形式。土建施工队伍是混合队伍形式，其特点是人员配备少，工人以本工种为主兼做其他工作，工序之间搭接比较紧凑，劳动效率高。如砖混结构的主体阶段主要以瓦工为主，配有架子工、木工、钢筋工、混凝土及机械工；装修阶段则以抹灰工为主，配有木工、电工等。对装配式结构，则以结构吊装为主，配备适当的电焊工、木工、钢筋工、混凝土工、瓦工等。对全现浇结构，混凝土工是主要工种，由于采用工具式模板，操作简便，所以不一定配备木工，只要有一些熟练的操作即可。

(3)专业施工队伍的组织：机电安装及消防、空调、通信系统等设备，一般由生产厂家进行安装和调试，有的施工项目需要机械化施工公司承担，如土石方、吊装工程等。这些都应在施工准备中以签订承包合同的形式予以明确，以便组织施工队伍。

(4)外包施工队伍的组织：由于建筑市场的开放及用工制度的改变，施工单位仅靠本身的能力来完成各项施工任务已不能满足要求，故需要组织外包施工队伍共同承担。外包施工队伍大致有独立承担单位工程的施工，承担分部、分项工程的施工，参与施工单位的班组施工三种形式。

2. 施工物资的准备

材料、构件、机具等物资是保证施工任务完成的物质基础。根据工程需要确定用量计划，及时组织货源，办理订购手续，安排运输和贮备，满足连续施工的需要。对特殊的材料、构件、机具，更应提早准备。

材料和构件除了按需用量计划分期、分批组织进场外，还要根据施工平面图规定的位置堆放。按计划组织施工机具进场，做好井架搭设、塔吊布置及各种机具的位置安排，并根据需要搭设操作棚，接通动力和照明线路，做好机械的试运行工作。

第八章　房地产建设项目安全管理与文明施工

第一节　房地产建设项目安全管理概述

一、房地产建设项目安全管理的含义

房地产建设项目安全管理，就是房地产项目在施工过程中，组织安全文明生产的全部管理活动。通过对生产要素的过程控制，使生产要素的不安全状态减少或消除，创造适宜的生产、生活环境并规范每个人的行为，最终确保现场施工所有人员的人身安全和健康，达到减少一般事故、杜绝伤亡事故的同时保证实现项目管理目标。

二、房地产建设项目安全管理的方针和目标

1. 房地产建设项目安全管理的方针

我国房地产建设项目安全管理的方针是“安全第一，预防为主”。

(1)“安全第一”是安全生产方针的基础。生产过程中的安全是生产发展的客观需要，特别是在房地产项目施工中更不能忽视，要在其施工过程中把安全工作放在第一位；当生产与安全发生矛盾时，生产服从安全。这是“安全第一”的含义。

(2)“预防为主”是安全生产方针的核心，是实施安全生产的根本途径。安全生产工作的“预防为主”是现代生产的需要。预防为主，就是在事前做好安全工作，防患于未然。依靠科技进步，加强安全科学管理，搞好科学预测与分析工作，将工伤事故和职业危害消灭在萌芽状态中。

“安全第一”与“预防为主”两者是相辅相成、互相促进的。“预防为主”是实现“安全第一”的保障，要做到安全第一，实现安全生产，最有效的措施就是搞好积极预防、主动预防，否则安全第一就是一句空话，这已在实践中得到证明。

2. 房地产建设项目安全管理的目标

通过预防及控制措施，减少项目施工过程中出现安全事故的概率，改善施工作业现场形象及环境。

三、安全与环境管理的任务

安全与环境管理任务是指工程建设项目的设计和施工单位为达到项目职业健康安全与环境管理的目标而进行的管理活动，包括制定、实施、实现、评审和保持职业健康安全方针与环境方针所需的组织机构、计划活动、职责、惯例、程序、过程和资源。上述活动构成了实现职业健康安全方针和环境方针的14个方面的管理任务，见表8-1。

表8-1　职业健康安全与环境管理的任务

项目	组织机构	计划活动	职责	惯例（法律法规）	程序文件	过程	资源
职业健康安全方针							
环境方针							

(1)建筑工程项目决策阶段。办理各种有关安全与环境保护方面的审批手续。

(2)工程设计阶段。进行环境保护设施和安全设施的设计，防止因设计考虑不周而导致生产安全事故的发生或对环境造成的不良影响。

(3)工程施工阶段。建设单位应当自开工报告批准之日起15日内，将保证安全施工的措施报送建设工程所在地的县级以上人民政府住房城乡建设主管部门或其他有关部门备案。分包单位应接受总包单位的安全生产管理，若分包单位不服从管理而导致安全生产事故的，分包单位承担主要责任。施工单位应依法建立安全生产责任制度，采取安全生产保障措施和实施安全教育培训制度。

(4)项目验收试运行阶段。项目竣工后，建设单位应向审批建设工程环境影响报告书、环境影响报告或者环境影响登记表的环境保护行政主管部门申请，对环保设施进行竣工验收。

四、建设工程职业健康安全与环境管理体系

1. 职业健康安全管理体系

OHSAS18000是国际标准化组织(ISO)制定的职业健康与安全管理体系标准。国家标准《职业健康安全管理体系 要求》(GB/T 28001—2011)等同采用OHSAS18001：2007新版标准(英文版)翻译，已于2012年2月1日实施。

(1)职业健康安全管理体系标准的作用。职业健康安全管理体系的作用在于为企业提供科学有效的职业健康安全管理体系规范和指南，提高职业健康安全管理水平，形成自我监督、自我发现和自我完善的机制，从而提高劳动者身心健康和安全卫生技能，大幅减少成本投入和提高工作效率，在社会树立良好的品质、信誉和形象。

(2)建立职业健康安全管理体系的方法和步骤。组织(企业)建立 OHSAS，要依据 OHSAS18001 要求，结合组织(企业)实际，按照以下六个步骤建立：

1)领导决策与准备：领导决策、提供资源、任命管代、宣贯培训；

2)初始安全评审：识别并判定危险源、识别并获取安全法规、分析现状、找出薄弱环节；

3)体系策划与设计：制定职业健康安全方针、目标、管理方案；确定体系结构、职责及文件框架；

4)编制体系文件：编制职业健康安全管理手册、有关程序文件及作业文件；

5)体系试运行：各部门、全体员工严格按体系要求规范自己的活动和操作；

6)内审和管理评审：体系运行 2 个多月后，进行内审和管评，自我完善与改进。

2. 环境管理体系

ISO14000 是国际标准化组织(ISO)制定的环境管理体系标准，有 14001 到 14100 共 100 个号，统称为 ISO14000 系列标准。其中，ISO14001 是环境管理体系标准的主干标准，它是企业建立和实施环境管理体系并通过认证的依据 ISO14000 环境管理体系的国际标准。国际标准化组织(ISO)于 1996 年推出了 ISO14000 系列标准。同年，我国将其等同转换为国家标准 GB/T24000 系列标准。在这个系列标准中，《环境管理体系 要求及使用指南》(GB/T 24001)为核心标准。目前，该标准最新版本是《环境管理体系 要求及使用指南》(GB/T 24001—2016)。《环境管理体系 要求及使用指南》(GB/T 24001—2016)强调实现环境、社会和经济三者之间的平衡。通过平衡这“三大支柱”的可持续性，以实现可持续发展目标。

(1)推行环境管理体系标准的意义。

1)提高企业社会形象及竞争力，有利于企业长期发展。

2)提高企业管理水平以及员工环境意识。

3)降低能源消耗，减少废气、废水、噪声、危险。

4)改善企业的环境行为，降低环境、法律风险。

(2)PDCA 模式。环境管理体系和职业健康安全管理体系的运行，采用了戴明模型，即通过策划、实施、检查评审和改进等各个环节构成一个动态循环的过程，经过持续改进，不断提高管理系统运行水平，形成螺旋上升式系统化管理模式。该模式可简述如下：

1)策划：建立所需的环境目标和过程，以实现与组织的环境方针相一致的结果。

2)实施：实施所策划的过程。

3)检查：根据环境方针，包括其承诺、环境目标和运行准则，对过程进行监视和测量，并报告结果。

4)改进：采取措施以持续改进。

第二节　房地产建设项目工程现场安全管理

一、房地产建设项目工程现场管理的含义

房地产建设项目工程现场指从事房地产工程施工活动经批准占用的施工场地。该场地既包括红线以内占用的建筑用地和施工用地，又包括红线以外现场附近批准占用的临时施工用地。房地产建设项目工程现场管理是指对这些场地科学地筹划、合理地使用，并与环境各因素保持协调关系，使之成为安全文明施工现场。

二、房地产建设项目工程现场安全管理的流程

在房地产建设项目工程现场安全管理的过程中，主要有承包商、监理单位、发包方三方参与。其具体管理流程如图 8-1 所示。

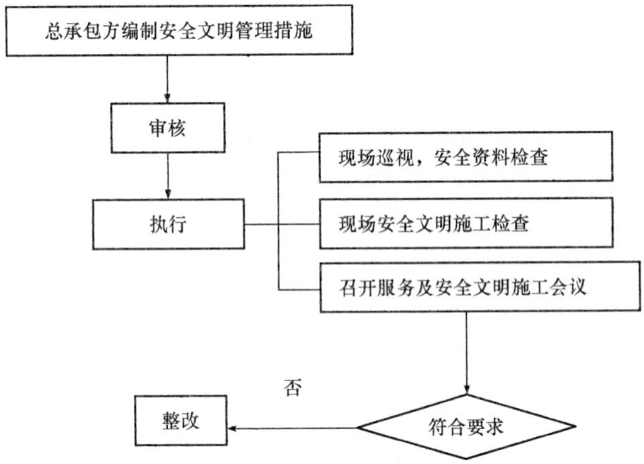

图 8-1　安全管理流程

图 8-1 所示为一般房地产建设项目工程现场安全管理的基本流程。在这个过程中，承包商的主要工作是执行，监理单位的主要工作是检查、审核以及协调，而发包方的工作主要是通过监理方检查审核之后做好备案的工作。

三、房地产建设项目工程现场安全管理的内容

1. 合理规划施工用地

首先要保证场内占地的合理使用。当场内空间不充分时，建设单位应会同建筑单位规定

向规划部门和公安交通部门申请，经批准后才能使用场外临时施工用地。

2. 在施工组织设计中，科学地进行施工总平面设计

施工组织设计是工程施工现场管理的重要内容和依据，尤其是施工总平面设计，目的就是对施工场地进行科学规划，以合理利用空间。在施工总平面图上，临时设施、大型机械、材料堆放、物资仓库、构件堆放、消防设施、道路及进出口、加工场地、水电管线、周转使用场地等，都应各得其所，关系合理合法，从而有利于安全和环境保护，有利于节约，方便工程施工。

3. 根据施工进展的具体需要，按阶段调整施工现场的平面布置

在不同的施工阶段，施工需要也有所不同，因此，应对现场的平面布置进行调整。施工内容的变化是主要原因，另外分包单位也随之变化，会对施工现场提出新的要求。因此，不应当把施工现场当成一个固定不变的空间组合，而应当对它进行动态的管理和控制。调整也不能太频繁，以免造成浪费。

4. 加强对施工现场使用的检查

现场管理人员应经常检查布置是否依据施工平面图、是否符合各项规定、是否满足施工需要，还要检查那些薄弱环节，从而为调整施工现场提供有用的信息，也使施工现场保持相对稳定，不被复杂的施工过程打乱或破坏。

5. 建立文明的施工现场

文明的施工现场即按照有关法规的要求，使施工现场和临时占地范围内秩序井然，文明安全，环境得到保护，绿地树木不被破坏，交通畅通，文物得以保存，防火设施完备，居民不受干扰，场容和环境卫生均符合要求。建立文明施工现场有利于提高工程质量和工作质量，提高企业信誉。为此，应当做到领导负责、系统把关、普遍检查、建章建制、责任到人、落实整改、严明奖惩。

6. 及时清场转移

施工结束后，项目管理班子应及时组织清场，将临时设施拆除，剩余物资退场，以便整治规划场地，恢复被临时占用的土地，不留后遗症。

7. 坚持现场管理标准化，堵塞浪费漏洞

现场管理标准化的范围很广，比较突出而又需要特别关注的是现场平面布置管理和现场安全管理，稍有不慎，就会造成浪费。

《建设工程安全生产管理条例》规定了开发商企业的安全责任如下：

(1)开发商企业应当向施工单位提供施工现场及毗邻区域内供水、排水、供电、供气、供热、通信、广播电视等地下管线资料，气象和水文观测资料，相邻建筑物和构筑物、地下工程的有关资料，并保证资料的真实、准确、完整。

建设单位因建设工程需要，向有关部门或者单位查询前款规定的资料时，有关部门或者单位应当及时提供。

(2)开发商企业不得对勘察、设计、施工、工程监理等单位提出不符合建设工程安全生产法律、法规和强制性标准规定的要求，不得压缩合同约定的工期。

(3)建设单位在编制工程概算时，应当确定建设工程安全作业环境及安全施工措施所需费用。

(4)开发商企业不得明示或者暗示施工单位购买、租赁、使用不符合安全施工要求的安全防护用具、机械设备、施工机具及配件、消防设施和器材。

(5)开发商企业在申请领取施工许可证时，应当提供建设工程有关安全施工措施的资料。

依法批准开工报告的建设工程，开发商企业应当自开工报告批准之日起15日内，将保证安全施工的措施报送建设工程所在地的县级以上地方人民政府住房城乡建设主管部门或者其他有关部门备案。

(6)开发商企业应当将拆除工程发包给具有相应资质等级的施工单位，且应当在拆除工程施工15日前，将下列资料报送建设工程所在地的县级以上地方人民政府住房城乡建设主管部门或者其他有关部门备案：

1)施工单位资质等级证明；

2)拟拆除建筑物、构筑物及可能危及毗邻建筑的说明；

3)拆除施工组织方案；

4)堆放、清除废弃物的措施。

实施爆破作业的，应当遵守国家有关民用爆炸物品管理的规定。其他工作建设单位应协助、监督施工单位执行。

四、施工安全管理实务

1. 识别危险源，实施风险评价

危险源是指可能导致人员伤害或疾病、物质财产损失、工作环境破坏的情况或这些情况组合的根源或状态的因素。针对施工过程的特点，持续地识别危险源，进行风险评价，确定不可接受风险，并实施管理的优先排序。

2. 确定项目的安全管理目标

按“目标管理”方法在以项目经理为首的项目管理系统内进行分解，从而确定每个岗位的安全目标，实现全员的安全责任控制。

3. 编制项目安全技术措施计划

编制项目安全技术措施计划(或施工安全方案)，是指对施工过程中的危险源，用技术和管理手段加以消除和控制，并用文件化的方式表示。项目安全技术措施计划是进行工程项目安全控制的指导性文件，应该与施工设计图纸、施工组织设计和施工方案等结合起来实施。安全计划的主要内容包括工程概况、管理目标、组织机构与职责权限、规章制度、风险分析与控制措施、安全专项施工方案、应急准备与响应、资源配置与费用投入计划、教育培训和检查评价、验证与持续改进。

4. 施工安全技术措施计划的落实和实施

应按照表 8-2 要求实施施工安全措施计划，以减少相应的安全风险程度。

表 8-2　施工安全技术措施计划的实施

方法	内容
安全施工责任制	在企业所规定的职责范围内，各个部门、各类人员对安全施工应负责任的制度，是施工安全技术措施计划的基础内容
安全教育	开展安全生产的宣传教育； 把安全知识、安全技能、设备性能、操作规程、安全法规等作为安全教育的主要内容； 建立经常性的安全教育考核制度，要保存相应的考核证据； 电工、电焊工、架子工、司炉工、爆破工、机操工、起重工、机械司机、机动车辆司机等特殊工种工人，除一般安全教育外，还要经过专业安全技能培训，经考试合格持证后，方可上岗； 采用新技术、新工艺、新设备施工和调换工作岗位时，也要进行安全教育，未经安全教育培训的人员不得上岗操作
安全技术交底	要求： 施工现场必须实行逐级安全技术交底制度，直至交底到班组全体作业人员； 技术交底必须具体、明确，可操作性强； 技术交底的内容应针对分部分项工程施工中给作业人员带来的潜在危害和存在问题； 应优先采用新的安全技术措施； 应将施工风险、施工方法、施工程序、安全技术措施(包括应急措施)等向工长、班组长进行详细交底； 及时向由多个作业队和多工种进行交叉施工的作业队伍进行书面交底； 保存书面安全技术交底签字记录
	内容： 明确工程项目的施工作业特点和危险源； 针对危险源的具体预防措施； 应注意的相关沟通事项； 相应的安全操作规程和标准； 发生事故应及时采取的应急措施

5. 应急准备与响应

施工现场管理人员应负责识别各种紧急情况，编制应急响应措施计划，准备相应的应急响应资源，发生安全事故时应及时进行应急响应。应急响应措施应有机地与施工安全措施相结合，以尽可能减少相应的事故影响和损失。特别应该注意防止在应急响应活动中可能发生的次生伤害。

6. 施工安全检查

施工项目安全检查的目的是为了消除安全隐患、防止事故、改善防护条件及提高员工安全意识，是安全管理工作的一项主要内容。

(1)安全检查的类型。

1)定期安全检查。建筑施工企业应建立定期分级安全检查制度。定期安全检查属全面性和考核性的检查，建筑工程施工现场应至少每旬开展一次安全检查工作。施工现场的定期安全检查应由项目经理亲自组织。

2)经常性安全检查。建筑工程施工应经常开展预防性的安全检查工作，以便于及时发现并消除事故隐患，保证施工生产正常进行。施工现场经常性的安全检查方式主要有：

①现场专(兼)职安全生产管理人员及安全值班人员每天例行开展的安全巡视、巡查。

②现场项目经理、责任工程师及相关专业技术管理人员在检查生产工作的同时进行的安全检查。

③作业班组在班前、班中和班后进行的安全检查。

3)季节性安全检查。季节性安全检查主要是针对气候特点(如暑季、雨季、风季、冬季等)可能给安全生产造成的不利影响或带来的危害而组织的安全检查。

4)节假日安全检查。在节假日、特别是重大或传统节假日前后和节日期间，为防止现场管理人员和作业人员思想麻痹、纪律松懈等进行的安全检查。

5)开工、复工安全检查。针对工程项目开工、复工之前进行的安全检查，主要是检查现场是否具备保障安全生产的条件。

6)专业性安全检查。由有关专业人员对现场某项专业安全问题或在施工生产过程中存在的比较系统性的安全问题进行的单项检查。这类检查专业性强，主要应由专业工程技术人员、专业安全管理人员参加。

7)设备设施安全验收检查。针对现场塔式起重机等起重设备、外用施工电梯、龙门架及井架物料提升机、电气设备、脚手架、现浇混凝土模板支撑系统等设备设施在安装、搭设过程中或完成后进行的安全验收、检查。

(2)安全检查的主要内容。施工现场安全检查的重点是违章指挥和违章作业，做到主动测量，实施风险预防。安全检查的主要内容见表 8-3。检查后应编写安全检查报告，报告应包括已达标项目、未达标项目、存在问题、原因分析、纠正和预防措施等内容。

表 8-3　安全检查的主要内容

类型	内　　容
意识检查	检查企业的领导和员工对安全施工工作的认识

续表

类型	内　　容
过程检查	检查工程的安全生产管理过程是否有效，包括安全生产责任制、安全技术措施计划、安全组织机构、安全保证措施、安全技术交底、安全教育、持证上岗、安全设施、安全标识、操作规程、违规行为、安全记录等
隐患检查	检查施工现场是否符合安全生产、文明施工的要求
整改检查	检查对过去提出问题的整改情况
事故检查	检查对安全事故的处理是否达到查明事故原因、明确责任，并对责任者作出处理，明确和落实整改措施等要求。同时还应检查对伤亡事故是否及时报告、认真调查、严肃处理

(3)安全检查方法。建筑工程安全检查在正确使用安全检查表的基础上，可以采用“问”“看”“量”“测”“运转试验”等方法进行。见表 8-4。

表 8-4　主要的安全检查方法

方法	内容
问	通过询问、提问，对以项目经理为首的现场管理人员和操作工人进行应知应会抽查，以便了解现场管理人员和操作工人的安全意识和安全素质
看	查看施工现场安全管理资料和对施工现场进行巡视。例如：查看项目负责人、专职安全管理人员、特种作业人员等的持证上岗情况；现场安全标志设置情况；劳动防护用品使用情况；现场安全防护情况；现场安全设施及机械设备安全装置配置情况等
量	使用测量工具对施工现场的一些设施、装置进行实测实量
测	使用专用仪器、仪表等监测器具对特定对象关键特性进行技术参数的测试。例如：使用漏电保护器测试仪对漏电保护器漏电动作电流、漏电动作时间的测试；使用地阻仪对现场各种接地装置接地电阻的测试；使用兆欧表对电机绝缘电阻的测试；使用经纬仪对塔式起重机、外用电梯安装垂直度的测试等
运转试验	由具有专业资格的人员对机械设备进行实际操作、试验，检验其运转的可靠性或安全限位装置的灵敏性

第三节　房地产建设项目工程现场文明施工

房地产建设项目要进行文明施工、创建文明工地就要按照程序化的管理来进行工作。作为建设单位要加强过程监控，解决以包代管、以罚代管的问题，还应在项目初始阶段制订创优规划。规划的具体内容包括确定目标、建立管理体系、明确职能职责、建立规章制度、进行必要的培训、实施过程检查及不符合的纠正、目标的实现、阶段总结和预防的制订。

一、文明工地的标准

文明工地的标准为：三清、六好、一保证。即现场清整、物料清楚、操作面清洁；职业道德好、工程质量好、降低消耗好、安全生产好、完成任务好、职工生活好；保证使用功能。

1. 现场清整

(1)施工现场必须设置围护设施。围护要安全、牢固、有效、高度一致。在风景区、繁华区和主要街道的施工现场围护不得有碍观瞻。临街的脚手架应设置相应的围护设施。施工工地必须设置大门，并有五种明显标牌，即工程概况牌(写明工程名称，建筑面积，结构形式，开、竣工日期，建设单位，设计单位，施工单位等)、施工管理网络牌(写明施工负责人、技术负责人、质量负责人、安全负责人、器材负责人等)、施工现场总平面布置图、安全宣传牌(安全警示标志、安全生产及消防保卫制度)、文明施工措施牌。凡在施工现场外公共场地临时存放的施工材料要码放整齐，并符合有关规定。散体、流体材料必须设置围挡，围挡高不得低于 0.5 m，白灰必须加以苫盖，防止飞扬。

(2)施工场地应平整清洁，工程废料应及时清理，道路要坚实、平整、畅通。

(3)临时给水排水设施要符合使用要求，无跑、冒、滴、漏现象。施工污水应回收使用或按标准排放，不准污染现场。有危险的排水沟、排水井必须设置明显标志，并有夜间防护设施。

(4)应经常宣传党的方针、政策，鼓舞劳动积极性；宣传保证工程质量、注意安全、消防保卫、文明施工等的标语口号。

2. 物料清楚

(1)施工材料堆放区、机械设备安置区、机具车辆停放区、构件加工区、生活办公区、仓库等要按施工现场平面布置图分设清楚，并有区域标志和责任人。

(2)砖瓦码放要成丁、成行；砌块等砌筑材料要成方、成垛；整碎分离，随用随清，不留料底。砂石等散体材料要成堆，不混杂；材料堆放场地要平整、坚实，料底随时清用。

(3)库存水泥须设垫板，库房不漏。露天存放须下垫上盖，无散包。散装水泥无飞灰，无受潮变质。

(4)成品、半成品材料及构件的放置须符合要求且整齐；须防潮的应有防雨、防潮措施，不准有水浸现象。

(5)大型工具要严格管理，分类码放。扣件、附件使用完毕及时清理，要入库保管。

3. 操作面清洁

(1)施工操作区分明，保洁责任人明确。活完料净场地清，落地材料及时回收或清理，保持工作面清洁。

(2)运输机具必须严密，运输时不洒、不漏，随时保持道路清洁。机具车辆须保养良好，使用后擦洗干净，定点存放。

(3)搅拌站前必须设排水沟，并设置回水池或渗水井，要经常清理，保持畅通。后台无乱料，前后无淤浆。

(4)搅拌机、砂浆机、卷扬机、发电机、空压机、电焊机必须搭设临建棚。其他电动机械也应采取有效的防晒、防雨措施，随时保持机电设备的清洁。

(5)加工操作面应保持清整洁净，对木屑、刨花、锯末、钢筋短头等废料应及时进行清理。场地无废料、杂物，成品码放整齐。

4. 职业道德好

(1)施工单位要认真遵守国家政策和法规，严格执行建设市场管理的有关规定，信守合同，不准乱招乱雇。

(2)项目管理人员团结协作、恪守职责、严格管理、公正廉洁，与建设单位密切配合，协调好与当地居民的关系，自觉接受群众监督，民主作风好，有征求意见的记录资料。

(3)加强职工的思想政治工作，教育职工树立“四有”思想和为人民服务思想，做到经常化、制度化并有教育记录。

(4)职工作风过硬，互相团结、互相协作；不野蛮施工；无打架、赌博、偷盗现象。

(5)党员、团员要发挥模范作用，树新风，比奉献，认真搞好文明施工。

(6)制订施工不扰民、保护环境和保护文物等文明施工的措施。

5. 工程质量好

(1)建立健全完整的质量保证体系。制订明确的质量管理目标和质量管理措施，认真执行自检、互检、交接检的“三检”制度，坚持样板引路，以样板指导施工。

(2)严格按操作工艺和设计图纸施工，不偷工减料。各项试验资料准确、真实、齐全，满足设计要求，无重大质量事故发生。

(3)严禁使用不合格的成品、半成品及施工材料。

(4)严格按建筑工程施工质量验收标准及时、准确地评定各分部、分项工程质量并认真填写工程技术管理资料。按国家质量验收标准检查，分项工程合格率均达100%。

(5)积极开展全面质量管理活动。质量管理小组课题选择准确，能正确运用到施工中并取得成效，为工程质量管理积累一定的经验。

6. 降低消耗好

(1)建立健全工、料、机管理制度，有明确的降耗指标和保证措施，降耗指标能分解落实到工程部位和岗位，建立回收节约台账。

(2)主要材料施工前有“两算”(设计预算与施工预算)对比，执行限额领料，领退料手续齐全。

(3)施工材料收发要量方量尺，账物相符。严格执行机械、大型工具进场检验制度，日记录齐全、准确。严禁使用模板垫道。

(4)要核算到位，建立材料消耗、节超分析制度，每完成部分工程或按季、月进行工、料、机消耗节超分析，制订有针对性的改正措施；工程竣工后，能及时反映出成本核算情况。

(5)加强计量管理，做好材料收发、使用的计量工作。各类计量器具必须严格进行周期测定，并有测定合格标记。

(6)严格按设计要求施工，做到“四不超”(不超高、不超长、不超厚、不超强)。

7. 安全生产好

(1)建立健全安全生产管理制度和安全生产责任制，要有明确的安全生产控制指示。针对工程特点制订安全技术措施，并按分部、分项工程进行交底，手续齐全。

(2)认真贯彻执行《建筑施工安全检查标准》(JGJ 59—2011)，必须达到合格标准以上。

(3)建立安全日检、周期检制度，整改要定人、定时、定措施，并做好记录。特殊工种必须持证上岗，禁止无证人员操作。

(4)认真做好安全生产的“三级”教育、班前教育和安全培训工作。

(5)按照“谁主管、谁负责”的原则，建立消防保卫制度。层层签订责任书，配备消防保卫人员，做到组织落实、人员落实、制度落实。

(6)对进场职工经常进行消防保卫安全教育。消防保卫人员、关键岗位人员必须做到“三懂三会”，即懂得自己生产中的火灾危险性、懂得预防火灾的安全措施、懂得扑救火灾的方法；会报警、会使用灭火器、会扑救处理险肇事故。

(7)易燃、易爆物品和其他危险品要专人、专库保管，库存房符合要求，并有严格的领退料手续和审批制度。

(8)现场监建房屋的搭设应符合防火规定。电气线路架设符合要求，宿舍照明一律采用低压线路。防火通道畅通，其宽度不得低于 3.5 m。

(9)施工现场必须配备足够的消防器材，并经常维护、保养，保证灵敏、有效且设置合理；禁烟区必须设置警示牌。

8. 完成任务好

(1)施工现场必须编制经过审批的建设工程施工组织设计，科学组织施工，保证工程按期完成。

(2)建筑工程的保证资料、施工记录、试验记录(报告)、隐检记录及质量评定、竣工图等各项管理资料填写翔实、齐全，为工程验收和建筑物以后的改、扩建和维修提供准确依据。

(3)按工期进度计划，定期分析进度情况，采取相应措施，保证工程进度。

(4)重点工程实际完成进度与计划要求相比不得低于 95%，一般工程实际完成进度与施工进度计划相比不得低于 90%。

9. 职工生活好

(1)制定生活管理、卫生管理制度。落实防暑降温、防寒保温措施。

(2)生活区临建宿舍应整齐、清洁，能够挡风遮雨、防冻防寒，门窗齐全，夏季有防蚊、蝇设施。

(3)工地应配备食堂(送饭设备)、饮水设备、沐浴(盥洗)设施、休息室、更衣室(箱)、保健站(箱)、厕所等。有条件的可建自行车棚和俱乐部。

(4)抓好防病、防疫工作，加强食品卫生管理、生活办公区域环境卫生清洁，生活垃圾及时清除，食堂清洁无鼠害，有防蚊、蝇设施。

(5)施工现场厕所遮挡严密，对粪便及时进行消除。

10. 保证使用功能

(1)洁——清洁。将工程废土、施工余料清除彻底，室内外打扫干净，粉刷装饰色泽光亮无污染。

(2)完——完好。加强成品保护，做到建筑产品完好无损。

(3)平——平整。地面、墙面坚实平整，不空鼓。踢脚板、墙裙高度及厚度一致，上线平直。

(4)齐——齐全。洁具、设备、预埋件符合设计要求。

(5)牢——牢固。所有安装物、预埋件符合设计要求。

(6)严——门窗框周正，塞缝严密，门窗关闭，开启灵活，屋顶封盖严密。

(7)“四通一亮”——上水通不跑水、下水通无渗漏、烟道通不串烟、垃圾道通无挂连；照明灯亮不漏电。

(8)安全方便——楼梯扶手坚固、安全，踏步高度一致，建筑产品保证安全使用。

二、房地产建设项目工程现场环境保护

1. 环境影响因素

环境是组织运行活动的外部存在，包括人与社会、土地、水、空气、动物、植物、现场以及以上各方之间的关系等。

房地产建设项目工程现场环境保护的目的就是控制作业现场可能产生污染的各种活动，保护生态环境，节约能源，避免资源浪费，进而为社会的经济发展与人类的生存环境相协调做出贡献。

房地产建设项目工程现场常见的重要环境影响因素有如下几点：

(1)施工机械作业、模板支拆、清理与修复作业、脚手架安装与拆除作业等产生的噪声排放。施工现场主要噪声源和噪声限值见表 8-5。

表 8-5　施工现场主要噪声源和噪声限值

施工阶段	主要噪声源	噪声限值/dB	
		白天	夜间
土石方	推土机、挖掘机、装载机	75	55
打桩	各种打桩机械	85	禁止施工
结构	混凝土搅拌机振捣棒、电锯	70	55
装修	起重机、升降机等	65	55

(2)施工场地平整作业，土、灰、砂、石搬运及存放，混凝土搅拌作业等产生的粉尘排放。

(3)现场渣土、商品混凝土、生活垃圾、建筑垃圾、原材料运输等过程中产生的遗洒。

(4)现场油品、化学品库房、作业点产生的油品、化学品泄漏。

(5)现场废弃的涂料桶、油桶、油手套、机械维修保养废液、废渣等产生的有毒有害废弃物排放。

(6)城区施工现场夜间照明造成的光污染。

(7)现场生活区、库房、作业点等处发生的火灾、爆炸。

(8)现场食堂、厕所、搅拌站、洗车点等处产生的生活、生产污水排放。

(9)现场钢材、木材等主要建筑材料的消耗。

(10)现场用水、用电等的消耗。

2. 施工现场环境管理的工作内容

项目经理部负责现场环境管理工作的总体策划和部署，建立项目环境管理组织机构，制定相应制度和措施，组织培训，使各级人员明确环境保护的意义和责任。项目经理部的工作应包括以下几个方面：

(1)项目经理部应按照分区划块原则，搞好项目的环境管理，进行定期检查，加强协调，及时解决发现的问题，实施纠正和预防措施，保持现场良好的作业环境、卫生条件和工作秩序，做到污染预防。

(2)项目经理部应对环境因素进行控制，制定应急准备和相应措施，并保证信息畅通，预防可能出现非预期的损害。在出现环境事故时，应消除污染，并应制定相应措施，防止环境二次污染。

(3)项目经理部应保存有关环境管理的工作记录。

(4)项目经理部应进行现场节能管理，有条件时应规定能源使用指标。

3. 施工现场的环境管理过程

项目的环境管理应遵循下列程序：确定项目环境管理目标→进行项目环境管理策划→实施项目环境管理策划→验证并持续改进。

(1)建立环境管理组织、制定环境管理方案。施工现场应成立以项目经理为第一责任人的施工环境管理组织。分包单位应服从总包单位环境管理组织的统一管理，并接受监督检查。

施工现场应及时进行环境因素识别。具体包括与施工过程有关的产品、活动和服务中的能够控制和能够施加影响的环境因素，并应用科学方法评价、确定重要环境因素。

根据法律法规、相关方要求和环境影响等确定施工现场环境管理的目标和指标，并结合施工图纸、施工方案策划相应的环境管理方案和环境保护措施。

(2)环境管理的宣传和教育。通过短期培训、上技术课、登黑板报、广播、看录像、看电视等方法，进行企业全体员工环境管理的宣传和教育工作。专业管理人员应熟悉、掌握环境管理的规定。

(3)现场环境管理的运行要求。

1)项目施工管理人员应结合施工要求，从制度上规定施工现场实施适宜的运行程序和方法。

2)在与施工供应方和分包方的合作中，确定施工环境管理的基础要求，并及时与施工供应方和分包方进行沟通。

3)按照施工总平面布置图设置各项临时设施。现场堆放的大批材料、成品、半成品和机具设备不得侵占场内道路及环境防护等设施。

根据事先策划的施工环境管理措施落实施工现场的相关运行要求，包括在施工作业过程中全面实施针对施工噪声、污水、粉尘、固体废弃物等排放和节约资源的环境管理措施。设置符合消防要求的消防设施，在容易发生火灾的地区施工，或者储存、使用易燃易爆器材时，应当采取特殊的消防安全措施。

及时实施施工环境信息的相互沟通和交流。针对内部和外部的重要环境信息进行评估，通过有效的信息传递预防环境管理的重大风险。

(4)应急准备和响应。施工现场应识别可能的紧急情况，制定应急措施，提供应急准备手段和资源。环境应急响应措施应与施工安全应急响应措施有机结合，以尽可能提高资源效率，减少相应的环境影响和损失。

(5)环境绩效监测和改进。对施工现场及时实施环境绩效监测，根据监测结果，围绕污染预防改进环境绩效。

4. 建筑工程项目的施工现场环境保护

(1)施工现场水污染的防治。

1)搅拌机前台、混凝土输送泵及运输车辆清洗处应设置沉淀池，废水未经沉淀处理不得直接排入市政污水管网，经二次沉淀后方可排入市政排水管网或回收用于洒水降尘。

2)施工现场现制水磨石作业产生的污水，禁止随地排放。作业时要严格控制污水流向，在合理位置设置沉淀池，经沉淀后方可排入市政污水管网。

3)对于施工现场气焊用的乙炔发生罐产生的污水严禁随地倾倒，要求专用容器集中存放，并倒入沉淀池处理，以免污染环境。

4)现场要设置专用的油漆油料库，并对库房地面作防渗处理，储存、使用及保管要采取措施和专人负责，防止油料泄漏而污染土壤水体。

5)施工现场的临时食堂，用餐人数在100人以上的，应设置简易有效的隔油池，使产生的污水经过隔油池后再排入市政、污水管网。

6)禁止将有害废弃物做土方回填，以免污染地下水和环境。

(2)施工现场大气污染的防治。

1)高层或多层建筑清理施工垃圾，使用封闭的专用垃圾道或采用容器吊运，严禁随意凌空抛撒造成扬尘。施工垃圾要及时清运，清运时，适量洒水减少扬尘。

2)拆除旧建筑物时，应配合洒水，减少扬尘污染。

3)施工现场要在施工前做好施工道路的规划和设置，可利用设计中永久性的施工道路。如采用临时施工道路，主要道路和大门口要硬地化，包含基层夯实，路面铺垫焦渣、细石，并随时洒水，减少道路扬尘。

4)散水泥和其他易飞扬的细颗粒散体材料应尽量安排库内存放，如露天存放应采用严密遮盖，运输和卸运时防止遗洒飞扬，以减少扬尘。

5)生石灰的熟化和灰土施工要适当配合洒水，杜绝扬尘。

6)在规划市区、居民稠密区，风景游览区、疗养区及国家规定的文物保护区内施工，施工现场要制定洒水降尘制度，配备专用洒水设备及指定专人负责，在易产生扬尘的季节，施工场地采取洒水降尘。

(3)施工现场防噪声污染的防治。

1)人为噪声的控制。施工现场提倡文明施工，建立健全控制人为噪声的管理制度。尽量减少人为的大声喧哗，增强全体施工人员防噪声扰民的自觉意识。

2)强噪声作业时间的控制。凡在居民稠密区进行强噪声作业的，严格控制作业时间，晚间作业不超过22时，早晨作业不早于6时，特殊情况需连续作业(或夜间作业)的，应尽量采取降噪措施，事先做好周围群众的工作，并报有关主管部门备案后方可施工。

3)强噪声机械的降噪措施。牵扯到产生强噪声的成品、半成品加工、制作作业(如预制构件，木门窗制作等)，应尽量放在工厂、车间完成，减少因施工现场加工制作产生的噪声。

尽量选用低噪声或备有消声降噪声设备的施工机械。施工现场的强噪声机械(如搅拌机、电锯、电刨、砂轮机等)要设置封闭的机械棚，以减少强噪声的扩散。

4)加强施工现场的噪声监测。加强施工现场环境噪声的长期监测，采取专人管理的原则，根据测量结果填写建筑施工场地噪声测量记录表，凡超过《建筑施工场界环境噪声排放标准》规定的，要及时对施工现场噪声超标的有关因素进行调整，达到施工噪声不扰民的目的。

(4)施工现场固体废物处理。施工工地上常见的固体废物包括建筑渣土、废弃的散装建筑材料、生活垃圾、设备、材料等的包装材料和粪便。

固体废物的主要处理和处置方法有:

1)物理处理。包括压实浓缩、破碎、分选、脱水干燥等。

2)化学处理。包括氧化还原、中和、化学浸出等。

3)生物处理。包括好氧处理、厌氧处理等。

4)热处理。包括焚烧、热解、焙烧、烧结等。

5)固化处理。包括水泥固化法和沥青固化法等。

6)回收利用。包括回收利用和集中处理等资源化、减量化的方法。

7)处置。包括土地填埋、焚烧、贮留池贮存等。

第九章　房地产建设项目竣工验收与结算

我国《中华人民共和国合同法》《中华人民共和国建筑法》《建设工程质量管理条例》等对竣工验收与结算等都已做了明确的规定。为了保证工程建设项目竣工验收的顺利进行，必须遵循项目一次性特征，按工程建设项目的客观规律和竣工的先后顺序进行竣工验收。

第一节　房地产建设项目竣工验收概述

一、房地产建设项目竣工验收的概念和任务

1. 房地产建设项目竣工验收的概念

房地产建设项目竣工验收是房地产项目建设过程的最后一道程序，也称为建设工程项目竣工验收。这是对工程建设项目的设计、施工进行全面检验和考核的最后一道重要工程活动，也是工程建设项目能否进行备案和投入使用的最终确认。

为充分体现工程质量是通过全过程控制“做”出来的，而不是靠最后评价“检验”出来的这一宗旨，国家按照“验评分离、强化验收、完善手段、过程控制”的指导方针，对工程项目质量实施验收评价。

2. 房地产建设项目竣工验收的任务

竣工验收的主要任务是：负责审查工程建设项目各个环节验收情况；听取各有关单位(设计、施工、监理等)的工作报告；审阅工程竣工档案资料的情况；实地查验工程并对设计、施工、监理等方面的工作和工程质量情况等作综合全面评价。

二、房地产建设项目竣工验收的基本术语

(1)建筑工程。为新建、改建或扩建房屋建筑物和附属构筑物设施所进行的规划、勘察、设计和施工、竣工等各项技术工作和完成的工程实体。

(2)建筑工程质量。反映建筑工程满足相关标准规定或合同约定的要求，包括其在安全、使用功能及在耐久性能、环境保护等方面所有明显和隐含能力的特性总和。

(3)检查评定。在施工过程中，由完成者依据规定的相关标准对完成的工作结果是否达到合格作出确认。

(4)验收。在施工单位自行质量检查评定的基础上，参与建设活动的有关单位共同对检验批、分项、分部、单位工程的质量进行抽样复验，根据相关标准以书面形式对工程质量达到合格与否作出确认。

(5)进场验收。对进入施工现场的材料、构配件、设备等按相关标准规定要求进行检验，对产品达到合格与否作出确认。

(6)检验批。按同一生产条件或按规定的方式汇总起来供检验用的，由一定数量样本组成的检验体。

(7)检验。对检验项目中的性能进行量测、检查、试验等，并将结果与标准规定要求进行比较，以确定每项性能是否合格所进行的活动。

(8)见证取样检测。在监理单位或建设单位监督下，由施工单位有关人员现场取样，并送至具备相应资质的检测单位所进行的检测。

(9)交接检验。由施工的承接方与完成方经双方检查并对可否继续施工作出确认的活动。

(10)主控项目。建筑工程中对安全、卫生、环境保护和公众利益起决定性作用的检验项目。

(11)一般项目。除主控项目以外的检验项目。

(12)抽样检验。按照规定的抽样方案，随机地从进场的材料、构配件、设备或建筑工程检验项目中，按检验批抽取一定数量的样本所进行的检验。

(13)抽样方案。根据检验项目的特性所确定的抽样数量和方法。

(14)计数检验。在抽样的样本中，记录每一个体的某种属性或计算每一个体中的缺陷数目的检查方法。

(15)计量检验。在抽样检验的样本中，对每一个体测量其某个定量特性的检查方法。

(16)观感质量。通过观察和必要的量测所反映的工程外在质量。

(17)返修。对工程不符合标准规定的部位采取整修等措施。

(18)返工。对不合格的工程部位采取的重新制作、重新施工等措施。

(19)隐蔽工程。为后续工序、工程或分项工程的需要，覆盖或包裹或遮挡或埋藏的前一项工序、工程或分项工程。

(20)极限质量。在抽样方案中，对应于一个规定接受概率下限值的材料、构配件或工程项目的验收质量水平。

(21)严重缺陷。对材料、构配件或工程项目会引起失效或显著地降低其预期性能的缺陷。

(22)轻微缺陷。不会显著降低材料、构配件或工程项目预期性能的缺陷，或虽偏离标准规定，但仅轻微影响材料、构配件或工程项目有效使用或操作的缺陷。

(23)检验项目。对材料、构配件或工程项目的质量按规定要求需要进行检验的一些特性项目。

三、房地产建设项目质量验收的依据

1. 房地产建设项目质量验收的主要依据

工程建设项目质量验收依据国家有关工程建设的法令、法规、标准、规范及有关文件进行验收。主要依据包括：

(1)《建筑工程施工质量验收统一标准》(GB 50300—2013)及相关质量验收规范。

(2)国家、地方现行的勘察、设计、施工等技术标准、规范。

(3)施工执行的标准，主要是施工的技术标准、工艺标准，可以是行业标准(JGJ)、地方标准(DB)、企业标准(QB)、协会标准(CECS)等。这些标准是施工操作的依据，是施工全程控制的基础，也是施工质量验收的基础和依据。

(4)施工图设计文件，包括设计变更、洽商文件等。

(5)建设单位与参建单位签订的合同。

(6)其他有关规定和文件。

2. 房地产建设项目质量验收标准规范的类别

(1)工程建设项目质量验收标准按等级分，包括国家标准(GB)、行业标准(JGJ)、地方标准(DB)、企业标准(QB)。下级标准可以作为补充，但不得与上级标准矛盾，即上级标准对下级标准具有指导和制约关系。

(2)工程建设项目质量验收标准按性质分，包括强制性标准(GB、JGJ)、推荐性标准(GB/T、JGJ/T)和协会标准(CECS)。推荐性标准一旦签约，必须执行；强制性标准对推荐性标准有指导和制约关系。

四、房地产建设项目竣工验收的形式

在房地产建设项目管理实践中，因承包的范围不同，交工的形式也会有所不同。通常，房地产建设项目工程交付竣工验收按以下三种形式分别进行。

1. 单位工程竣工验收

以单位工程或某专业工程内容为对象，独立签订建设工程施工合同的，达到竣工条件后，承包人可单独进行交工，发包人根据竣工验收的依据和标准，按施工合同约定的工程内容组织竣工验收。

按照现行建设工程项目划分标准，单位工程是单项工程的组成部分，有独立的施工图纸。承包人施工完毕，征得发包人同意，或原施工合同已有约定的，可进行分阶段验收。这种验收方式在一些较大型的、群体式的、技术较复杂的建设工程中比较普遍地存在。

在施工合同“专用条款”中，双方一旦约定了中间交工工程的范围和竣工时间，如群体工程中哪个(些)单位工程先进行交工，则应按合同约定的程序进行分阶段的竣工验收。

2. 单项工程竣工验收

单项工程竣工验收是指在一个总体建设项目中，一个单项工程已按设计图纸规定的工程内容完成建设，能满足要求或具备使用条件；承包人向监理人提交“工程竣工报告”和“工程竣工报验单”，经签字后，应向发包人发出“交付竣工验收通知书”，说明工程完工情况、竣工验收准备情况，具体约定交付竣工验收的有关事宜。

对于投标竞争承包的单项工程施工项目，则根据施工合同的约定，仍由承包人向发包人发出交工通知书请予组织验收。竣工验收前，承包人要按照国家规定，整理好全部竣工资料并完成现场竣工验收的准备工作，明确提出交工要求，发包人应按约定的程序及时组织正式验收。

3. 全部工程竣工验收

全部工程竣工验收指整个建设项目已按设计要求全部建设完成，并已符合竣工验收标准，应由发包人组织设计、施工、监理等单位和档案部门进行全部工程的竣工验收。全部工程的竣工验收一般是在单位工程、单项工程竣工验收的基础上进行。对已经交付竣工验收的单位工程(中间交工)或单项工程并已办理了移交手续的，原则上不再重复办理验收手续，但应将单位工程或单项工程竣工验收报告作为全部工程竣工验收的附件加以说明。

对一个建设项目的全部工程竣工验收而言，大量的竣工验收基础工作已在单位工程和单项工程竣工验收中进行。实际上，全部工程竣工验收的组织工作大多由发包人负责，承包人主要是为竣工验收创造必要的条件。

全部工程竣工验收的主要任务是：负责审查建设工程的各个环节验收情况；听取各有关单位(设计、施工、监理等)的工作报告；审阅工程竣工档案资料的情况；实地查验工程并对设计、施工、监理等方面的工作和工程质量情况等作综合全面评价。承包人作为建设工程的承包(施工)主体，应全过程参加有关的工程竣工验收。

第二节　房地产建设项目竣工验收的基本程序

房地产建设项目竣工验收是指房地产建设项目按设计要求全部完成，并已符合竣工验收标准，由建设单位组织设计、施工、监理等单位有关人员进行工程竣工验收。

一、竣工验收由建设单位组织实施

由建设单位负责组织实施建设工程竣工验收工作。由质量监督机构对工程竣工验收实施监督。

二、竣工验收小组由建设单位组织

由建设单位负责组织竣工验收小组，验收组组长由建设单位法人代表或其委托的负责人担任，验收组副组长应至少有一名是工程技术人员。验收组成员由建设单位的上级主管部门、建设单位项目负责人、建设单位项目现场管理人员及勘察、设计、施工、监理单位与项目无直接关系的技术负责人或质量负责人组成，建设单位也可邀请有关专家参加验收小组。验收小组成员中应包括土建及水电安装专业人员。

三、竣工验收标准为强制性标准

竣工验收标准为国家及地区的强制性标准，现行质量检验评定标准、施工验收规范、经审查通过的设计文件及有关法律、法规、规章和规范性文件规定：

(1)由竣工验收小组组长主持竣工验收。

(2)建设、施工、监理、设计、勘察单位分别书面汇报工程建设项目质量情况、合同履约及执行国家法律、法规和工程建设强制性标准情况。

(3)验收组分为施工、监理、设计三部分，分别进行检查验收。

四、竣工验收具体工作

竣工验收的具体工作内容如下：

(1)检查工程实体质量。

(2)检查参与工程建设各单位提供的竣工资料。

(3)对建筑工程的使用功能进行抽查、试验。例如：厕所、阳台泼水试验，浴缸、水盆、水池盛水试验，通水、通电试验，排污主管通球试验及绝缘电阻、接地电阻、漏电跳闸测试等。

(4)对竣工验收情况进行汇总讨论，并听取质量监督机构对该工程质量监督情况的报告。

(5)形成竣工验收意见，填写“建设工程竣工验收备案表”和“建设工程竣工验收报告”，验收小组人员分别签字，建设单位盖章。

(6)当在竣工验收过程中发现严重问题、达不到竣工验收标准时，验收小组应责成责任单位立即整改，并宣布本次验收无效，重新确定时间组织竣工验收。

(7)当在竣工验收过程中发现一般需整改质量问题时，验收小组可形成初步验收意见，填写有关表格，有关人员签字，但建设单位不加盖公章。验收小组责令有关责任单位整改，可委托建设单位项目负责人组织复查，整改完毕符合要求后，加盖建设单位公章。

(8)当竣工验收小组各方不能形成一致竣工验收意见时，应当协商提出解决办法，待意见一致后，重新组织工程竣工验收。当协商不成时，应报建设行政主管部门或质量监督机构进行协调裁决。

五、竣工验收备案

建设工程竣工验收完毕后，由建设单位负责，在15天内向备案部门办理竣工验收备案。

第三节　房地产建设项目竣工结算及造价控制策略

房地产建设项目竣工结算的关键就是依据合同中约定的原则、依据定额、依据图纸、依据规范等，将图纸转换为工程量、转换为造价的过程。

一、房地产建设项目竣工结算的步骤

房地产建设项目竣工结算应按以下步骤有条不紊地进行：

(1)零星工程结算任意抽取。零星工程结算送审的项目由财务部负责任意抽取。

(2)将预算送交审价机构。计划预算部按公司原定结算审核程序工作，结算工作完成后，同财务部任意抽取一或两家具有甲级资质的造价咨询机构，由预算部把整套结算资料、竣工图送交审价机构。移交资料时须附资料清单，并做好签收登记。

(3)明确结算资料的内容。结算资料中包括施工单位的结算承诺书、结算备忘。

(4)明确结算承诺书的内容。施工单位结算承诺书的内容包括：

1)在审价过程中不再增加任何结算资料，包括图纸、签证单、价格凭证等；

2)在送审结算书中项目的工程量如发生变化，可作调整；若项目遗漏，施工单位作让利给甲方，不作增价调整；

3)甲方与审价单位执行市审价收费标准，若由于施工单位的高估算，核减额大于5%，则两种收费标准引起的差额由施工单位承担。

(5)做好结算备忘。结算备忘内容包括甲、乙双方初审时的审核情况、有争议的问题以及要求重点审核的项目的说明。

(6)预算部与财务部沟通。在送审期间，预算部与财务部一起参加审计工作会议，并保持良好沟通。

(7)复核审计结果。审计结束后，应对审计结果进行复核与确认工作。

(8)施工单位签字、盖章。施工单位在审定单上签字、盖章。

(9)预算上报总经理。施工单位认可后，由预算部主办人员及部门经理进行复核确认，再将结算资料与审定单上报分管副总经理复核、确认，最后上报项目总经理。

(10)总经理将预算送审计事务所。经总经理认可的审定单盖章后，送审计事务所盖章签字。

(11)甲、乙及审计三方确认。甲、乙及审计三方确认后，则审计结果生效。

(12)结算资料存档。审计结果生效后，审计结果、整套结算资料返回计划预算部存档，做好退还、签收手续。

二、房地产建设项目竣工结算工程造价控制策略

开发商只有充分利用自身在项目建设及投资控制中的主导地位，以主动控制为前提，以设计阶段控制为重点，对项目投资进行全过程的控制，才能更有效地节约建设资金。

(一)做好竣工决算审核

建设项目竣工决算的审核是控制工程造价的最好环节。在施工中经常会出现各种变化，如地质条件的变化、材料的代换和工程量的增加等。开发商通过对竣工结算的管理，使结算价款不仅能符合合同的约定，而且能够真实地反映业主对工程所作的变更情况。

开发商要实现对建设投资的有效控制，除了自身因素外，还与现行工程建设管理体制及项目建设各阶段的价格形成机制等外部因素有关，因此，开发商还要加强对现行工程建设法律法规的研究，积极探索在社会主义市场经济条件下有效控制工程建设投资的新方法。

(二)分析工程结算影响因素

工程结算直接关系到建设单位和施工单位切身的经济利益。在结算的编审过程中，由于编审人员所处的地位、立场、目的不同以及编审人员实际工作能力的差异，编审结果存在不同程度的差距纯属正常。但是，如果差距较大，就存在有意压低造价或高估冒算的可能。

1. 分析送审结算中存在工程预算多报现象的原因

多报的原因大致有三种：

第一，极少数的结算编制人员业务水平不过关，以致计算“失真”；

第二，建设单位在发包合同及现场签证中用词不严谨而导致结算与实际有出入；

第三，施工单位顾虑结算在审核时被卡得太紧。

送审结算是建设单位委托中介机构审核的，中介机构一般是通过核减核增的额度来收取业务费，这就存在忽略施工单位有意加大“水分”的可能。

2. 分析造成结算“失真”的原因

造成结算“失真”的原因有以下几种：

(1)联系单盲目签证。事后补签，签证表述不清、准确度不够、时间性不强以及签证内容与开办费相重叠。

(2)工程量计算方面。工程量的计算是依据竣工图纸、设计变更联系单和国家统一规定的计算规则来编制的，是结算编制的基础。工程量计算误差主要包括在定额中子目录再次计算、计算单位不一致而造成工程量的小数点错位。

(3)套用定额方面。对定额中的缺项套用子目录或换算的理解有出入、忽略定额综合解

释，不换算系数、故意套高定额；对综合定额所包含的工作内容了解不详细造成重复计算。

(4)费用计算方面。不按合同要求套用费用定额。没有严格根据工程类别来划分，如三类工程却套用二类工程、土建项目套用市政定额或园林定额、在县城(镇)的工程税金却套用市区的费率等。

(三)客观反映工程总造价

1. 搜集、整理好竣工资料

竣工资料的内容包括：

(1)工程竣工图。竣工图是工程交付使用时的实样图。对于工程变化不大的，可在施工图上变更处分别标明，不用重新绘制；对于工程变化较大的，一定要重新绘制竣工图，对结构构件和门窗重新编号。竣工图绘制后要请建设单位建筑监理人员在图签栏内签字，并加盖竣工图图章。竣工图是其他竣工资料的纲领性总图，一定要如实地反映工程实况。

(2)设计变更通知。设计变更通知必须是由原设计单位下达的，必须要有设计人员的签名和设计单位的印章。由建设单位现场监理人员发出的不影响结构案例和造型美观的室内外局部小变动也属于变更之列，必须要有建设单位工地负责人的签字并征得设计人员的认可及签字方可生效。

(3)各种签证资料包括：

1)合同签证，它决定着工程的承包形式与承包资格、方式、工期及质量奖罚。

2)现场签证，即施工签证，是由施工单位、工程监理等单位人员共同签证。凡是图纸有变动，必须由设计单位签证承认。

3)主体工程中隐蔽工程签证。

4)暂不计入但说明按实际工程量结算的项目工程量签证以及一些预算外的用工、用料或建设单位原因引起的返工费等。

其中主体工程中的隐蔽工程及时签证尤为重要，这种工程事后根本无法核对其工程量，所以必须在施工的同时画好隐蔽图，检查隐蔽验收记录，再请设计单位、监理单位、建设单位等有关人员到现场验收签字；在手续完整，工程量与竣工图一致后方可列入结算。

这些签证最好在施工的同时计算实际金额，交建设单位签证，这样就能有效避免事后纠纷。

(4)主要建筑材料规格、质量与价格签证。因为设计图纸对一些装饰材料只制定规格与品种，而不能指定生产厂家。目前市场上的伪劣产品较多，即使是同一种合格或优良产品，不同的厂家价格差异也比较大。特别是一些高级装饰材料，进货前必须征得建设单位或监理同意，其价格必须要建设单位签证。对于一些涉及工程较多而工期较长的工程，价格涨跌幅度较大，必须分期多批对主要材料与建设单位进行价格签证。

签证是决算的重要依据，所以必须数据准确。

2. 深入工地全面掌握工程实况

由于从事预决算工程的预算员对某单位工程可能不十分了解，而对于一些施工工艺较为复杂的施工或装潢工程来说，竣工图不可能面面俱到、逐一标明，因此，在工程量计算阶段必须要深入工地现场核对、丈量、记录，才能做到准确无误。有经验的预算人员在编制结算时，往往是先查阅所有资料，再粗略计算工程量，发现疑问、出现问题就到工地逐一核实。

一个优秀的预算员不仅要深入工地实地掌握实际，还要深入市场了解建筑材料的品种及价格，做到心中有数，避免造成计算误差较大，使自己处于被动。

3. 掌握专业知识

预算人员不仅要全面熟悉定额计算，掌握上级下达的各种费用文件，还要全面了解工程预算定额的组成，以便进行定额的换算和增补。另外，还要掌握一定的施工规范与建筑构造方面的知识。

竣工结算是工程造价控制的最后一关，若不能严格把关将会造成不可挽回的损失。这是一项细致、具体的工作，计算时要认真、耐心，同时要尊重实际，不高估冒算，不存侥幸心理。

(四)项目竣工结算期间的成本控制

项目竣工结算期间的成本控制措施有以下几条：

(1)调整上报审计流程，增加重复审计环节。将竣工决算审计调整为“监理—工程部—预算部—设计部—首次外审—第二次外审”的六次挤压过程，来取代现在一次审计完成的做法。

(2)审计汇总，预防重复计算。在分包项目较多的工程竣工决算中，很容易发生施工项目重复计算的事情，如专业分包项目又在总承包项目决算当中出现、建设单位供材款在决算当中重复计算等。

(3)实行相关控制部门会签制度。财务部门的财务决算要系统地对项目从立项到竣工交接所发生的各项费用进行统计汇总、对比。

第四节　房地产建设项目保修制度

一、房地产建设项目的保修范围及内容

建设企业应按法律、行政法规或国家关于工程质量保修的有关规定，对交付开发商使用的工程在质量保修期内承担质量保修责任。

1. 质量保修书

建设企业应在工程竣工验收之前，与开发商签订质量保修书，并作为施工合同的必需附

件。质量保修书的主要内容包括以下几项：

(1)质量保修项目内容及范围。

(2)质量保修期。

(3)质量保修责任。

(4)质量保修金的支付方法。

(5)双方违约责任、索赔、争议的约定。

2. 质量保修范围及内容

房地产建设项目保修的范围应按照国家及地方法律法规的规定执行。建设单位与施工单位在协议内进行约定。一般来说，建筑施工企业负责施工的所有工程项目，如出现施工质量缺陷或施工质量隐患，建筑施工企业必须履行保修义务。

房地产建设项目保修的内容主要包括以下几点：

(1)地基基础工程、主体结构工程、屋面防水工程、有防水要求的卫生间房间和外墙的防渗漏。

(2)供热与供冷系统、电气管线、给水排水管道、设备安装和装修工程。

(3)双方约定的其他项目。

二、房地产建设项目的保修期限

1. 保修期的起始期

(1)质量保修期限一般是以工程取得竣工验收备案证明、建筑施工企业将竣工档案和竣工工程全部移交给开发商的次日起算，通常以双方的交接记录为依据。

(2)若工程移交给开发商时还存在质量问题且建筑施工企业选择自行进行整改时，则该工程的质量保修期自全部质量问题整改合格的次日起算，通常以包括开发商在内的有关方签署的验收合格书面文件为依据。

(3)若建筑施工企业书面委托开发商整改、维修，并同意所需费用按市场行情进行结算、从建筑施工企业预留于开发商处的质量保修金中支付时，则以开发商同意接受建筑施工企业委托并代为整改、维修后，经开发商及监理单位共同签署验收合格书面文件次日起算。

2. 关于保修期限的规定

保修期限的规定分两种情况：一种是开发商与建设企业签订的保修期限；另一种是开发商与客户签订的保修期限。两者可能一致，也可能不一致；如不一致，即前者到期而后者未到期时，由开发商承担保修责任。

目前，房地产项目工程质量保修期双方根据《建设工程质量管理条例》及有关规定执行。一般说来，均包含如下内容：

(1)地基基础工程和主体结构工程保修期限。该期限为设计文件规定的该工程合理使用年限。

(2)地下室防水工程、屋面防水工程、有防水要求的卫生间、房间和外墙面的防渗漏保修期为5年。

(3)装饰装修工程的保修期为2年。

(4)电气管线、给水排水管道、设备安装工程保修期为2年。

(5)供热与供冷系统的保修期为2个采暖期、供冷期。

(6)房地产项目工程的给水排水设施、道路等配套工程的保修期为2年。

(7)其他单项工程的保修期。如有，均按协议约定执行。

房地产项目工程质量保修期限须严格根据国家相关政策、法规执行；一旦国家及地方政策、规定作出调整，均须做出相应调整并保证在其范围内。

三、房地产建设项目工程保修的流程

(1)房地产建设项目竣工前，建设企业应将其指定的工程保修负责人姓名、联系电话以书面形式通知开发商企业。如开发商企业在工程竣工时仍未收到建设企业的通知，则建设企业同意指定该工程项目经理为保修负责人。

(2)保修应及时，保修内容应详尽，职责应分明。房地产建设项目工程竣工前，开发商和建设企业应签订《建设工程质量保修书》，就保修内容、保修施工作业时间、保修期限、可能造成的经济损失和责任进行详细的约定，在保修期间内做到有据可依、责任分清。

(3)在项目工程移交业主后，非建设质量原因造成的保修金额比较大时，应由业主委员会和物业公司共同申请动用维修基金。

(4)保修不及时或保修质量出现问题，保修管理方有权另请维修单位进行维修，所发生费用从保修款扣除。

四、建筑工程项目回访

1. 工程回访的要求与内容

工程回访应纳入承包人的工作计划、服务控制程序和质量管理体系文件中。

工程回访工作计划由施工单位编制，其内容有：主管回访保修业务的部门，工程回访的执行单位，回访的对象(发包人或使用人)及其工程名称，回访时间安排和主要内容以及回访工程的保修期限。

工程回访一般由施工单位的领导组织生产、技术、质量、水电等有关部门人员参加，通过实地察看、召开座谈会等形式，听取建设单位、用户的意见、建议，了解建筑物使用情况和设备的运转情况等。每次回访结束后，执行单位都要认真做好回访记录。全部回访结束，要编写“回访服务报告”。施工单位应与建设单位和用户经常联系和沟通，对回访中发现的问题认真对待，及时处理和解决。

2. 回访类型

(1)例行性回访。一般以电话询问、开座谈会等形式进行，每半年或一年一次，了解日常使用情况和用户意见；保修期满之前回访，对该项目进行保修总结，向用户交代维护和使用事项。

(2)季节性回访。根据各分项工程的不同特点，进行可能的质量问题回访，如在雨季回访屋面、外墙面的防水。

(3)技术性回访。技术性回访是对新材料、新工艺、新技术、新设备的技术性能和使用效果进行跟踪了解，通常采用定期和不定期两种模式相结合进行回访。

(4)保修期满时的回访，这种回访一般在保修期将结束前进行，主要是为了解决遗留的问题和向业主提示保修即将结束，业主应注意建筑的维修和使用。

第十章　BIM 与装配式建筑

第一节　BIM 与建筑信息化

一、建筑业信息化

建筑业信息化是指运用信息技术，特别是计算机技术、网络技术、通信技术、控制技术、系统集成技术和信息安全技术等，改造和提升建筑业技术手段和生产组织方式，提高建筑企业经营管理水平和核心竞争能力，提高建筑业主管部门的管理、决策和服务水平。

我国住房和城乡建设部发布的《2016—2020 年建筑业信息化发展纲要》指出，我国将全面提高建筑业信息化水平，着力增强 BIM、大数据、智能化、移动通信、云计算、物联网、3D 打印等信息技术集成应用能力，建筑业数字化、网络化、智能化取得突破性进展。可见 BIM 技术与项目管理的结合不仅符合政策的导向，也是发展的必然趋势。

二、BIM 的概念与特点

1. 建筑信息模型的概念

BIM 是建筑信息模型(Building Information Modeling)的简称，是指基于先进三维数字设计解决方案所构建的可视化的数字建筑模型，使得整个工程项目在设计、施工和使用等各个阶段都能够有效实现节省能源、节约成本、降低污染和提高效率。也就是说，BIM 是通过利用数字建模软件，把真实的建筑信息参数化、数字化以后形成一个模型，以此为平台，从设计师、工程师一直到施工单位和物业管理方，都可以在整个建筑项目的全生命周期进行信息的共享和改进。在这里信息不仅是三维几何形状信息，还包含大量的非几何形状信息，如建筑构件的材料、重量、价格和进度等。

2. BIM 的特点

(1)可视化。可视化即“所见所得”的形式，BIM 将以往的线条式的构件以一种三维的立体实物图形展示在人们的面前。在 BIM 建筑信息模型中，由于整个过程都是可视化的，所以可视化的结果不仅可以用作效果图的展示及报表的生成，更重要的是，项目设计、建造、运营过程中的沟通、讨论、决策都在可视化的状态下进行。

(2)一体化。基于BIM技术可进行从设计到施工再到运营贯穿工程项目的全生命周期的一体化管理。BIM的技术核心是一个由计算机三维模型所形成的数据库，不仅包含了建筑的设计信息，而且可以容纳从设计到建成使用，甚至是使用周期终结的全过程信息。

(3)参数化。参数化建模指的是通过参数而不是数字建立和分析模型，简单地改变模型中的参数值就能建立和分析新的模型；BIM中图元是以构件的形式出现，这些构件之间的不同，是通过参数的调整反映出来的，参数保存了图元作为数字化建筑构件的所有信息。

(4)模拟性。模拟性不仅可以模拟设计出的建筑物模型，而且可以模拟不能够在真实世界中进行操作的事物。在设计阶段，BIM可以对设计中的节能、日照、热传导等进行模拟实验；在招标投标和施工阶段可以针对施工组织设计进行4D模拟(3D模型加项目的时间维度)指导实际施工，同时还可以进行5D模拟(3D模型＋1D进度＋1D造价)，从而来实现成本控制和成本造价的实时监控；在运营阶段还可以模拟逃生、消防等日常紧急情况的处理方式的模拟。

(5)协调性。在设计阶段BIM的协调作用除能解决各专业之间的碰撞问题以外，还可以解决，如电梯井布置与其他设计布置及净空要求的协调，防火分区与其他设计布置的协调，地下排水布置与其他设计布置的协调等。在施工阶段，施工人员可以通过BIM的协调性清楚了解本专业的施工重点以及相关专业的施工注意事项。

(6)优化性。BIM模型承载的大量信息有利于建筑项目的设计、施工、运营的整体优化，并且能够提高优化的效率和效果。比如，利用BIM对项目方案优化，可以把项目设计和投资回报分析结合起来，设计变化对投资回报的影响可以实时计算出来，有利于业主对设计方案的选择；利用BIM对裙楼、幕墙、屋顶等特殊项目的设计及施工方案进行优化，可以带来显著的工期和造价改进。

(7)可出图性。BIM通过对建筑物进行可视化展示、协调、模拟、优化以后，方案图、初步设计图、施工图为同一个核心模型，通过不同的图层管理和显示管理达到一个模型对应多套图纸，整合的图纸发布器能够一步完成出图、打图工作。

(8)信息完备性。信息完备性体现在BIM技术可对工程对象进行3D几何信息和拓扑关系的描述以及完整的工程信息描述。

三、BIM在项目管理信息化中的作用

BIM不是简单地将数字信息进行集成，而是一种数字信息的应用，并可以用于设计、建造、管理的数字化方法。BIM技术通过三维建模，将建筑工程全寿命周期中产生的相关信息添加在该三维模型中，对设计、生产、施工、装修、管理过程进行控制和管理，并根据项目在各阶段的完成情况，不断对已有数据库进行更新，最终建立多维数据模型，通过信息化模型整合项目各种阶段相关信息，搭建一个可以为项目各方共享的资源信息平台。在建筑

工程整个生命周期中，建筑信息模型可以实现集成管理，因此，这一模型既包括建筑物的信息模型，同时又包括建筑工程管理行为的模型。

BIM 是建筑行业中应用信息技术的具体体现。BIM 建筑信息模型适用于项目建设的各阶段，应用于项目全寿命周期的不同领域，如图 10-1 所示。以 BIM 应用为载体的项目管理信息化，可以使整个工程项目在设计、施工和运营维护等阶段都能有效地实现制订资源计划、控制资金风险、节省能源、节约成本、降低污染及提高效率。

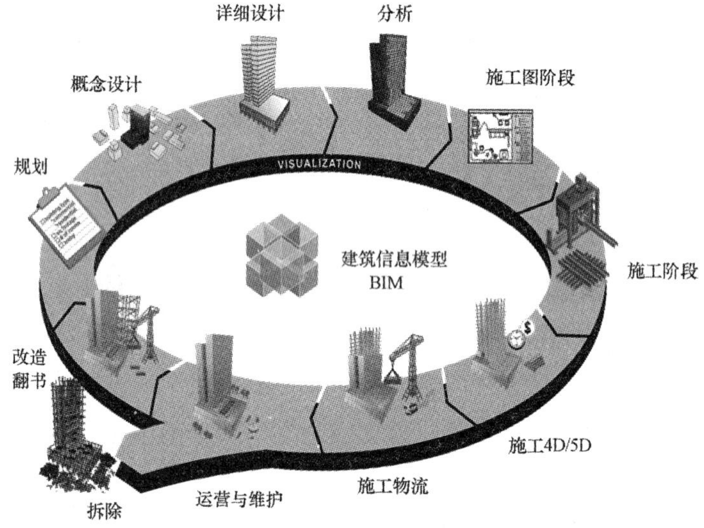

图 10-1　BIM 在全寿命周期中的应用

BIM 在建设项目全寿命周期各个阶段具体的主要应用如图 10-2 所示。

四、BIM 应用软件

由于 BIM 应用中涉及不同的专业、不同的进度、不同的使用方，完成一个项目的全生命周期应用一个软件是很难做到的，需要多个软件的协同工作。BIM 应用软件主要有 BIM 基础软件、BIM 工具软件、BIM 平台软件。

(1)BIM 基础软件。BIM 基础软件是指可用于建立能为多个 BIM 应用软件所使用的 BIM 数据软件。它主要用于项目建模，是 BIM 应用的基础。目前，常用的软件有美国欧特克(Autodesk)的 Revit 软件、匈牙利 Graphisoft 公司的 ArchiCAD 等。

(2)BIM 工具软件。BIM 工具软件是指利用 BIM 基础软件提供的 BIM 信息数据，开展各种工作的应用软件。例如，可以利用由 BIM 基础软件建立的建筑模型进一步地专业配合，如节能分析、造价分析，甚至到施工进度控制。目前，常用的软件有美国欧特克(Autodesk)的 Ecotect，国内的广联达、鲁班、斯维尔、鸿业等。

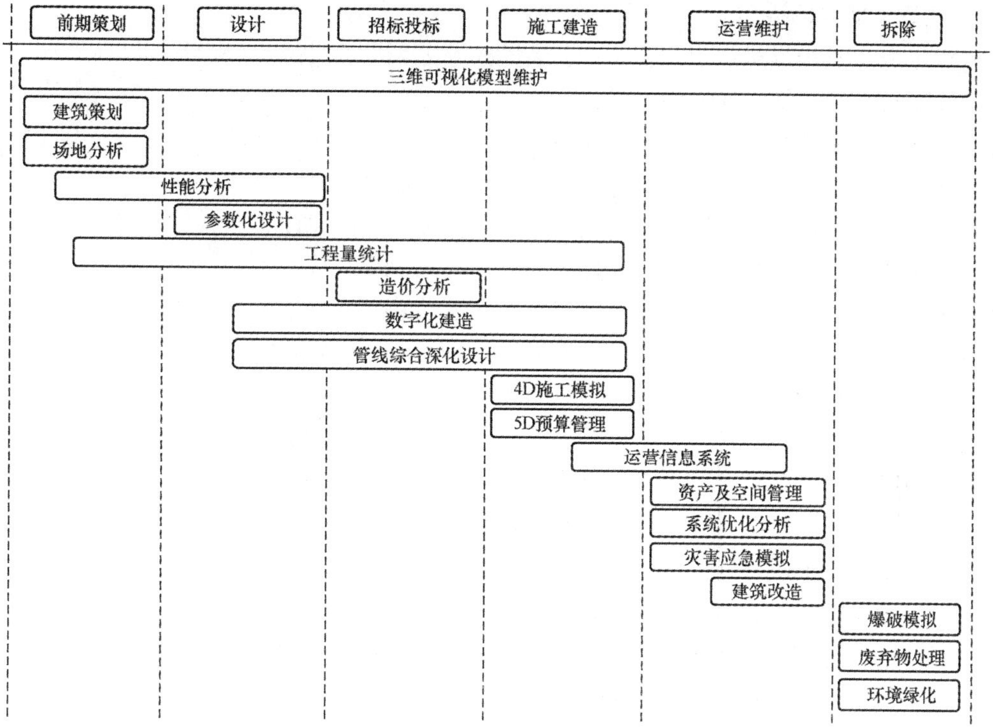

图 10-2　BIM 应用导向图

(3)BIM 平台软件。BIM 平台软件是指能对各类 BIM 基础软件及 BIM 工具软件产生的 BIM 数据进行有效的管理，以便支持项目全寿命周期 BIM 数据的共享应用的应用软件。目前，常用的软件有美国欧特克(Autodesk)的 BIM 360 系列。

第二节　建筑工业化与装配式建筑

一、建筑产业现代化与工业化

1. 建筑产业现代化

建筑产业现代化是指以绿色发展为理念，以建筑业转型升级为目标，以技术创新为先导，以现代化管理为支撑，以信息化为手段，以新型建筑工业化为核心，对建筑业的全产业链进行更新、改造和升级，实现传统生产方式向现代工业化生产方式转变，从而全面提升建筑工程的质量、效率和效益。

2. 建筑工业化的概念

建筑工业化是指以构件预制化生产、装配式施工为生产方式，以设计标准化、构件部品化、施工机械化为特征，能够整合设计、生产、施工等整个产业链，实现房屋建造全过程的工业化、集约化和社会化，从而提高建筑工程质量和效益，实现节能减排与资源节约的一种新型建筑生产方式。

根据构件生产地点的不同，工业化建造方式可分为工厂化建造和现场建造两种。工厂化建造是指采用构配件定型生产的装配施工方式，即按照统一标准定型设计，在工厂内成批生产各种构件，然后运到工地，在现场以机械化的方法装配成房屋的施工方式。现场建造是指直接在现场生产构件，生产的同时就组装起来，生产与装配过程合二为一，但是在整个过程中仍然采用工厂内通用的大型工具和生产管理标准。

建筑产业现代化是生产方式的变革，其核心是建筑工业化。现在所说的建筑工业化实际上是“新型建筑工业化”，新型主要是新在信息化，体现在信息化与建筑工业化的深度融合，有别于 20 世纪 50 年代所提出的建筑工业化的概念。

3. 建筑工业化的内容

建筑工业化的内容包括四个方面，即设计标准化、构配件生产工厂化、施工作业机械化和管理科学化，并逐步采用现代科学技术的新成果，以提高劳动生产率，加快建设速度，降低工程成本，提高工程质量。

(1)设计标准化。设计标准化包括建筑设计的标准化、建筑体系的定型化、建筑部品的通用化和系列化。建筑设计标准化就是在设计中按照一定的模数标准规范构件和产品，形成标准化、系列化的部品，减少设计的随意性，并简化施工手段，以便于建筑产品能够进行成批生产。

(2)构配件生产工厂化。建筑产品具有单件性和一次性的特点，建筑产品固定，人员流动，而工业产品大多是产品流动，人员固定，而且具有重复生产的特性。建筑工业化所提倡的工业化生产方式是针对中间产品(包括各种构配件等)而言的，它是将建筑产品形成过程中需要的构配件生产由施工现场转入工厂化制造，以提高建筑物的建设速度、减少污染、保证质量、降低成本。最终，批量生产出来的建筑构配件进入流通领域成为社会化的商品，会进一步促进建筑产品质量的提高和生产成本降低，从而推进建筑工业化的发展。

(3)施工作业机械化。建筑设计的标准化、构配件生产的工厂化和产品的商品化，使建筑机械设备和专用设备得以充分开发利用。构配件的生产、运输、安装，运用机械化、自动化生产方式来完成，从而达到减轻工人劳动强度、有效缩短工期的目的。另外，专业性强、技术性高的工程可由具有专用设备和技术的施工队伍承担，使建筑生产进一步走向专业化和社会化。

(4)管理科学化。科学合理地组织生产要素，按照建筑产品的技术经济规律组织建筑产品的生产。提高建筑施工和构配件生产的社会化程度，也是建筑生产组织管理科学化的重要方面。针对建筑业的特点，一是设计与产品生产、产品生产与施工方面的综合协调，使产业结构布局和生产资源合理化。二是生产与经营管理方法的科学化，要运用现代科学技术和计算机技术促进建筑工业化的快速发展。

其中，设计标准化是实现建筑工业化目标的前提，构件工厂化是建筑工业化的手段，施工机械化是建筑工业化的核心，管理科学化是建筑工业化的保证。

二、装配式建筑

1. 装配式建筑概念

装配式建筑指的是构件在加工厂或施工现场预制，通过机械吊装和一定的连接方式把零散的预制构件连接成为一个整体而建造起来的工业化建筑，主要包括预制装配式混凝土结构、钢结构、木结构及混合结构等。装配式建筑是工业化建筑的重要组成部分。

2. 装配式建筑的特征

装配式建筑是设计、生产、施工、装修和管理“五位一体”的体系化和集成化的建筑，而不是“传统生产方式＋装配化”的建筑，用传统的设计、施工和管理模式进行装配化施工不是建筑工业化。装配式建筑的特征主要体现在以下几个方面：

(1)建筑设计标准化：以定型设计为基础。

(2)部品生产工厂化：以工厂制作为条件。

(3)现场施工装配化：以建造工法为核心。

(4)结构装修一体化：以建筑设计为前提。

(5)过程管理信息化：以信息技术为手段。

装配式建筑的核心是“集成”，装配式建筑要求技术前置、管理前移、同步设计、协同合作。装配式建筑项目应采用建筑信息模型(BIM)技术，通过设计、生产、运输、施工等专业协调和信息共享，优化装配式建筑的整体方案和资源配置，建立数据库，为实现全过程的质量控制和管控追溯提供信息化支撑。BIM 技术是实现装配式建筑的平台。

国务院办公厅印发的《关于大力发展装配式建筑的指导意见》指出，装配式建筑原则上应采用工程总承包模式。装配式建筑需要从设计阶段、生产阶段和施工阶段开始紧密配合，与传统的设计、制造、施工分离的承包模式不同，采用工程总承包模式能够发挥更好的效率。

三、装配式建筑的类型

1. 砌块建筑

用预制的块状材料砌成墙体的装配式建筑，适用于建造 3～5 层建筑，砌块建筑适应性强，生产工艺简单，施工简便，造价较低，还可利用地方材料和工业废料。建筑砌块有小型、中型、大型之分。

小型砌块适用于人工搬运和砌筑，工业化程度较低，灵活方便，使用较广；中型砌块可用小型机械吊装，可节省砌筑劳动力；大型砌块现已被预制大型板材所代替。

2. 板材建筑

板材建筑又称大板建筑，是由预制的大型内外墙板、楼板和屋面板等板材装配而成。它是工业化体系建筑中全装配式建筑的主要类型。建筑内的设备常采用集中的室内管道配件或盒式卫生间等，以提高装配化的程度。大板建筑的主要缺点是对建筑物造型和建筑物布局有较大的制约性，并且小开间横向承重的大板建筑内部分隔缺少灵活性，在住宅的使用上有一定的局限性。

3. 盒式建筑

盒式建筑类从板材建筑的基础上发展起来的一种装配式建筑，这种建筑工厂化的程度很高，可在现场进行快速安装。盒式建筑一般不但在工厂完成盒子的结构部分，而且内部装修和设备也都安装好，甚至可连家具、地毯等一概安装齐全，盒子吊装完成，接好管线后即可使用。

4. 骨架板材建筑

由预制的骨架和板材组成，承重骨架一般多为重型的钢筋混凝土结构，也有采用钢和木作成骨架和板材组合，常用于轻型装配式建筑中。骨架板材建筑结构合理，可以减轻建筑物的自重，内部分隔灵活，适用于多层和高层的建筑。

5. 升板和升层建筑

板柱结构体系的一种，但施工方法则有所不同。这种建筑是在底层混凝土地面上重复浇筑各层楼板和屋面板，竖立预制钢筋混凝土柱子，以柱为导杆，用放在柱子上的油压千斤顶把楼板和屋面板提升到设计高度，加以固定。外墙可用砖墙、砌块墙、预制外墙板、轻质组合墙板等；也可以在提升楼板时提升滑动模板、浇筑外墙。升板建筑施工时大量操作在地面进行，减少高空作业和垂直运输，节约模板和脚手架，并可减少施工现场面积。

四、装配式建筑结构体系

装配式建筑结构体系主要分为装配式混凝土结构（也称为 PC 结构）、装配式钢结构（也称为 PS 结构）和装配式木结构三大体系，如图 10-3 所示。每种结构体系还可以进一步细分。各种结构不仅可以单独存在，也可以根据需要进行组合。

五、装配式建筑的优势

装配式建筑更能符合绿色施工的节地、节能、节材、节水和环境保护等要求，降低对环境的负面影响，包括降低噪声，防止扬尘，减少环境污染，清洁运输，减少场地干扰，节约水、电、材料等资源和能源，遵循可持续发展的原则。总的来说，装配式建筑具有以下优势。

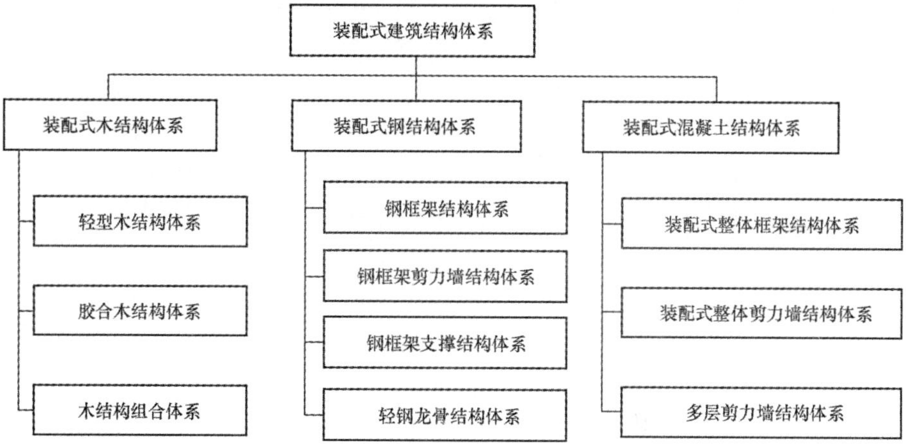

图 10-3　装配式建筑结构体系

1. 工厂生产，现场装配，推动建筑工业化、产业化发展

装配式建筑的工厂生产、现场组装的技术可以实现建筑构件化、建筑工业化和产业化。所生产的产品可以根据建筑需要，在工厂加工制作成整体墙板、梁、柱、叠合楼板等构件，并可在构件内预埋好水、电管线、窗户等，还可根据需要在工厂将墙体装饰材料制作完成。部品构件在工厂生产，有固定的模具，使产品的精度提高，更加标准化、规范化、集成化，而且技术标准易于统一，即以模数化构建标准化；由于装配式建筑构件标准化、工厂化生产，运送到工地就可以装配施工，每道工序可以像设备安装一样进行现场安装，即以标准化推动工业化。

2. 精确度高，质量好，减少质量通病

装配式建筑是工厂化的作业模式，大量的建筑构件都由工厂流水线生产，工业化生产的部品构件更利于质量控制，并且质量稳定；构件运到现场装配后建筑精确度比传统建筑方式提高十倍以上，精确度为毫米级；门窗洞预留尺寸在工厂已完成，尺寸偏差完全可控；以装配化作业取代手工砌筑作业，能大幅减少施工失误和人为错误，保证施工质量；装配式建造方式可有效解决系统性质量通病，减少建筑后期维修维护费用；装配式建筑抗震性能高、耐火性好、隔声效果好，装配式建筑所使用的材料与传统建筑使用材料同体积相比质量较轻，建筑物自重低。

3. 环保节能，符合绿色发展理念

装配式建筑是绿色、环保、低碳、节能型建筑。由于构件采用工厂化生产，装配式建筑用干式作业取代了湿式作业，施工现场更加整洁，现场施工污染排放量明显减少，最大程度地减少了对周边环境的污染。装配式建筑的建筑材料选择更加灵活，可以大量运用轻钢以及木质板材等各种节能环保材料。装配式建筑的保温隔热性能非常好，由于装配式建筑保温隔热材料放置在墙体中间，而材料本身也满足建筑围护结构保温隔热的要求，这样可使室内采暖能耗大量降低。

据统计，相较于传统现浇建筑，装配式建筑可节水约50%，减低砌筑抹灰砂浆约60%，节约木材约80%，降低施工能耗约20%，减少建筑垃圾70%以上，并显著降低施工粉尘和噪声污染。同时，绿色的建造方式在节能、节材和减排方面也具有明显优势，对实现绿色建筑发展具有支撑作用。

4. 缩短工期，提高效率

相较于传统现浇建筑，装配式建筑可缩短施工周期25%～30%。不同于传统建筑那样必须先做完主体才能进行装饰装修，装配式建筑可以将各预制构件的装饰装修部位完成后再进行组装，实现了装饰装修工程与主体工程的同步，减少了建造过程，缩短了整体工期。装配式建筑工厂化生产、现场组装可减少进场的工程机械种类和数量，消除工序衔接的停闲时间，实现立体交叉作业，减少施工人员，提高功效。另外，装配式建筑需要的构件一般在工厂车间生产，不受季节限制，有利于冬期施工，解决了北方地区冬期施工难的问题。

5. 降低劳动强度，节省人力资源

装配式建筑构件一般在工厂车间生产，构件现场组合安装，减少工作量，减少现场作业量。构件集中工厂化生产和现场组合安装使现场施工作业量大幅减少，大幅降低操作工人劳动强度，比传统建造模式极大地节约了人力资源。在装配式建筑工厂化生产方式下，农民工将转化为产业工人。

另外，随着装配式建筑大量普及和技术的逐步成熟，部品构件生产形成标准化、通用化和社会化以后，将会实现规模化制造的成本优势。装配式建筑相比传统的建造方式，从成本上来说更节约。

第三节　BIM在装配式建筑中的应用案例

建筑行业是一个工期长、成本高的重产业，从设计到施工的每一个环节都可能出现问题而延长整体工期进而抬高造价，但是BIM和装配式的出现很好地解决了这些问题，例如，避免设计、生产、制作、运维各个环节之间不协同出现错误、遗漏、撞车或低效；大幅度减少设计工作量，减少生产、安装环节工作量；减少因出错、失误所造成的损失，从而缩短工期，精准计算成本，减少人工和时间成本等。

装配式建筑核心是“集成”，BIM技术是“集成”的主线。这条主线串联起设计、生产、施工、装修和管理的全过程，服务于设计、建设、运维、拆除的全生命周期，可以数字化虚拟，信息化描述各种系统要素，实现信息化协同设计、可视化装配，工程量信息的交互和节点连接模拟及检验等全新运用，整合建筑全产业链，实现全过程、全方位的信息化集成。下面以花样年别样城二期工程项目为例介绍BIM技术在装配式建筑中比较成熟的应用。

花样年别样城二期项目位于苏州太湖度假区，开发商为苏州市花样年房地产开发商有限公司，建设单位为苏州市花样年房地产开发有限公司，二类普通住宅，占地面积约为66 452 m^2，总建筑面积约为16万m^2，容积率为1.799，设计限高为50 m，如图10-4所示。建筑类型包括17层高层住宅，1～2层为社区居委会服务用房、社区物业用房、社区商业等社区配套用房。

图10-4　花样年别样城二期工程效果图

一、BIM应用的基础准备工作

确定BIM在装配式建筑中的应用逻辑关系是实现BIM技术在项目中应用的基础。本项目使用Autodesk公司的BIM系列软件。在Revit软件中，所有图元都是基于族的。每个族图元能够在其内定义多种类型，可以具有不同的尺寸、形状、材质设置或其他参数变量。以族文件为基础，能够创建项目的构件族，形成构件库，指导构件的生产与安装。设计人员在工作中通过BIM族库的建立，汇总构件的种类和规格，逐步构建标准化预制构件族库。在运用时调用构件族，简单编辑构件的参数，快速便捷设计预制构件。BIM在装配式建筑中的应用逻辑关系如图10-5所示。

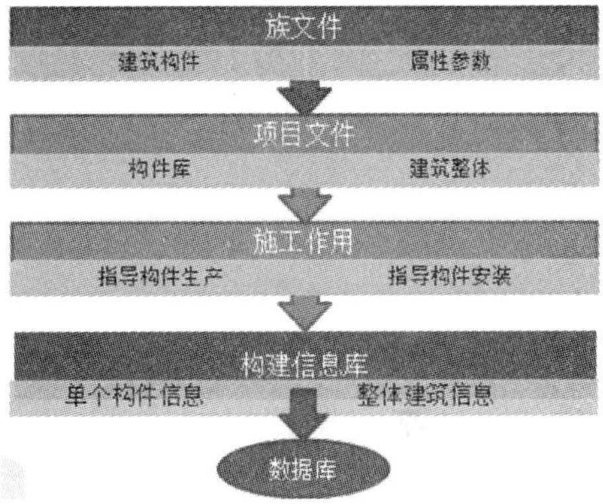

图10-5　BIM在装配式建筑中的应用逻辑关系

（一）BIM建模

根据现有图纸，针对应用需求制作BIM模型。本项目在Revit平台上建立BIM模型，充分反映本项目的设计意图，如图10-6所示。

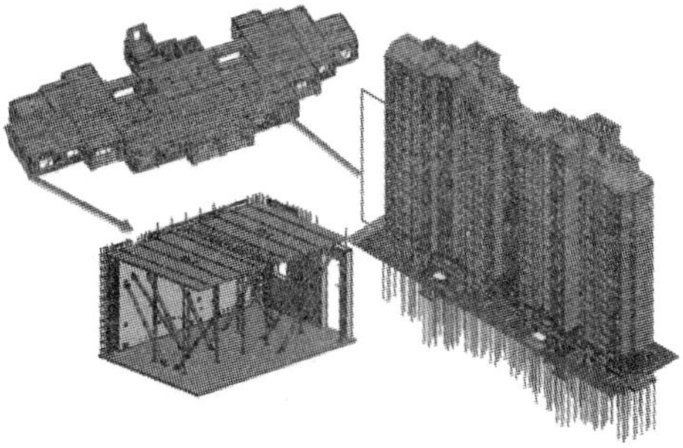

图10-6　项目的BIM模型

（二）建立项目构件库

在装配式建筑BIM应用中，应模拟工厂加工的方式，以预制构件模型的方式来进行系统集成和表达，这就需要建立装配式建筑的BIM构件库。构件库建设是逐渐完善和丰富的过程，除内置标准化构件外，对于每个项目新增异形构件模型，都可以放入已有模型库，如图 10-7 所示。建立构件库不仅能够提升构件厂、设计单位以及施工企业的可视化协同能力，同时，还可以明确设计重点，减少建材的损坏以及浪费，同时还可以简化流程，提升生产效率。

图 10-7　项目构件库

(三)利用 BIM 模型展示构件的参数信息以及节点构造

传统的二维绘图难以满足人们对预制构件自身及构件相互之间空间关系的想象，BIM 模型对建筑构件的信息化表达可以更真实地认识构件，了解构件的节点构造，如图 10-8 所示。对于节点较复杂的构件，在模型中可以任意添加节点三维视图。利用构件透视效果，对构件的隐蔽部分信息进行展示，指导构件生产，如图 10-9、图 10-10、表 10-1 所示。

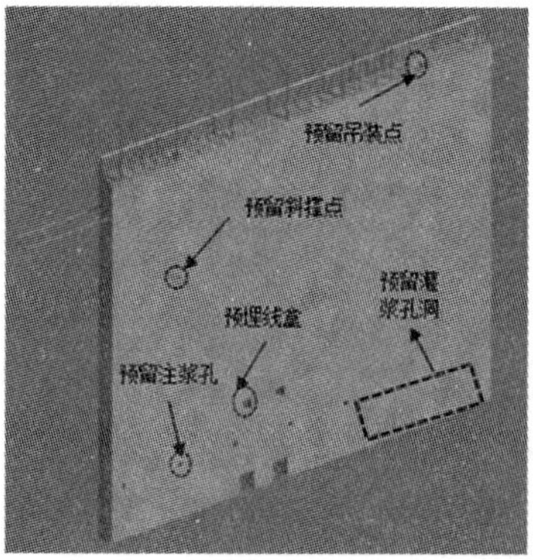

预制墙板		
墙板信息	组成部分	材料用途
	梁	钢筋混凝土
	非剪力墙	钢筋混凝土
	剪力墙	钢筋混凝土
	100 厚泡沫板	挤塑聚苯板
	各种连接件	机械连接灌浆套筒 注浆波纹管 支撑用内置螺母 吊钉 预埋线管和线盒
	预留孔洞	预留灌浆孔和注浆孔 预留吊装孔

图 10-8　BIM 模型提供可视化信息

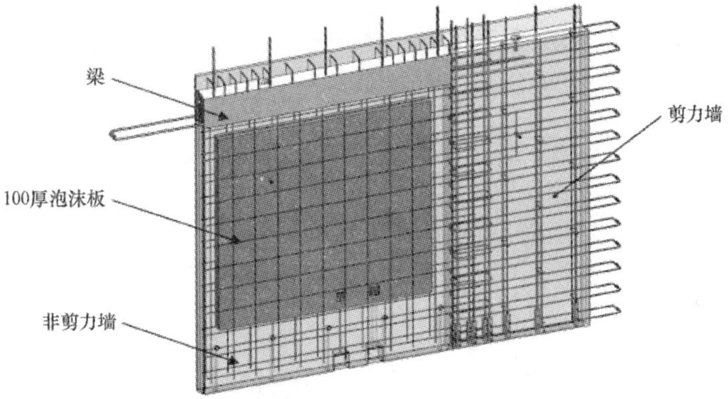

图 10-9 剪力墙

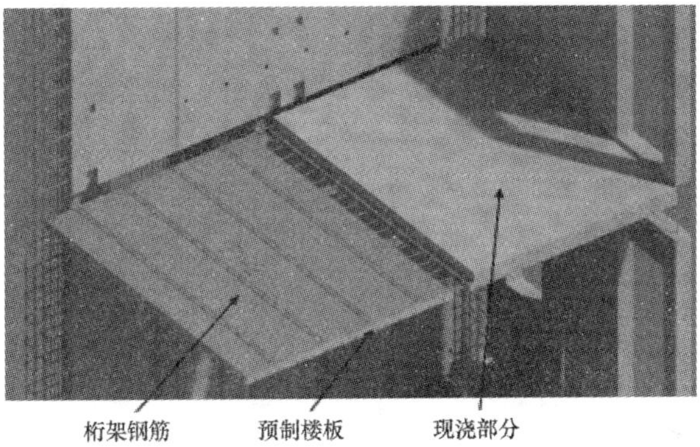

图 10-10 预制楼板构造

表 10-1 预制楼板信息

预制楼板		
墙板信息	组成部分	材料用途
	预制楼板	钢筋混凝土
	桁架钢筋	HRB400 级钢筋
	电气预埋	PVC 线管、预埋线盒
	现浇部分	钢筋混凝土
	预留孔洞	预留吊装孔、预留安装支护孔

(四)基于 BIM 模型的工程量统计，实现对成本的初步控制

按照装配式建筑的特点，BIM 模型可将关联的建筑信息进行有效分类、保存，使项目

信息形成了一个有机整体，设计师可以随时通过模型导出所需的信息报表，如图 10-11 所示，例如，进行门窗统计、部品数量统计、各类预制件混凝土体积统计、构件种类统计等。通过分类统计进行快速的工程量分析，实现对成本的初步控制。

B	C	D	E	F	G	H
A	钢筋体积	钢筋直径	钢筋长度	起点的弯钩	终点的弯钩	总钢筋长度
5760 mm	1465.74 cm^3	18 mm	5760 mm	无	无	5760 mm
5760 mm	1465.74 cm^3	18 mm	5760 mm	无	无	5760 mm
5760 mm	1465.74 cm^3	18 mm	5760 mm	无	无	5760 mm
5760 mm	1465.74 cm^3	18 mm	5760 mm	无	无	5760 mm
5760 mm	886.68 cm^3	14 mm	5760 mm	无	无	5760 mm
5760 mm	886.68 cm^3	14 mm	5760 mm	无	无	5760 mm
5760 mm	886.68 cm^3	14 mm	5760 mm	无	无	5760 mm
5760 mm	886.68 cm^3	14 mm	5760 mm	无	无	5760 mm
5760 mm	886.68 cm^3	14 mm	5760 mm	无	无	5760 mm
5760 mm	886.68 cm^3	14 mm	5760 mm	无	无	5760 mm
5760 mm	886.68 cm^3	14 mm	5760 mm	无	无	5760 mm
460 mm	5601.59 cm^3	8 mm	1990 mm	抗震镫筋/箍筋	抗震镫筋/箍筋	111440 mm
460 mm	4025.26 cm^3	8 mm	1430 mm	抗震镫筋/箍筋	抗震镫筋/箍筋	80080 mm
5760 mm	886.68 cm^3	14 mm	5760 mm	无	无	5760 mm
160 mm	3912.67 cm^3	8 mm	1390 mm	抗震镫筋/箍筋	抗震镫筋/箍筋	77840 mm
460 mm	5629.73 cm^3	8 mm	2000 mm	抗震镫筋/箍筋	抗震镫筋/箍筋	112000 mm
360 mm	4503.79 cm^3	8 mm	1600 mm	抗震镫筋/箍筋	抗震镫筋/箍筋	89600 mm
860 mm	6192.71 cm^3	8 mm	2200 mm	抗震镫筋/箍筋	抗震镫筋/箍筋	123200 mm
5760 mm	1809.56 cm^3	20 mm	5760 mm	无	无	5760 mm
5760 mm	1809.56 cm^3	20 mm	5760 mm	无	无	5760 mm
5760 mm	1809.56 cm^3	20 mm	5760 mm	无	无	5760 mm
5760 mm	1809.56 cm^3	20 mm	5760 mm	无	无	5760 mm
5760 mm	1809.56 cm^3	20 mm	5760 mm	无	无	5760 mm
5760 mm	1809.56 cm^3	20 mm	5760 mm	无	无	5760 mm
5760 mm	1809.56 cm^3	20 mm	5760 mm	无	无	5760 mm
5760 mm	1809.56 cm^3	20 mm	5760 mm	无	无	5760 mm
5760 mm	886.68 cm^3	14 mm	5760 mm	无	无	5760 mm
5760 mm	886.68 cm^3	14 mm	5760 mm	无	无	5760 mm
5760 mm	886.68 cm^3	14 mm	5760 mm	无	无	5760 mm
5760 mm	886.68 cm^3	14 mm	5760 mm	无	无	5760 mm

图 10-11　钢筋明细表

二、BIM 在设计中的作用

(一)基于 BIM 技术的碰撞检查及节点论证

装配式建筑的设计、生产、施工都必须精细化，如果在设计或生产过程中，钢筋的位置出现允许范围之外的偏差，那么就会造成施工时构件对接不上的后果。应用 BIM 技术对预制构件内部、预制构件之间进行碰撞检查，可以对传统二维模式下不易察觉的错漏碰缺进行收集更正，如预制构件内部各组成部分的碰撞检测，地暖管与电器管线潜在的交错碰撞问题。本项目将深化 BIM 模型导入到 Navisworks 软件中进行各专业的碰撞检测，每个节点都经过智能化的碰撞检查后，避免了设计、构件生产以及现场施工矛盾。图 10-12 所示为项目经过碰撞检查后形成的碰撞检查报告总表，然后对表中每个碰撞点进行修改，减少设计错误，见表 10-2、表 10-3 以及图 10-13、图 10-14 所示。

Autodesk Navisworks 碰撞报告

测试 1	公差	碰撞	新建	活动的	已审阅	已核准	已解决	类型	状态
	0.001m	10	10	0	0	0	0	硬碰撞	确定

							项目 1			项目 2		
图像	碰撞名称	状态	距离	说明	找到日期	碰撞点	项目 ID	项目 名称	项目 类型	项目 ID	项目 名称	项目 类型
	碰撞1	新建	-0.00	硬碰撞	2014/9/19 10:55.15	x:-16.50、y:3.44、z:11.27	GUID: 6cd48bf0-c5f5-4461-bb4b-94ae3313ab94	钢筋 [250073]	壳	GUID: 6cd48bf0-c5f5-4461-bb4b-94ae3313bfd1	钢筋 [246940]	壳
	碰撞2	新建	-0.00	硬碰撞	2014/9/19 10:55.15	x:-14.82、y:7.49、z:10.86	GUID: 8484d83e-dcc0-423e-a8fb-25d40d5373a9	钢筋 [271290]	壳	GUID: 8484d83e-dcc0-423e-a8fb-25d40d537073	钢筋 [270432]	壳
	碰撞3	新建	-0.00	硬碰撞	2014/9/19 10:55.15	x:-7.30、y:4.59、z:6.67	GUID: 6deef557-a4d4-49fa-b479-037194c60fe2	钢筋 [261581]	壳	GUID: 6deef557-a4d4-49fa-b479-037194c60fe6	钢筋 [261577]	壳
	碰撞4	新建	-0.00	硬碰撞	2014/9/19 10:55.15	x:-13.05、y:7.49、z:11.26	GUID: 6deef557-a4d4-49fa-b479-037194c60a0e	钢筋 [260129]	壳	GUID: 6deef557-a4d4-49fa-b479-037194c60a30	钢筋 [260127]	壳
	碰撞5	新建	-0.00	硬碰撞	2014/9/19 10:55.15	x:-14.80、y:-0.21、z:11.37	GUID: 6cd48bf0-c5f5-4461-bb4b-94ae3313aa72	钢筋 [250175]	壳	GUID: 6cd48bf0-c5f5-4461-bb4b-94ae3313aa0a	钢筋 [250176]	壳
	碰撞6	新建	-0.00	硬碰撞	2014/9/19 10:55.15	x:-14.79、y:-0.81、z:11.46	GUID: 6cd48bf0-c5f5-4461-bb4b-94ae3313aa70	钢筋 [250173]	壳	GUID: 6cd48bf0-c5f5-4461-bb4b-94ae3313aa72	钢筋 [250175]	壳
	碰撞7	新建	-0.00	硬碰撞	2014/9/19 10:55.15	x:-7.15、y:-0.97、z:10.37	GUID: 6cd48bf0-c5f5-4461-bb4b-94ae3313a092	钢筋 [252895]	壳	GUID: 6cd48bf0-c5f5-4461-bb4b-94ae3313a4f7	钢筋 [253882]	壳
	碰撞8	新建	-0.00	硬碰撞	2014/9/19 10:55.15	x:-16.20、y:3.29、z:10.76	GUID: 6cd48bf0-c5f5-4461-bb4b-94ae3313bfd1	钢筋 [246940]	壳	GUID: 6cd48bf0-c5f5-4461-bb4b-94ae3313bfd2	钢筋 [246943]	壳
	碰撞9	新建	-0.00	硬碰撞	2014/9/19 10:55.15	x:-8.64、y:10.13、z:10.77	GUID: 6deef557-a4d4-49fa-b479-037194c617b7	钢筋 [255384]	壳	GUID: 6deef557-a4d4-49fa-b479-037194c6199a	钢筋 [256949]	壳
	碰撞10	新建	-0.00	硬碰撞	2014/9/19 10:55.15	x:-16.05、y:4.13、z:10.07	GUID: 6cd48bf0-c5f5-4461-bb4b-94ae3313bfd3	钢筋 [246942]	壳	GUID: 6cd48bf0-c5f5-4461-bb4b-94ae3313bfd2	钢筋 [246943]	壳

图 10-12　碰撞检查报告总表

表 10-2　箍筋和钢套管碰撞检查报告

碰撞点 1	箍筋和钢套管撞
对应位置	梁 L3B06－2 箍筋和钢套管撞
相应关系	钢套管梁中(水平 1 160，垂直 210)
问题提交时间	2014. 11. 25

表 10-3　给水管撞消防栓报告

碰撞点 2	给水管撞消防栓
对应位置	12 轴交 G 轴
相应关系	给水管为消防栓位置立管，消防栓底标高 1 100
问题提交时间	2014. 11. 25

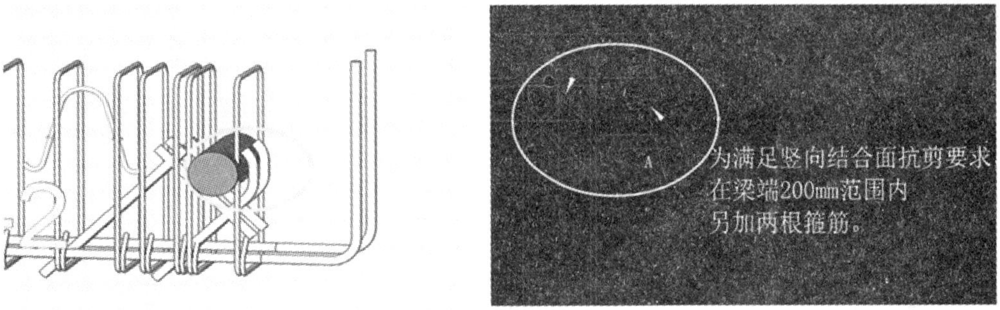

(a)　　　　(b)

图 10-13　钢筋专业碰撞检查示意

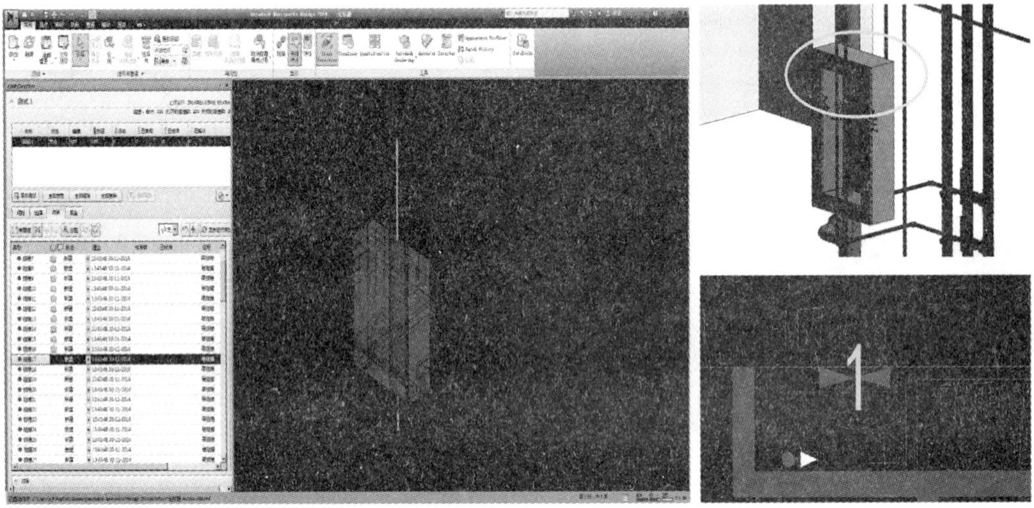

图 10-14　电安装专业碰撞检查

(二)PC 构件加工图设计

将构件图纸中的各项要素通过 BIM 模型进行体现。如图 10-15、图 10-16 所示通过 BIM 模型对建筑构件的信息化表达，构件加工图在 BIM 模型上直接完成和生成，不仅能清楚表达传统图纸的二维关系，而且对于复杂空间剖面关系也可以清楚表达，同时还能将离散的二维图纸信息集中到一个模型当中，这样的模型能够紧密地实现与预制工厂的协同，有助于提高工人生产的准确性和质量效率。

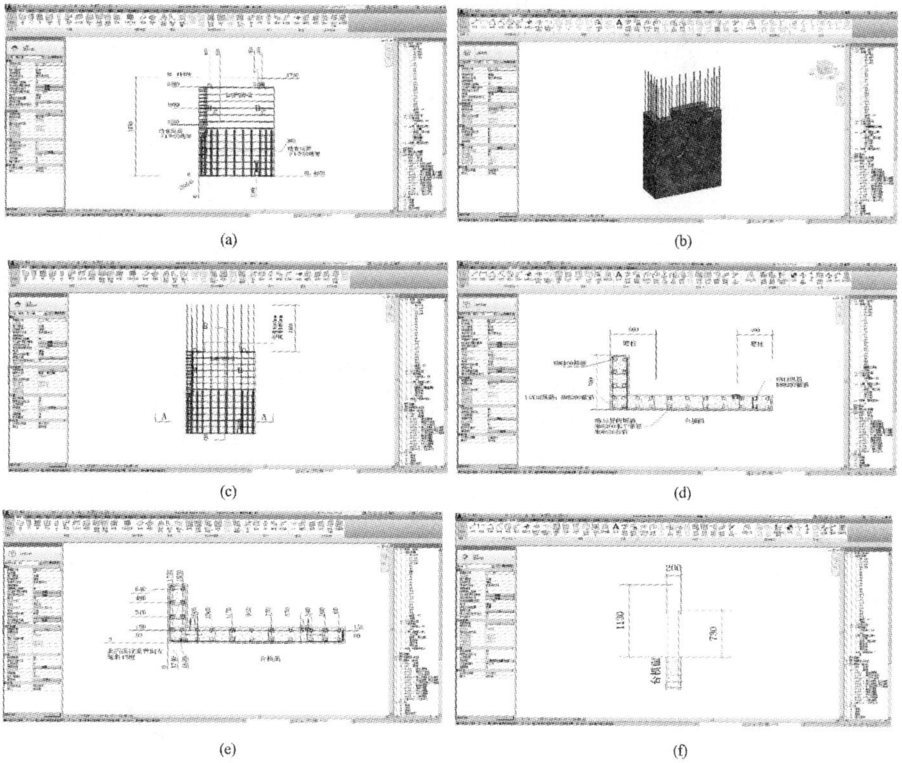

(a)　(b)　(c)　(d)　(e)　(f)

图 10-15　BIM 模型反映的各种信息

(a)主视图；(b)3D 视图；(c)主视配筋图；(d)*A*—*A* 截面配筋详图；(e)注浆管和套筒位置图；(f)*B*—*B* 剖面图

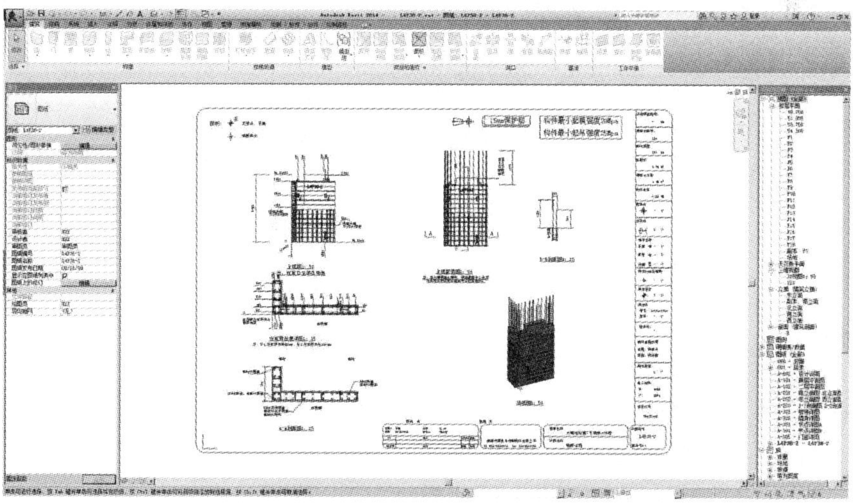

图 10-16　BIM 模型出图

(三)BIM 在施工中的作用

BIM 技术可以通过施工模拟，指导现场 PC 构件安装作业。比如，使用 Revit 和 3Dmax 软件进行图形影像化的模拟，可供设计深化交底和施工指导使用以达到增加复杂部位和关键施工节点的可施工性，提高施工生产效率，增加复杂建筑系统的安全性。本项目通过利用模拟建造技术，排除现场施工隐患，优化施工工序，实现高效管理。

如图 10-17 所示，通过 BIM 模型模拟构件安装，检验构件由安装→支撑固定→灌浆→节点钢筋绑扎→节点封堵等前后工序的合理性。

图 10-17　墙体构件安装模拟

如图 10-18 所示，通过 BIM 模型模拟构件安装顺序，检验钢筋碰撞，指导构件安装。

图 10-18　墙体构件安装模拟

三、建立 BIM 数据库

信息库框架：户型—构件—部品。所有与之相关的信息能够反映在这个管理平台中。信息库框架平台详细介绍如下：

(1)信息库分为 3 个层级，第一层级为项目，如图 10-19 所示，在信息库中可以按照相关筛选顺序选择适合的户型，例如，按照户型面积分或者按照住宅类型分等。

图 10-19　第一层级信息库

(2)第二层级为户型，选择好户型后进入户型界面，关于户型的信息能够从左边导航栏中查看，包括造价、设计人员、生产厂家、联系电话等一系列信息，如图 10-20 所示，可以查看与之有关的所有构件编号及构件信息。

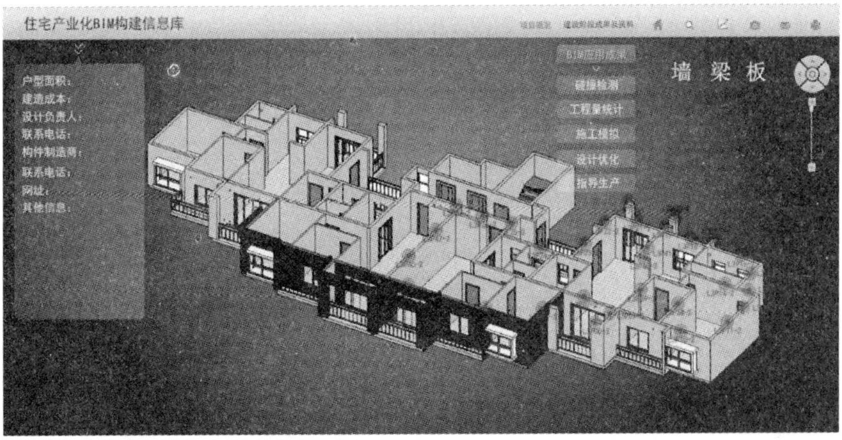

图 10-20　第二层级信息库

(3)第三层级为部品所组成的构件图，如图 10-21 所示，构件的所有属性信息都可以查看并调取，与构件相关的生产厂家的资料及导航网站也能随时链接，方便查阅。

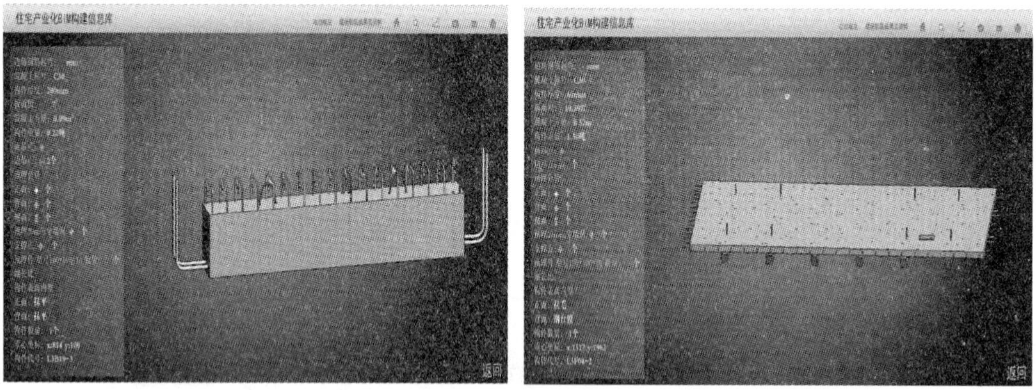

图 10-21　第三层级信息库

本项目深化设计 BIM 模型及构件图大约为 200 个各种类型构件，这些构件搭建完毕后通过编号体系将其管理，已形成针对本项目的小型数据库，通过很多项目进行数据库的积累，再通过一定的管理平台进行管理，最终通过大数据建立住宅产业化的信息库。

附　录

附录一　某房地产企业相关工程施工管理制度

附录二　某房地产企业工程项目控制的四个要点

附录三　某房地产企业工程施工项目管理十个核心要点

附录四　某企业做好工程施工管理七个方面的具体工作

附录五　某企业三大控制管理的主要工作

参 考 文 献

[1] 中华人民共和国住房和城乡建设部. GB 50300—2013 建筑工程施工质量验收统一标准[S]. 北京：中国建筑工业出版社，2014.

[2] 中国标准化研究院. GB/T 24001—2016 环境管理体系 要求及使用指南[S]. 北京：中国标准出版社，2016.

[3] 中国标准化研究院. GB/T 28001—2011 职业健康安全管理体系 要求[S]. 北京：中国标准出版社，2011.

[4] 中华人民共和国建设部. GB/T 50326—2017 建设工程项目管理规范[S]. 北京：中国建筑工业出版社，2017.

[5] 中国建设监理协会. GB/T 50319—2013 建设工程监理规范[S]. 北京：中国建筑工业出版社，2013.

[6] 全国二级建造师执业资格考试用书编写委员会. 建设工程管理与实务[M]. 北京：中国建筑工业出版社，2018.

[7] 何培斌，庞业涛. 建筑工程项目管理[M]. 北京：北京理工大学出版社，2013.

[8] 冯松山，李海全. 建设工程项目管理[M]. 北京：北京大学出版社，2011.

[9] 宋春岩，付庆向. 建设工程招投标与合同管理[M]. 北京：北京大学出版社，2008.

[10] 叶雯，路浩东. 建筑信息模型(BIM)概论[M]. 重庆：重庆大学出版社，2017.

[11] 克而瑞(中国)信息技术有限公司，决策资源图书策划中心. 赢在成本控制[M]. 大连：大连理工大学出版社，2009.

[12] 张永岳，等. 最强大的公司怎样做房地产：10 大地产巨头的赚钱模式[M]. 大连：大连理工大学出版社，2008.

[13] 克而瑞(中国)信息技术有限公司，决策资源图书策划中心，房地产高级管理工具箱[M]. 大连：大连理工大学出版社，2009.

[14] 决策资源房地产研究中心. 房地产成本控制方法—精选实战指南[M]. 大连：大连理工大学出版社，2007.